Verbrauchervertragsrecht und digitaler Binnenmarkt

Verbrauchervertragsrecht und digitaler Binnenmarkt

Die europäischen Richtlinienvorschläge zum Fernabsatz von Waren und zur Bereitstellung digitaler Inhalte

Herausgegeben von
Markus Artz und Beate Gsell

Mohr Siebeck

Markus Artz ist Inhaber des Lehrstuhls für Bürgerliches Recht, Europäisches Privatrecht, Handels- und Wirtschaftsrecht sowie Rechtsvergleichung an der Universität Bielefeld und Leiter der Forschungsstelle für Immobilienrecht der Fakultät für Rechtswissenschaft der Universität Bielefeld (gemeinsam mit Prof. Dr. Florian Jacoby).

Beate Gsell ist Inhaberin des Lehrstuhls für Bürgerliches Recht, Zivilverfahrensrecht, Europäisches Privat- und Verfahrensrecht an der Ludwig-Maximilians-Universität München; außerdem im Nebenamt Richterin am OLG München.

ISBN 978-3-16-155027-0 / eISBN 978-3-16-156190-0
DOI 10.1628/ 978-3-16-156190-0

Die Deutsche Nationalbibliothek verzeichnet diese Publikation in der Deutschen Nationalbibliographie; detaillierte bibliographische Daten sind im Internet über *http://dnb.dnb.de* abrufbar.

Das Buch wurde von epline in Böblingen aus der Stempel Garamond gesetzt und von Gulde Druck in Tübingen auf alterungsbeständiges Werkdruckpapier gedruckt und gebunden.

Printed in Germany.

Vorwort

Nachdem das ambitionierte Projekt einer Verordnung für ein Gemeinsames Europäisches Kaufrecht bis auf Weiteres von der Agenda des Europäischen Gesetzgebers gestrichen wurde,[1] hat die Europäische Kommission mit den beiden Richtlinienentwürfen vom Dezember 2015 zum Waren-Fernabsatz[2] einerseits und zu Verträgen über digitale Inhalte[3] andererseits einen neuen Vorstoß zur Harmonisierung des Europäischen Vertragsrechts unternommen. Beide Vorschläge stehen im Kontext der im Mai 2015 angenommenen Strategie für einen digitalen Binnenmarkt.[4]

In der Tat bringt die Digitalisierung einen erheblichen Wandel der sozialen Wirklichkeit der Verbrauchervertragspraxis mit sich. Als besonders augenfällige Veränderung sei hier nur die massenhafte Verschiebung genannt weg vom einmaligen Sachkauf als Austauschvertrag hin zu typengemischten dauerschuldähnlichen Vertragsbeziehungen über die Bereitstellung digitaler Inhalte mit dienst- und werkvertraglichen Elementen, wie sie etwa mit dem Schlagwort „access over ownership" plastisch umschrieben wird. Ferner sei erwähnt die verstärkte personale Multipolarität der Vertragsbeziehungen, die aufgrund von Vertragsschlüssen über online-Plattformen, aber auch aufgrund der Bereitstellung digitaler Inhalte durch vom Vertragspartner verschiedene Dritte bewirkt wird oder auch durch die Abhängigkeit der Funktion des Vertragsgegenstandes von einer bestimmten, von Dritten bereitgestellten digitalen Umgebung.

Die beiden Richtlinien-Vorschläge regeln allerdings in der gewohnt sektoriell-punktuellen Manier europäischen Verbraucher-Richtlinienrechts nur Ausschnitte aus dem Vertragsrecht. Sowohl für den Absatz von Waren als auch für

---

[1] S. den als „Liste der zurückzuziehenden oder zu ändernden Vorschläge" überschriebenen Annex 2 zur Mitteilung der Kommission an das Europäische Parlament, den Rat, den Europäischen Wirtschafts- und Sozialausschuss und den Ausschuss der Regionen – Arbeitsprogramm der Kommission für 2015 – Ein neuer Start vom 16. 12. 2014, COM(2014) 910 final, wo es unter Ziffer 60 zur Begründung heißt: „Der Vorschlag wird geändert, um das Potenzial des elektronischen Handels im digitalen Binnenmarkt voll zur Entfaltung zu bringen."

[2] Vorschlag der Europäischen Kommission für eine Richtlinie des Europäischen Parlaments und des Rates über bestimmte vertragsrechtliche Aspekte des Online-Warenhandels und anderer Formen des Fernabsatzes von Waren vom 9. 12. 2015, COM(2015) 635 final.

[3] Vorschlag der Europäischen Kommission für eine Richtlinie des Europäischen Parlaments und des Rates über bestimmte vertragsrechtliche Aspekte der Bereitstellung digitaler Inhalte vom 9. 12. 2015, COM(2015) 634 final.

[4] S. Mitteilung der Kommission an das Europäische Parlament, den Rat, den Europäischen Wirtschafts- und Sozialausschuss und den Ausschuss der Regionen – Strategie für einen digitalen Binnenmarkt für Europa, vom 6. 5. 2015, COM(2015) 192 final.

Verträge über die Bereitstellung digitaler Inhalte sollen im Wesentlichen nur die Anforderungen an die Vertragsmäßigkeit der versprochenen Waren und Dienstleistungen sowie die Abhilfen bei Vertragswidrigkeit harmonisiert und zwar vollharmonisiert werden.

Ob ein solcher begrenzter Ansatz geeignet ist, die vertragsrechtlichen Anforderungen der Digitalisierung unionsweit und mit Vorbildcharakter für andere Rechtsordnungen zu bewältigen und insbesondere den grenzüberschreitenden Vertrieb von Waren und digitalen Dienstleistungen unionsweit voranzubringen oder ob nicht die von der Europäischen Kommission immer wieder gebrandmarkte „Rechtszersplitterung" angesichts des weiterhin jenseits der Anwendungsbereiche der geplanten Richtlinien notwendigen Rückgriffs auf nationale Rechtsordnungen fortdauern wird oder gar eine weitere Fragmentierung der Rechtslage droht wegen der geplanten Zweiteilung des vertragsrechtlichen Regimes in Regeln für den Waren-Absatz einerseits und Verträge über digitale Inhalte andererseits bedarf eingehender Analyse. Entsprechendes gilt für die Beurteilung der inhaltlich-technischen Qualität der Entwürfe und ihres Innovationsgehaltes insbesondere im Bereich der Verträge über digitale Inhalte.

Der vorliegende Band versammelt die Beiträge einer Tagung vom Juli 2016 in Berlin. Der modifizierte Kommissionsentwurf des Richtlinienentwurfs zum Warenabsatz vom Oktober 2017, mit dem der Anwendungsbereich nun doch auf den stationären Handel ausgeweitet wird,[5] konnte noch nicht vorweggenommen werden, während die im Juni 2017 als Grundlage weiterer Beratungen vorgelegte „Kompromissfassung"[6] des Richtlinienentwurfes zu Verträgen über die Bereitstellung digitaler Inhalte teilweise berücksichtigt wurde.

Wir danken den Referentinnen und Referenten, ebenso wie den Diskussionsleitern und den Teilnehmerinnen und Teilnehmern der Tagung vielmals für ihre Beiträge und Mitwirkung. Auch sind wir dem Unternehmen arvato/Bertelsmann zu großem Dank verpflichtet für die großzügige finanzielle Unterstützung der Tagung. Unser herzlicher Dank gilt ferner unseren beiden Lehrstuhl-Teams für vielfältige organisatorische Unterstützung. Schließlich möchten wir dem Verlag Mohr Siebeck herzlich danken für die Möglichkeit zur Veröffentlichung dieses Tagungsbandes und die Mühen seiner Lektorierung und Produktion.

Bielefeld / Málaga und München — Markus Artz, Beate Gsell

[5] Vgl. geänderter Vorschlag der Europäischen Kommission für eine Richtlinie über bestimmte vertragsrechtliche Aspekte des Warenhandels vom 31.10.2017, COM(2017) 637 final. Die modifizierte Fassung zielt damit auf Ersetzung der Verbrauchsgüterkauf-RL 1999/44/EG.

[6] Rat der Europäischen Union, Dok. 9901/17 ADD 1 vom 1.6.2017.

Inhaltsverzeichnis

Wandlungen des Verbrauchervertragsrechts auf dem Weg zum digitalen Binnenmarkt*

Standortbestimmung und europäische Legislativoptionen

Christoph Busch

Inhaltsübersicht

A. Einleitung

Die Veranstalter der Tagung haben mir die Aufgabe gestellt, erstens eine Standortbestimmung zu versuchen und zweitens über europäische Legislativoptionen nachzudenken. Diese doppelte Aufgabe erfordert zwei unterschiedliche Perspektiven:

Zur Ermittlung des Standorts ist es zunächst erforderlich, einen Blick zurück zu werfen auf die europäische Rechtsentwicklung der letzten Jahre. Ordnet man die aktuellen Vorschläge in diesen Kontext ein, so wird erkennbar, dass die beiden Richtlinienentwürfe,[1] die Gegenstand dieser Tagung sind, in vieler Hin-

---

* Erweiterte Fassung des am 4.7.2016 auf der Tagung „Verbrauchervertragsrecht und digitaler Binnenmarkt“ gehaltenen Vortrags. Der Vortragsstil wurde im Wesentlichen beibehalten.

[1] Vorschlag für eine Richtlinie des europäischen Parlaments und des Rates über bestimmte vertragsrechtliche Aspekte der Bereitstellung digitaler Inhalte, KOM(2015) 634 (im Folgenden: DIRL) und Vorschlag für Richtlinie des europäischen Parlaments und des Rates über bestimm-

sicht das vorläufige Ergebnis einer durch große Erwartungen und ebenso große Enttäuschungen, unaufgelöste Widersprüche und überraschende Kurswechsel geprägten Entwicklung sind.

Die zweite Frage nach den Legislativoptionen lenkt den Blick nach vorn auf Handlungsmöglichkeiten des europäischen Gesetzgebers und die künftige Gestalt des Verbrauchervertragsrechts. Nun werde ich heute keine Prognosen anstellen über die Entwicklung des Verbrauchervertragsrechts in den nächsten zehn Jahren. Das wäre wohl auch etwas gewagt. Einige Konturen einer möglichen zukünftigen Rechtsentwicklung sind aber auch und gerade anhand der Vorschläge vom 9.12.2015 erkennbar. Von diesen sich bereits abzeichnenden Wandlungen des Verbrauchervertragsrechts auf dem Weg zum digitalen Binnenmarkt soll im zweiten Teil die Rede sein.

B. Verbrauchervertragsrecht im Kontext der europäischen Privatrechtsentwicklung

Zunächst also ein Blick zurück: Vorausgeschickt sei, dass meine Perspektive natürlich subjektiv ist. Ich kann nicht versprechen zu schildern, „wie es eigentlich gewesen ist." Es soll daher im Folgenden weniger um eine detailgetreue „histoire événementielle" des europäischen Verbraucherrechts gehen,[2] sondern um eine Art „Mentalitätsgeschichte", sozusagen die „Fieberkurve" des Verbraucherrechts. Um den Gang des Geschehens zu strukturieren, mag es dabei hilfreich sein, die jüngere Entwicklung des europäischen Verbraucherrechts in vier Phasen einzuteilen.[3]

I. *„Goldene Gründerjahre": Richtlinien der ersten Generation*

Die Entwicklungslinien, die zu den beiden Vorschlägen vom 9.12.2015 führen, beginnen in einer Zeit, die *Norbert Reich* etwas nostalgisch und vielleicht nicht ganz ohne Ironie als „goldene Gründerjahre" des Verbraucherrechts bezeichnet hat.[4] In dieser Zeit, den 1980er und 90er Jahren, wurden gemeinschaftliche Stan-

te vertragsrechtliche Aspekte des Online-Warenhandels und anderer Formen des Fernabsatzes von Waren, KOM(2015) 634 (im Folgenden: FWRL).

[2] Einen Überblick bietet *Hugh Beale*, The story of EU contract law – from 2001 to 2014, in: Christian Twigg-Flesner (Hg.), Research Handbook on EU Consumer and Contract Law, Cheltenham 2016, 431–462.

[3] Der Probleme, die mit solchen Periodisierungen verbunden sind, bin ich mir sehr wohl bewusst, aber hier gilt, wie der französisch-polnische Historiker *Krzysztof Pomian* es formuliert: „Les périodisations servent à rendre les faits pensable.", *Krzysztof Pomian*, L'ordre du temps, Paris 1984, S. 164; siehe auch *Jürgen Osterhammel*, Über die Periodisierung der neueren Geschichte, in: Berlin-Brandenburgische Akademie der Wissenschaften: Berichte und Abhandlungen, Bd. 10, Berlin 2006, S. 47–64.

[4] *Norbert Reich*, Von der Minimal- zur Voll- zur „Halbharmonisierung" – Ein europäisches Privatrechtsdrama in fünf Akten, ZEuP 2010, 7, 8.

dards für Haustürgeschäfte und Verbraucherkredit, Pauschalreisen und Klauselkontrolle, Timesharing und Fernabsatz geschaffen. Die letzte dieser „Richtlinien der ersten Generation“[5] war die Verbrauchsgüterkaufrichtlinie aus dem Jahr 1999.

Charakteristisch für diese Richtlinien war, dass sie nur punktuell ganz ausgewählte Fragen des Verbraucherrechts behandelten. Die Defizite dieses sektoriellen oder „vertikalen“ Ansatzes sind oft beschrieben worden.[6] Insbesondere mangelte es dem sich nach und nach herausbildenden *acquis communautaire* an inhaltlicher Kohärenz. Hinzu kommt, dass die Richtlinien der ersten Generation auf dem Konzept der Mindestharmonisierung beruhten. Den Mitgliedstaaten stand es also frei, zugunsten der Verbraucher strengere Bestimmungen einzuführen oder aufrecht zu erhalten. Da die Mitgliedstaaten hiervon regen Gebrauch gemacht haben, ergaben sich erhebliche Unterschiede im Verbraucherschutzniveau.[7] Ein „level playing field“ im Binnenmarkt ließ sich auf diese Weise nicht erreichen.

Das Problem verschärfte sich mit der zunehmenden Verdichtung des *acquis*. Etwa um das Jahr 2000 zeichnete sich ein politischer Strategiewechsel ab hin zu einer stärkeren Systematisierung und einer Anhebung des Harmonisierungsgrades.[8] Damit setzte zugleich eine bis dahin ungekannte Dynamik ein, die eine neue Phase der Entwicklung des europäischen Verbraucherrechts einleitete.

II. DCFR und Acquis Review

Die Initialzündung bildete die im Juli 2001 veröffentlichte Mitteilung der Kommission,[9] mit der das Europäische Vertragsrecht auf die politische Agenda gesetzt wurde. Die Mitteilung war ihrerseits eine Antwort auf die Beschlüsse des Europäischen Rates von Tampere aus dem Jahr 1999, in denen eine „allgemeine Studie“ über die Angleichung des mitgliedstaatlichen Zivilrechts gefordert worden war.[10] Konkretisiert wurden diese Überlegungen im Februar 2003 mit

---

[5] *Christoph Reymann*, Das Sonderprivatrecht der Handels- und Verbraucherverträge, Tübingen 2009, S. 85.

[6] Siehe etwa *Brigitta Zöchling-Jud*, Acquis-Revision, Common European Sales Law und Verbraucherrechterichtlinie, AcP 212 (2012), 550ff.

[7] Siehe die Bestandsaufnahme in *Hans Schulte-Nölke/Christian Twigg-Flesner/Martin Ebers* (Hg.), EC Consumer Law Compendium – The Consumer Acquis and its transposition in the Member States, München 2008.

[8] Zu diesem Strategiewechsel *Beate Gsell/Carsten Herresthal*, Einleitung, in: dies. (Hg.), Vollharmonisierung im Privatrecht, Tübingen 2009, S. 2ff.

[9] Mitteilung der Kommission zum europäischen Vertragsrecht vom 11.07.2001, KOM (2001) 398 endg.; dazu näher *Stefan Grundmann*, Harmonisierung, Europäischer Kodex, Europäisches System der Vertragsrechte, NJW 2002, 393ff.; *Hans Schulte-Nölke*, Ein Vertragsgesetzbuch für Europa?, JZ 2001, 917ff.; *Christian von Bar*, Die Mitteilung der Europäischen Kommission zum Europäischen Vertragsrecht, ZEuP 2001, 799ff.; *Dirk Staudenmayer*, Die Mitteilung der Kommission zum Europäischen Vertragsrecht, EuZW 2001, 485ff.

[10] Schlussfolgerungen des Europäischen Rates von Tampere, ABl. EG Nr. C 377/323 v. 29.12.2000.

einem Aktionsplan.[11] Darin wurde die Ausarbeitung eines „gemeinsamen Referenzrahmens" in Aussicht gestellt. Über die Funktion des „Common Frame of Reference" (CFR) erfuhr man von der Kommission nur Ungefähres. Einerseits wurde betont, dass es sich im Wesentlichen nur um eine „Toolbox"[12] zur Unterstützung des europäischen Gesetzgebers handeln solle. Anderseits war davon die Rede, dass der CFR die Basis für weitere Überlegungen für ein „optionales Rechtsinstrument" auf dem Gebiet des Vertragsrechts liefern solle.[13]

Die Einzelheiten zur Erarbeitung des Draft CFR (DCFR) sind an anderer Stelle bereits ausführlich geschildert worden und sollen hier nicht wiederholt werden.[14] Es lohnt sich aber noch einmal an die aufgeheizte Stimmung der Jahre 2006 bis 2008 zu erinnern. So titelte etwa die Frankfurter Allgemeine Zeitung im Oktober 2006 ganz alarmistisch „Rettet das BGB vor Brüssel".[15] In besorgtem Ton hieß es: „Weitgehend unbeachtet, aber wild entschlossen arbeitet eine kleine Gruppe von Rechtswissenschaftlern am Abschied vom BGB" Und weiter: „Praxisferne Doktoranden basteln am Reißbrett ein europäisches Zivilgesetzbuch, das niemand braucht." Die Zeitschrift „Der Betrieb" fragte etwa zur gleichen Zeit angstvoll: „Ist das europäische Zivilgesetzbuch noch zu stoppen"[16]. Bei einer Podiumsdiskussion in London warnte ein Richter des englischen High Court die versammelten Zuhörer vor einer „pandora's box with a lot of trojan horses inside"[17] und *Jürgen Basedow* diagnostizierte in der ZEuP gar einen „Kodifikationsrausch".[18]

---

[11] Mitteilung der Kommission an das Europäische Parlament und den Rat vom 15.3.2003 – Ein kohärenteres europäisches Vertragsrecht – ein Aktionsplan, KOM(2003) 68 endg.

[12] Mitteilung der Kommission an das Europäische Parlament und den Rat vom 11. Oktober 2004 – Europäisches Vertragsrecht und Überarbeitung des gemeinschaftlichen Besitzstandes – weiteres Vorgehen, KOM (2004) 651 endg., S. 3 ff. Der vielzitierte Begriff der „Toolbox" wird nur in der englischen Fassung verwendet. In der deutschen Sprachfassung ist ganz allgemein vom „Instrumentarium des GRR" die Rede.

[13] Aktionsplan (Fn. 11), Abschnitt 4.1.1, Nr. 59–68; siehe auch *Dirk Staudenmayer*, Weitere Schritte im Europäischen Vertragsrecht, EuZW 2005, 103 ff.

[14] Siehe die Beiträge in *Martin Schmidt-Kessel* (Hg.), Der Gemeinsame Referenzrahmen – Entstehung, Inhalte, Anwendung, München 2009 und *Reiner Schulze/Christian von Bar/Hans Schulte-Nölke* (Hg.), Der akademische Entwurf für einen Gemeinsamen Referenzrahmen, Tübingen 2008.

[15] Frankfurter Allgemeine Zeitung, 18.10.2006, Nr. 242, S. 13.

[16] *Peter M. Wiesner*, Ist das europäische Zivilgesetzbuch noch zu stoppen?, DB 2005, 871.

[17] Es ist auffällig, wie häufig die Metapher des Trojanischen Pferdes im Zusammenhang mit europäischen Rechtsetzungsprojekten im Bereich des Vertragsrechts verwendet wird, siehe etwa *Norbert Reich*, Die Stellung des Verbraucherrechts im „Gemeinsamen Referenzrahmen" und im „optionellen Instrument": trojanisches Pferd oder Kinderschreck?, in: FS Bernd Stauder, Baden-Baden 2006, 357 (zum DCFR); *Barbara Dauner-Lieb*, in: Remien (Hg.), Schuldrechtsmodernisierung und Europäisches Vertragsrecht, Tübingen 2008, S. 191, 192 (zur Verbrauchsgüterkaufrichtlinie); *Christiane Wendehorst*, Regulierungsprivatrecht, in: Schumann (Hg.), Das erziehende Gesetz, Berlin 2014, 113, 126 (zum GEK); *Ulrich G. Schroeter/Jonas von Schöler*, Der Richtlinienvorschlag der EU-Kommission zum Vertragsrecht des Online-Warenhandels, DB 2016, 754, 760 (zum Vorschlag einer Richtlinie über den Online-Warenhandel). Dieses Thema könnte ein lohnender Gegenstand einer sprachpsychologischen Untersuchung sein.

[18] *Jürgen Basedow*, Kodifikationsrausch und kollidierende Konzepte – Notizen zu Marktbezug, Freiheit und System im Draft Common Frame of Reference, ZEuP 2008, 673–676.

Auf den Rausch folgte schon bald die Ernüchterung. Als die endgültige Fassung des DCFR zum Jahresende 2008 vorgestellt wurde, hatte der politische Elan bereits merklich nachgelassen. Einen im privatrechtlichen Schrifttum wenig beachteten Anteil daran hatte vielleicht auch die globale Finanzkrise, die im September 2008 mit dem Zusammenbruch der Investmentbank *Lehman Brothers* ihren Höhepunkt erreichte. Am 3. September 2008 hatte sich das Europäische Parlament in einer Resolution noch ganz positiv zur weiteren Arbeit am CFR geäußert.[19] Keine zwei Wochen später, am 15. September 2008, musste *Lehman Brothers* Insolvenz anmelden. Als sich der Europäische Rat im November 2008 mit der Zukunft des CFR befasste, hatten sich die politische Agenda in Brüssel bereits deutlich verändert. Nun rang man fieberhaft um die Rettung des Bankensystems. Für die Verwirklichung eines europäischen Vertragsrechts waren jetzt keine Kräfte mehr verfügbar.

Inhaltlich hatte sich der Fokus schon einige Zeit vorher verlagert vom Großprojekt eines europäischen Vertragsrechts hin zu den kleinteiligeren Fragen des Verbraucherrechts. Denn parallel und etwas im Schatten der Arbeiten am DCFR hatte die Kommission zwischenzeitlich die Revision des Verbraucher-acquis in Angriff genommen. Bereits in der Verbraucherpolitischen Strategie von 2002 hatte die Kommission angekündigt, man müsse „auf ein einheitlicheres Umfeld für Verbraucherschutz in der gesamten EU hinarbeiten."[20]

Die darin etwas verklausuliert zum Ausdruck kommende Forderung nach einer Vollharmonisierung wurde schrittweise in die Tat umgesetzt, etwa mit der Richtlinie über den Fernabsatz von Finanzdienstleistungen (2002/65/EG) und der Richtlinie über unlautere Geschäftspraktiken (2005/29/EG), die der Kommission in vieler Hinsicht als Vorbild für die spätere Verbraucherrechterichtlinie (2011/83/EU) diente. Nach einer längeren Diagnosephase kündigte die Kommission im Grünbuch[21] von 2007 die Überprüfung von insgesamt acht Verbraucherrechtsrichtlinien an. Zugleich ließ die Kommission keinen Zweifel der von ihr bevorzugten Handlungsoption: der Schaffung eines vollharmonisierten „horizontalen Instruments".

Wie sich diese sog. Acquis Review zu den Arbeiten an einem europäischen Vertragsrecht verhält, war nie ganz klar.[22] Zwar gab es einige personelle Verflechtungen auf der Ebene der Protagonisten. In der Sache war es aber häufig eher ein Neben- als ein Miteinander. Als im Oktober 2008 der angekündigte Entwurf der Verbraucherrechterichtlinie (VRRL) vorgelegt wurde, waren die Reaktionen überwiegend kritisch: Zum einen umfasste der Vorschlag statt acht

[19] Entschließung des Europäischen Parlaments vom 3.9.2008 zum Gemeinsamen Referenzrahmen für das Europäische Vertragsrecht, P6_TA-PROV(2008)0397.

[20] Mitteilung der Kommission an das Europäische Parlament, den Rat, den Wirtschafts- und Sozialausschuss und den Ausschuss der Regionen – „Verbraucherpolitische Strategie 2000–2006" vom 8.6.2002, KOM(2002) 208 endg., Abschnitt 3.

[21] Grünbuch „Die Überprüfung des gemeinschaftlichen Besitzstandes im Verbraucherschutz" v. 8.2.2007, KOM(2006) 744 endg.

[22] *Zöchling-Jud* (Fn. 6) 550, 553; siehe auch *Hans-W. Micklitz/Norbert Reich*, europäisches Verbraucherrecht – quo vadis?, VuR 2007, 121 ff.

nur vier Richtlinien (Fernabsatz-, Haustürgeschäfte-, Verbrauchsgüterkauf- und Klausel-RL), zum anderen wurde der DCFR kaum berücksichtigt. Auf besonders heftige politische Kritik stieß aber das Konzept der flächendeckenden Vollharmonisierung.[23]

III. Verbraucherrechterichtlinie und Gemeinsames Europäisches Kaufrecht

Mit dem Ringen um die VRRL beginnt die dritte Phase der jüngeren Verbraucherrechtsentwicklung. Die Jahre 2009 bis 2011 waren geprägt von verschiedenen Versuchen, den missglückten Richtlinienvorschlag zu retten. Im Zentrum der Debatte stand der Streit über die flächendeckende Vollharmonisierung. Eine Reihe von Mitgliedstaaten verweigerten sich dem damit verbundenen vollständigen Kompetenztransfer auf die Union.

Die Blockade konnte erst Ende 2010 unter belgischer Ratspräsidentschaft überwunden werden, indem der Kommissionsvorschlag radikal verschlankt wurde. Aus der Richtlinie über Rechte der Verbraucher wurde damit im Wesentlichen eine Neuauflage der Haustür- und Fernabsatzrichtlinie.[24] Unter ungarischem Ratsvorsitz wurde im Frühjahr 2011 dann auch die flächendeckende Vollharmonisierung aufgegeben und auf ein Modell der „targeted full harmonisation“ zurückgefahren. Im Ergebnis blieb von der groß angelegten Acquis-Revision nur ein Torso übrig. Die Kommentare fielen entsprechend kritisch aus. *Hans Micklitz* und *Norbert Reich* sprachen von einer „Cronica de una muerte anunciada“[25] und *Martin Schmidt-Kessel* gar von einem „legistischen Desaster“.[26]

Auf der anderen europäischen Großbaustelle – dem Projekt eines gemeinsamen Referenzrahmens – sah es zunächst nicht besser aus. Die Hoffnungen auf einen politischen CFR noch unter der Kommission *Barroso* I erfüllten sich nicht. Auch hier bemühten sich die Beteiligten daher um Rettungsversuche. Aus der Wissenschaft wurde bald die Forderung nach einer „Rekontraktualisierung“ des DCFR erhoben.[27] Um den aus politischer Sicht viel zu breit angelegten DCFR zu retten, sollte er also auf seinen vertragsrechtlichen Kern zurückgeführt werden. Aufgegriffen wurde diese Idee von *Viviane Reding*, der neuen Justizkom-

---

[23] Einen Überblick über die Debatte bieten die Beiträge in *Gsell/Herresthal* (Fn. 8) und *Michael Stürner* (Hg.), Vollharmonisierung im Europäischen Verbraucherrecht?, München 2010.

[24] Die wesentlichen Entwicklungen im Rechtsetzungsverfahren skizziert *Oliver Unger*, Die Richtlinie über die Rechte der Verbraucher – eine systematische Einführung, ZEuP 2012, 270, 273 ff.

[25] *Hans-W. Micklitz/Norbert Reich*, „Crónica de una muerte anunciada: The Commission Proposal for a ‚Directive on Consumer Rights'“, CMLR 46 (2009) 471 ff.

[26] *Martin Schmidt-Kessel*, Zum Stand der Beratungen der Horizontalrichtlinie Verbraucherschutz – Meilensteine auf dem Weg zum legistischen Desaster, GPR 2010, 129 ff.

[27] *Reiner Schulze/Thomas Wilhelmsson*, From the Draft Common Frame of Reference towards European Contract Law rules, ERCL 2008, 154 ff.; siehe auch *Reiner Schulze*, The Academic Draft oft he CFR and the EC Contract Law, in: ders. (Hg.), Common Frame of Reference and Existing EC Contract Law, 2nd Revised Edition, München 2009, S. 1, 17 f.

missarin der Kommission *Barroso* II. Mit neuem Elan und einem geradezu atemberaubenden Tempo wurde im April 2010 eine Expert Group[28] eingesetzt und eine Machbarkeitsstudie[29] für ein „optionales Instrument" erstellt. Im Juli 2010 folgte ein neues Grünbuch[30] zum Vertragsrecht und im Oktober 2011 wurde der Vorschlag[31] für ein Gemeinsames Europäisches Kaufrecht (GEK) vorgelegt, das als „fakultatives Vertragsrecht" neben die mitgliedstaatlichen Rechtsordnungen treten sollte.[32] Damit hatte die Kommission innerhalb weniger Jahre erneut einen Strategiewechsel vollzogen.

IV. Vom Gemeinsamen Europäischen Kaufrecht zum digitalen Binnenmarkt

Die Jahre von 2011 bis 2014 waren wiederum geprägt von Rettungsversuchen. Auf eine Schilderung der Details soll hier verzichtet werden. Die Geschichte vom Scheitern des GEK ist an anderer Stelle bereits detailliert beschrieben worden.[33] In Erinnerung rufen möchte ich aber, dass die Versuche zur Rettung des GEK neben der üblichen Verschlankung von Anfang an auf eine „Digitalisierung" des Vorschlags gerichtet waren.[34] Insoweit weisen die Versuche zur Rettung des optionalen Kaufrechts bereits über das GEK hinaus.

Im Herbst 2013 sprach sich etwa der Rechtsausschuss des Europäischen Parlaments dafür aus, den Anwendungsbereich des GEK auf „Verträge im Bereich des Cloud Computings" zu erweitern.[35] Auch Regeln über digitale Inhalte waren zunächst nicht geplant. In der Machbarkeitsstudie vom Mai 2011 fehlen sie noch vollständig.[36] Erst in letzter Minute wurden sie in den Entwurf des GEK aufgenommen.

---

[28] ABl. L 105 v. 27.4.2010.

[29] Der Text der Machbarkeitsstudie ist abgedruckt in *Hans Schulte-Nölke/Fryderyk Zoll/Nils Jansen/Reiner Schulze* (Hg.), Der Entwurf für ein optionales europäisches Kaufrecht, München 2012.

[30] Grünbuch der Kommission „Optionen für die Einführung eines Europäischen Vertragsrechts für Verbraucher und Unternehmen" v. 1.7.2010, KOM(2010) 348 endg.

[31] Vorschlag für eine Verordnung des Europäischen Parlaments und des Rates über ein Gemeinsames Europäisches Kaufrecht v. 11.10.2011, KOM(2011) 635 endg.

[32] Zur umstrittenen Frage der kollisionsrechtlichen Einbettung eines fakultativen Vertragsrechts siehe *Christoph Busch*, Kollisionsrechtliche Weichenstellungen für ein Optionales Instrument im Europäischen Vertragsrecht EuZW 2011, 655 sowie die Beiträge in *Martin Gebauer* (Hg.), Gemeinsames Europäisches Kaufrecht – Anwendungsbereich und kollisionsrechtliche Einbettung, München 2013.

[33] Siehe etwa *Marina Tamm/Klaus Tonner*, Vom Scheitern des Gemeinsamen Europäischen Kaufrechts zum Kaufrecht im Rahmen des digitalen Binnenmarktes, EWS 2015, 241 ff.; siehe auch *Beale* (Fn. 2) 459–461.

[34] Dazu näher *Christoph Busch*, From European Sales Law to Online Contract Law: The CESL in the European Parliament, euvr 2013, 33.

[35] Rechtsausschuss des Europäischen Parlaments, Bericht v. 25.9.2013 über den Vorschlag für eine Verordnung des Europäischen Parlaments und des Rates über ein Gemeinsames Europäisches Kaufrecht, PE 505.998v03–00, Änderungsantrag 8.

[36] Im Begleittext zur Machbarkeitsstudie (S. 9) wird allerdings die Frage aufgeworfen, ob der Anwendungsbereich um Regeln über „digital content" erweitert werden soll. Die Mach-

All dies half am Ende nicht. Das endgültige Aus brachte im November 2014 ein gemeinsames Schreiben von sechs europäischen Justizministern an die Kommission, in dem das GEK abgelehnt wird.[37] Interessanterweise wird in diesem Schreiben der Gedanke einer „Toolbox" wieder aufgegriffen, als ein Instrument, „an dem sich der europäische Gesetzgeber orientieren könnte und auf dessen Grundlage die einzelstaatlichen Rechtsordnungen schrittweise an einen gemeinsamen Mindeststandard herangeführt werden könnten."[38] Nur kurze Zeit später, im Dezember 2014, kündigte die neue Kommission *Juncker* in ihrem Arbeitsprogramm die Rücknahme des GEK an.[39] Zugleich wurde eine neue Gesetzesinitiative als Teil der neuen Strategie für den digitalen Binnenmarkt in Aussicht gestellt. In Anhang II des Arbeitsprogramms findet sich unter Nr. 60 zum GEK der knappe Hinweis: „Der Vorschlag wird geändert, um das Potenzial des elektronischen Handels im digitalen Binnenmarkt voll zur Entfaltung zu bringen." Den meisten Beobachtern dürfte jedoch zu diesem Zeitpunkt bereits klar gewesen sein, dass die Idee eines „fakultativen Vertragsrechts" politisch tot war. Anstelle einer Neuauflage des GEK stellte die Kommission daher im Dezember 2015 zwei Richtlinienvorschläge zu Verträgen über digitale Inhalte und den Online-Warenhandel vor. Der Vorschlag für eine Richtlinie über digitale Inhalte hat inzwischen den größten Teil des „parcours législatif" durchlaufen und wird aller Voraussicht nach im Jahr 2018 verabschiedet werden. Der Entwurf einer Richtlinie über den Online-Warenhandel wurde im Oktober 2017 durch einen geänderten Vorschlag ersetzt, der nunmehr auch den klassischen Einzelhandel erfasst. Einige Beobachter hatten eine solche Entwicklung bereits zu einem frühen Zeitpunkt vermutet und sahen mit Blick auf den zunächst nur auf den Online-Warenhandel beschränkten Vorschlag schon wieder ein Trojanisches Pferd im Anmarsch.[40] Abzuwarten bleibt, welche Initiativen die Kommission im Nachgang zum sog. REFIT-Programm ergreifen wird, bei dem unter der Überschrift „Fitness check of consumer law" eine Evaluierung von sieben Richtlinien durchgeführt wurde. Die Ergebnisse wurden im Mai 2017 veröffentlicht.[41] Welche konkreten Maßnahmen die Kommission ergreifen wird, ist bislang nicht klar erkennbar. Einiges deutet aber darauf hin, dass es im Bereich des Vertragsrechts nur kleinere Anpassungen an der Verbraucherrechterichtlinie geben wird.[42]

---

barkeitsstudie und der Begleittext sind verfügbar unter <http://ec.europa.eu/justice/contract/files/feasibility_study_final.pdf>, zuletzt abgerufen am 15.12.2017.

[37] Das gemeinsame Schreiben der Justizminister von Frankreich, Deutschland, dem Vereinigten Königreich, der Niederlande und Finnland vom 28.11.2014 an die zuständige Justizkommissarin Jourová ist abgedruckt in ZEuP 2015, 432 ff.

[38] Gemeinsames Schreiben der Justizminister (Fn. 37), ZEuP 2015, 432 ff.

[39] Mitteilung der Kommission vom 16.12.2014 „Arbeitsprogramm der Kommission 2015 – Ein neuer Start", KOM(2014) 910.

[40] So etwa *Ulrich G. Schroeter/Jonas von Schöler*, Der Richtlinienvorschlag der EU-Kommission zum Vertragsrecht des Online-Warenhandels, DB 2016, 754, 760.

[41] Siehe http://ec.europa.eu/consumers/consumer_rights/review/index_en.htm, zuletzt abgerufen am 15.12.2017.

[42] Siehe das Inception Impact Assesment „Targeted revision of EU consumer law directives", Ref. Ares(2017)3287178 – 30/06/2017.

V. Zwischenfazit

Der kurze Rundgang durch die ziemlich bewegten letzten fünfzehn Jahre des europäischen Verbrauchervertragsrechts führt zur Frage, an welchem Punkt die europäische Rechtsentwicklung angelangt ist. Versucht man ein kurzes Zwischenfazit zu formulieren, so ergibt sich folgendes Bild:

1. Der Vorrat an legislativen Optionen scheint vorerst aufgebraucht. Mindestharmonisierung schafft kein „level playing field", flächendeckende Vollharmonisierung wird von den Mitgliedstaaten abgelehnt, ebenso der innovative Ansatz eines optionalen Instruments. Der große Wurf eines europäischen Vertragsrechts ist nach wie vor eine Utopie.
2. Nach dem „European Civil Code"[43] und dem „Blue Button"[44] scheint das Europäische Vertragsrecht gewissermaßen in eine post-heroische Phase eingetreten zu sein. Statt großer Entwürfe gibt es nun eine Rückkehr zur Rhetorik des „problem-driven approach".[45] Europäische Rechtspolitik soll nicht mehr als „Lösung auf der Suche nach einem Problem" erscheinen.[46] Das ist vielleicht eine Lehre aus den vorherigen Versuchen, die möglicherweise zu wenig vom Markt her gedacht waren. *Jürgen Basedow* hat das hellsichtig schon 2008 formuliert: „Wer die europäische Integration über einige Jahrzehnte hinweg beobachtet hat, weiß dass am Anfang jeglicher Harmonisierungsarbeit das praktische Bedürfnis steht, und dieses ist im Zweifel ökonomisch und sektorspezifisch."[47] Diese Einschätzung mag den Systematiker schmerzen, aber sie bestätigt sich in den aktuell vorliegenden Richtlinienentwürfen.
3. Mit der Rückkehr zum „problem-driven approach" bleibt natürlich das Problem der Binnenkohärenz zwischen den sektorspezifischen und problembezogenen Einzelrechtsakten bestehen. Eine mögliche Lösung hat *Thomas Pfeiffer* ebenfalls schon 2008 aufgezeigt, als er mit Blick auf den Gemeinsamen Referenzrahmen den „kategorischen Imperativ der Privatrechtsgesetzgebung" formuliert hat. Danach sind sektorielle Regeln „so zu fassen, dass sie als Bestandteil einer allgemeinen Privatrechtskodifikation gelten könnten".[48]

---

[43] Vgl. *Christian von Bar*, Die Study Group on a European Civil Code, in: FS Henrich, Bielefeld 2000, S. 1 ff.

[44] Siehe einerseits *Hans Schulte-Nölke*, Der Blue Button kommt – Konturen einer neuen rechtlichen Infrastruktur für den Binnenmarkt, ZEuP 2011, 749 ff. und andererseits *Gerhard Wagner*, Transaktionskosten durch Europäisches Kaufrecht? – Der Blue Button klemmt, ZEuP 2012, 455 ff.

[45] Mitteilung der Kommission „Online-Plattformen im digitalen Binnenmarkt Chancen und Herausforderungen für Europa" KOM(2016) 288, S. 5. In der deutschen Fassung ist von einem „problemorientierten Ansatz" die Rede.

[46] So etwa die Kritik von *Dieter Schmidtchen*, Vereinheitlichung des Vertragsrechts in Europa – eine Lösung auf der Suche nach einem Problem, in: Eger/Schäfer (Hg.), Ökonomische Analyse der europäischen Zivilrechtsentwicklung, Tübingen 2007, 1 ff.; siehe auch *Ulrich G. Schroeter*, Ein separates Gewährleistungsrecht für digital geschlossene Kaufverträge: Lösung auf der Suche nach einem Problem?, Editorial, EWS, Heft 3/2016.

[47] *Basedow* (Fn. 18) 676.

[48] *Thomas Pfeiffer*, Methodik der Privatrechtsangleichung in der EU – Der gemeinsame Referenzrahmen zum europäischen Vertragsrecht, AcP 208 (2008) 227, 235.

Der Unionsgesetzgeber sollte also auch beim Erlass von Einzelvorschriften stets „in den Kategorien der Vertragsrechtsordnung als Ganzer“[49] denken. Ein Instrument, das ihn dazu anhalten könnte, wäre der DCFR, gewissermaßen als „virtuelle Kodifikation“. Dieser Gedanke bleibt auch nach dem (vorläufigen) Scheitern eines politischen CFR aktuell.

4. Da die Kommission mit den neuen Vorschlägen wieder zum Konzept der Vollharmonisierung zurückkehrt, kehren auch die im Zusammenhang mit der VRRL diskutierten Umsetzungsprobleme zurück.[50] Insbesondere die Frage nach dem Verhältnis zwischen vollharmonisierten Teilbereichen und dem allgemeinen Vertragsrecht. Ein Beispiel liefert etwa die Vorschrift über Schadensersatzansprüche in Art. 14 des Entwurfs der Richtlinie über digitale Inhalte.

Da die zuletzt angesprochenen Fragen Gegenstand eines eigenen Referats[51] sind, gehe ich hierauf an dieser Stelle nicht näher ein. Stattdessen möchte ich noch schlaglichtartig auf einige neue Entwicklungslinien hinweisen, die jedenfalls teilweise auch anhand der beiden Vorschläge vom 9.12.2015 erkennbar werden. Die beiden Richtlinienvorschläge stehen nämlich nicht nur am Ende einer wechselvollen Entwicklung, sondern in vieler Hinsicht auch am Anfang eines neuen Abschnitts im europäischen Verbraucherrecht, in dem neue Fragestellungen in den Vordergrund drängen.

C. Verbrauchervertragsrecht im digitalen Binnenmarkt

I. Neue Interferenzprobleme

Das künftige europäische Verbraucherrecht dürfte, wie die beiden aktuellen Richtlinienvorschläge deutlich erkennen lassen, zum einen durch neuartige Interferenzprobleme geprägt sein. Gemeint sind damit Wechselwirkungen zwischen dem Verbrauchervertragsrecht und benachbarten Rechtgebieten. Ich beschränke mich auf zwei Beispiele:

Mit dem immer stärkeren Fokus auf Verträge über digitale Inhalte nehmen die Überschneidungen mit dem Recht des geistigen Eigentums zu. Regeln über digitale Inhalte finden sich zwar bereits in der VRRL und auch im Entwurf des GEK.[52] Mit dem Vorschlag für eine DIRL vom 9.12.2015 erreicht diese Entwicklung aber eine neue Qualität. Und trotzdem beschränkt sich die Richtlinie auf die

---

[49] *Pfeiffer* (Fn. 48) 236.

[50] Siehe dazu *Thomas Riehm*, Umsetzungsspielräume der Mitgliedstaaten bei vollharmonisierenden Richtlinien, in: Gsell/Herresthal (Fn. 8) 83 ff.; *Marco Loos*, Full harmonisation as a regulatory concept and ist consequences for the national legal orders – The example of the Consumer Righsts Directive, in: Stürner (Fn. 23) 47 ff.

[51] Siehe dazu den Beitrag von *Thomas Riehm* in diesem Band.

[52] Dazu näher *Johannes Druschel*, Die Regelung digitaler Inhalte im Gemeinsamen Europäischen Kaufrecht (GEKR), GRUR Int. 2015, 125 ff.

lapidare Feststellung in den Erwägungsgründen 12 und 21, dass das Urheber(vertrags)recht unberührt bleibt. Sämtliche Fragen zum Einsatz von DRM-Systemen (Art. 6 InfoSoc-RL 2001/29/EG) oder zur Wirkung des Erschöpfungsgrundsatzes[53] bleiben damit außen vor.[54] Hier dürfte in Zukunft der Abstimmungsbedarf wachsen, um drohende Wertungswidersprüche zu vermeiden.

Gleiches gilt für das zweite Thema: Datenschutz und „Datenvertragsrecht". Der Gedanke, dass personenbezogene oder andere Daten eine vertragliche Gegenleistung bilden, taucht im Acquis soweit ersichtlich erstmals in den Erwägungsgründen des GEK auf.[55] Art. 3 Abs. 1 der DIRL enthält hierzu nun eine ausdrückliche Regelung.[56] Das ist ein echtes Novum. Die inhaltliche Abstimmung mit dem Datenschutzrecht, insbesondere mit der neuen Datenschutzgrundverordnung (2016/679, DSGVO) ist aber noch unzureichend. Ähnlich wie bei der Frage nach dem Verhältnis zum Recht des Geistigen Eigentums macht es sich die DIRL hier recht einfach. Art. 3 Abs. 8 und Erwägungsgrund 22 DIRL erklären lapidar, das Datenschutzrecht bleibe vom Richtlinienvorschlag unberührt. Viele Fragen bleiben jedoch offen. Unklar ist etwa das Verhältnis der DIRL zum datenschutzrechtlichen Koppelungsverbot (Art. 7 Abs. 4 DSGVO).[57] Klärungsbedürftig sind auch die vertragsrechtlichen Folgen eines datenschutzrechtlichen Widerrufs der Einwilligung (Art. 7 Abs. 3 DSGVO).[58] Auch die Beschränkung auf „aktiv" bereitgestellte Daten in Art. 3 Abs. 1 DIRL erscheint wenig überzeugend.[59]

Die Entwicklung eines „Datenvertragsrechts", das datenschutz- und vertragsrechtliche Regelungen widerspruchsfrei miteinander verbindet, dürfte eine der ganz zentralen Aufgabe für das (Verbraucher-) Vertragsrecht der nächsten Jahre sein.[60] Es geht dabei um nichts weniger als einen Brückenschlag zwischen dem Datenschutzrecht, das personenbezogene Daten als Schutzgegenstand des

---

[53] Vgl. EuGH, ECLI:EU:C:2012:407 – UsedSoft; siehe dazu *Herbert Zech*, Vom Buch zur Cloud. Die Verkehrsfähigkeit digitaler Güter, ZGE 2013, 368–369.

[54] Dies kritisiert auch *Gerald Spindler*, Verträge über digitale Inhalte, MMR 2016, 146, 148. Siehe auch Änderungsantrag 36 im IMCO-Bericht v. 27.11.2017 (A8–0375/2017), der vorsieht, dass Vertragsklauseln, mit denen die rechtmäßige Inanspruchnahme im Urheberrecht vorgesehener Ausnahmen oder Beschränkungen konkret verhindert wird, als Vertragswidrigkeit gelten sollen.

[55] Siehe Erwgr. 18 GEK-VO.

[56] Siehe Art. 3 Abs. 1 DIRL.

[57] Vgl. *Christiane Wendehorst*, Die Digitalisierung und das BGB, NJW 2016, 2609, 2612; siehe auch *Florian Faust*, Gutachten / Teil A: Digitale Wirtschaft – Analoges Recht, Braucht das BGB ein Update?, in: Verhandlungen des 71. Deutschen Juristentages 2016, These 3 (zu § 28 Abs. 3b BDSG); *Martin Schmidt-Kessel/Anna Grimm*, Unentgeltlich oder entgeltlich? – Der vertragliche Austausch von digitalen Inhalten gegen personenbezogene Daten, ZfPW 2017, 84, 91.

[58] Vgl. *Carmen Langhanke/Martin Schmidt-Kessel*, Consumer Data as Consideration, EuCML 2015, 218, 222; *Andreas Sattler*, Personenbezogene Daten als Leistungsgegenstand, JZ 2017, 1036 ff.

[59] Dazu näher *Dirk Staudenmayer*, Verträge über digitalen Inhalt, NJW 2016, 2719, 2720; kritisch *Brigitta Lurger*, Anwendungsbereich und kaufvertragliche Ausrichtung der DIRL- und FWRL-Entwürfe, in: Wendehorst/Zöchling-Jud (Hg.), Ein neues Vertragsrecht für den digitalen Binnenmarkt? Wien 2016, S. 35; siehe auch *Spindler* (Fn. 54) 149 f.

[60] So bereits *Langhanke/Schmidt-Kessel* (Fn. 58); zustimmend *Sattler* (Fn. 58) 1036.

Persönlichkeitsrechts betrachtet und dem Vertragsrecht, das Daten als Transaktionsgegenstand betrachtet.

II. Neue Schwerpunkte innerhalb des Vertragsrechts

Neue Herausforderungen ergeben sich auch innerhalb des Vertragsrechts. Zu beobachten ist hier schon seit einiger Zeit eine Schwerpunktverlagerung weg von Verträgen über die dauerhafte Überlassung von körperlichen (oder unkörperlichen) Gegenständen hin zu Verträgen über Dienstleistungen und Dauerschuldverhältnissen. Also weg vom Kaufvertrag, hin zu Verträgen, die man als „Zugangsverträge" bezeichnen könnte.[61] Im Englischen wird diese Entwicklung mit dem Schlagwort „from asset to access" umschrieben.[62] Die Europäische Kommission verwendet an anderer Stelle das sperrige Wort „servicification".[63] Der Entwurf des GEK beschränkte sich insoweit noch auf „verbundene Dienstleistungen", war also noch stark durch die traditionelle Kaufrechtsfixierung geprägt.[64] Doch bereits während der Beratungen des GEK war eine schrittweise Aufgabe des Kaufvertragsparadigmas erkennbar. So sprach sich das Europäische Parlament im Gesetzgebungsverfahren dafür aus, auch Verträge über Cloud-Computing-Dienstleistungen in den Anwendungsbereich des GEK aufzunehmen.[65]

Der Vorschlag für eine DIRL geht nun einen Schritt weiter. Er gilt gem. Art. 2(1)(b) und (c) auch für Verträge über Dienstleistungen zur „Erstellung, Verarbeitung oder Speicherung von Daten" sowie die „gemeinsame Nutzung [...] und sonstige Interaktionen" mit solchen Daten. Wenig geglückt ist es allerdings, dass Art. 2(1) diese Dienstleistungen unter den Begriff „digitale Inhalte" subsumiert. Es handelt sich um Dienstleistungen in Bezug auf „digitale Inhalte", aber nicht um „digitale Inhalte" selbst. Positiv ist wiederum, dass die DIRL dem Dauerschuldcharakter von „Zugangsverträgen" Rechnung trägt und für diese Fälle in Art. 16 dem Verbraucher ein Recht auf Vertragsbeendigung einräumt.

Andere neuere Entwicklungen innerhalb des Vertragsrechts haben bislang keinen Niederschlag in den beiden Richtlinienentwürfen vom Dezember 2015

[61] Der hier verwendete Begriff des „Zugangsvertrages" greift die Terminologie aus dem Entwurf des Uniform Computer Information Transaction Act (UCITA) auf. § 102(a)(1) UCITA sah eine Definition des „access contract" vor, die u. a. Verträge über die Nutzung von Datenbanken erfassen sollte („Access contract means a contract to obtain by electronic means access to, or information from, an information processing system of another person, or the equivalent of such access."). Zum Entwurf des UCITA siehe *Norman Thot*, Internetrecht in den USA, in: Detlef Kröger/Mark Gimmy, Handbuch zum Internetrecht, 2. Aufl. Berlin 2002, S. 823, 839 ff.

[62] *Jeremy Rifkin*, The Age of Access, New York 2002.

[63] Commission Staff Working Document, Tapping the potential of European service standards to help Europe's consumers and businesses, SWD (2016) 186 final, 6.

[64] Siehe dazu *Martin Illmer*, Related Services in the Commission Proposal for a Common European Sales Law, ERPL 2013, 131–204.

[65] Legislative Entschließung des Europäischen Parlaments vom 26. Februar 2014 zu dem Vorschlag für eine Verordnung des Europäischen Parlaments und des Rates über ein Gemeinsames Europäisches Kaufrecht, P7_TA(2014)0159.

gefunden. Dies gilt insbesondere für die wachsende Zahl von Drei-Personen-Verhältnissen, die durch den rasanten Aufstieg der sog. „Platform Economy" entstehen.[66] Aktuelle Beispiele sind *Airbnb*, *Uber* oder *Amazon Marketplace*. In diesen Fällen stellt sich insbesondere die Frage, welche Pflichten den Plattformbetreiber treffen. In der Praxis ziehen sich die Plattformbetreiber zumeist darauf zurück, dass sie lediglich als „facilitator" handeln.[67] Zu klären ist in derartigen Fällen, ob den Plattformbetreiber unter bestimmten Umständen doch eine eigene – direkte oder subsidiäre – Haftung trifft. Im deutschen Recht dürften sachgerechte Lösungen unter Rückgriff auf die Regeln der Vertragsauslegung, das Stellvertretungsrecht oder die Sachwalterhaftung zu finden sein. Im Acquis sucht man dagegen bislang vergeblich nach Antworten. Das europäische Verbrauchervertragsrecht – einschließlich DIRL und FWRL – beschränkt sich im Wesentlichen darauf, den *Inhalt* der Verbraucherrechte zu regeln, und überlässt die Bestimmung der im konkreten Fall verpflichteten *Person* dem mitgliedstaatlichen Vertragsrecht. Diese Arbeitsteilung zwischen Unionsrecht und dem Recht der Mitgliedstaaten ist unter den Bedingungen der Plattform-Ökonomie nicht mehr sachgerecht. Einheitliche Verbraucherschutzstandards und ein „level playing field" für Plattformanbieter lassen sich künftig nur verwirklichen, wenn die Frage nach der Verteilung der Verantwortung innerhalb der plattformtypischen Drei-Personen-Verhältnisse auf europäischer Ebene geregelt wird.[68] Einen Vorschlag für eine derartige Regelung hat kürzlich eine europäische Forschergruppe vorgelegt, die in einer gewissen Tradition der *Acquis Group* steht.[69] Der im August 2016 veröffentlichte „Discussion Draft of a Directive of Online Intermediary Platforms" sieht ein ausdifferenziertes Haftungsregime vor, das u. a. darauf abstellt, ob der Verbraucher darauf vertrauen darf, dass der Plattformbetreiber einen beherrschenden Einfluss („predominant influence") auf die Ausgestaltung und Ausführung des über die Plattform geschlossenen Vertrages ausübt.[70] Zur Bestimmung des beherrschenden Einflusses gibt der Diskussionsentwurf dem Rechtsanwender ein bewegliches System von Wertungskriterien an die Hand. Das Projekt ist inzwischen vom European Law Institute aufgegriffen

---

[66] Siehe *Christoph Busch/Hans Schulte-Nölke/Aneta Wiewiorowska-Domagalska/Fryderyk Zoll*, The Rise of the Platform Economy: A New Challenge for EU Consumer Law, EuCML 2016, 3–10.

[67] Siehe etwa Ziff. 2 der Nutzungsbedingungen von *Airbnb*: „Sie sind sich im Klaren darüber und stimmen zu, dass Airbnb keine Partei der Verträge ist, die zwischen Gastgebern und Gästen abgeschlossen werden, und das Airbnb kein Immobilienmakler, Vermittler oder Versicherer ist." (Stand: 1.10.2016).

[68] *Busch* et al. (Fn. 66) 4 f. Die Frage, welche Rechte Verbraucher gegenüber Intermediären geltend machen können, stellt sich freilich nicht allein bei Online-Plattformen, wie etwa EuGH NJW 2017, 874 (*Wathelet*) zeigt.

[69] *Research Group on the Law of Digital Services*, Discussion Draft of a Directive on Online Intermediary Platforms, EuCML 2016, 164–169; siehe auch *Christoph Busch/Gerhard Dannemann/Hans Schulte-Nölke*, Ein neues Vertrags- und Verbraucherrecht für Online-Plattformen im Digitalen Binnenmarkt?, MMR 2016, 787–792 (mit einer deutschen Übersetzung des Diskussionsentwurfs).

[70] Siehe Art. 18 des Diskussionsentwurfs.

worden, das im Herbst 2016 eine europäische Arbeitsgruppe eingesetzt hat, die derzeit „Model Rules on Online Intermediary Platforms" erarbeitet.[71]

Noch viel weitgehendere Auswirkungen dürfe die Entwicklung eines „Internet der Dinge" haben. Die DIRL klammert dieses Thema durch eine in Erwgr. 17 versteckte Ausnahme aus. Das Thema „Internet of Things" wäre Gegenstand eines eigenen Vortrags. Daher hier nur soviel: Die strikte Trennung zwischen Regeln für physische Objekte und digitale Inhalte, wie sie die beiden Richtlinienvorschläge vorsehen, wird durch künftig durch „smarte Objekte" mit „embedded digital content" in Frage gestellt.[72] Hier stellen sich nicht nur Qualifikationsprobleme, sondern auch schwierige Fragen nach der Zuordnung von Haftungsrisiken. Die Vorschläge von Dezember 2015 bieten darauf bislang keine überzeugenden Antworten. Die Aufspaltung des Regelungsrahmens in zwei Richtlinienvorschläge geht vor diesem Hintergrund in eine falsche Richtung.

III. Neue Regulierungsinstrumente

Neue Herausforderungen für das europäische Vertragsrecht drohen nicht nur durch Interferenzen mit anderen Rechtsgebieten und Schwerpunktverlagerungen innerhalb des Vertragsrechts. Veränderungen könnten sich auch durch die zunehmende Bedeutung neuer Regulierungsinstrumente ergeben. Wiederum beschränke ich mich auf zwei Stichworte: Reputationssysteme und Dienstleistungsnormung.

1. Reputationssysteme

Derzeit wird intensiv darüber diskutiert, inwieweit Reputationsmechanismen (Kundenbewertungen, Ratings) traditionelle Verbraucherschutzinstrumente ergänzen oder gar ersetzen können.[73] Die kürzlich veröffentlichte „Europäische Agenda für die kollaborative Wirtschaft"[74] gibt dieser Diskussion neue Nahrung. So betont die Europäische Kommission, dass leistungsfähige Repu-

---

[71] Vgl. *Christoph Busch*, Europäische Modellregeln für Online-Vermittlungsplattformen, in: Rott/Tonner (Hg.), Online-Vermittlungsplattformen in der Rechtspraxis (im Erscheinen).

[72] Siehe dazu *Christiane Wendehorst*, Consumer Contracts and the Internet of Things, in: Schulze/Staudenmayer (Hg.), Digital Revolution: Challenges for Contract Law in Practice, Baden-Baden 2016, 189ff.; *dies.*, Hybride Produkte und hybrider Vertrieb, in: Wendehorst/Zöchling-Jud (Fn. 59) 45, 48f.

[73] Dazu bereits *Christoph Busch*, Crowdsourcing Consumer Confidence: How to Regulate Online Rating and Review Systems in the Collaborative Economy, in: De Franceschi (Hg.), European Contract Law and the Digital Single Market: Implications of the Digital Revolution, Cambridge 2016, 223–243; siehe ferner *Christopher Koopman/Matthew Mitchell/Adam Thierer*, The Sharing Economy and Consumer Protection Regulation: The Case for Policy Change' 8 J. Bus. Entrepreneurship & L. 529 (2015); *Vanessa Katz*, Regulating the Sharing Economy, 30 Berkeley Tech. L. J. 1067 (2015); *Molly Cohen/Arun Sundararajan*, Self-Regulation and Innovation in the Peer-to-Peer Sharing Economy (2015) 82 The University of Chicago Law Review Dialogue 116.

[74] Mitteilung der Kommission vom 2.6.2016, Europäische Agenda für die kollaborative Wirtschaft, COM(2016) 356 endg.

tationssysteme „möglicherweise die Notwendigkeit regulierender Maßnahmen reduzieren".[75] Dies setzt allerdings voraus, dass die Reputationssysteme selbst zuverlässig funktionieren und wahrheitsgemäße Informationen über die Vertrauenswürdigkeit der Marktteilnehmer liefern.[76] Vor diesem Hintergrund könnte die Funktion des Verbraucherschutzrechts sich zunehmend dahin verlagern, Rahmenbedingungen für zuverlässige Bewertungssysteme sicherzustellen. Ein solches „Verbraucherrecht zweiter Ordnung" hätte im Wesentlichen die Aufgabe, das Systemvertrauen in die Funktionsfähigkeit der Reputationssysteme zu stärken. In diese Richtung weist etwa die im September 2016 verabschiedete französische „Loi pour une République numérique",[77] die detaillierte Regeln über die Transparenz und Qualität von Online-Reputationssystemen enthält. Auch die International Organization for Standardization (ISO) arbeitet derzeit an einem globalen Standard für Online Ratings, der Qualitätsanforderungen an Reputationssysteme festlegen soll.[78] Hier wächst möglicherweise Konkurrenz zu den staatlichen Regelwerken.[79]

2. *Dienstleistungsnormung*

Dies bringt mich auch schon zum zweiten und letzten Punkt: Dienstleistungsnormung. Seit einiger Zeit erarbeiten die europäischen Normungsorganisationen nicht mehr ausschließlich technische Normen für technische Produkte, sondern Normen und Standards für Dienstleistungen.[80] Diese Dienstleistungsnormen sind ihrer Struktur, ihrem Inhalt und ihrer Funktion vergleichbar mit Standardverträgen. Das Anfang Juni 2016 verabschiedete neue EU-Normungspaket[81] sieht vor, dass diese Dienstleistungsnormen in den nächsten Jahren einen Schwerpunkt der europäischen Normungstätigkeit bilden. Aktuell wird etwa an einem „horizontalen" Standard für Dienstleistungsverträge gearbeitet.[82] Die

[75] COM(2016) 356 endg., S. 4.

[76] Siehe auch Monopolkommission, XXI. Hauptgutachten – Wettbewerb 2016, Tz. 1202.

[77] Loi No. 2016–1321 du 7 octobre 2016 pour une République numérique, JORF v. 8.10.2016, 1.; siehe dazu *Luc Grynbaum*, Loyauté des plateformes: un champ d'application à redéfinir dans les limites du droit européen, A propos du projet de loi pour une République numérique, La Semaine Juridique, Edition Générale, N° 16, 18.4.2016, S. 778 ff.

[78] ISO/TC 290 (Online reputation); dazu *Busch* (Fn. 73) 234.

[79] Zum Wettbewerb der Regelgeber siehe *Horst Eidenmüller* (Hg.), Regulatory Competition in Contract Law and Dispute Resolution, München 2013.

[80] Siehe *Christoph Busch*, DIN-Normen für Dienstleistungen – Das Europäische Normungskomitee produziert Musterverträge, NJW 2010, 3061 ff.; *ders.*, Towards a „New Approach" in European Consumer Law: Standardisation and Co-Regulation in the Digital Single Market, EuCML 2016, 197 f.; siehe auch *Hans Schulte-Nölke*, The Brave New World of EU Consumer Law – Without Consumer, or Even Without Law?, EuCML 2015, 135, 137 f.; *Panagiotis Delimatsis*, Standard-Setting in Services – New Frontiers in Rule-Making and the Role of the EU, TILEC Discussion Paper 2015–013.

[81] Mitteilung der Kommission vom 1.6.2016, Normungspaket: Europäische Normen für das 21. Jahrhundert, COM(2016) 358 endg.

[82] CEN/TC 447 (Horizontal standards for the provision of services); siehe dazu *Christoph Busch*, Towards a „New Approach" for the Platform Ecosystem: A European Standard for Fairness in Platform-to-Business Relations, EuCML 2017, 227 f.

Parallele zum Vorhaben einer „horizontalen" Richtlinie über Verbraucherrechte ist nicht zu übersehen. Aufhorchen lässt auch der Arbeitstitel eines 2016 neu gegründeten ISO-Normungsgremiums, das „Leitlinien für die Einräumung von Gewährleistungs- und Garantieansprüchen an Verbraucher" entwickeln soll.[83] In welchem Verhältnis derartige Texte zum europäischen (Verbraucher-)Vertragsrecht stehen, ist bislang kaum beforscht.

Denkbar wäre es etwa, dass Dienstleistungsnormen zur Konkretisierung ausfüllungsbedürftiger Rechtsbegriffe herangezogen werden. Als Vorbild könnte der sog. „New Approach" im Produktsicherheitsrecht dienen.[84] Dort beschränken sich die jeweiligen Richtlinien darauf, „grundlegende Anforderungen" zu formulieren. Die technischen Details werden durch harmonisierte Normen geregelt, die im Auftrag der Europäischen Normungsorganisationen erarbeitet werden. Die Verknüpfung zwischen Normen und Richtlinie erfolgt mittels einer widerleglichen Konformitätsvermutung. Für Produkte, die den Vorgaben der (freiwilligen) Normen entsprechen, wird vermutet, dass sie die grundlegenden Anforderungen der einschlägigen Richtlinie erfüllen.[85]

Dieses Modell ließe sich möglicherweise auf den Bereich des Verbraucherrechts übertragen. Ein Anwendungsbeispiel liefert der bereits erwähnte Diskussionsentwurf für eine Richtlinie über Online-Vermittlungsplattformen.[86] Der Entwurf beschränkt sich darauf, grundlegende Anforderungen an die Qualität von Online-Reputationssystemen zu formulieren. In Anlehnung an Art. 2(h) der Richtlinie über unlautere Geschäftspraktiken (2005/29/EG) wird gefordert, dass die Reputationssysteme den Anforderungen an die „berufliche Sorgfalt" genügen müssen. Die technischen und rechtlichen Details der Ausgestaltung des Reputationssystems soll einer europäischen Norm vorbehalten bleiben.[87] Entspricht ein Reputationssystem den Vorgaben der europäischen Norm, so besteht gemäß Art. 8 Abs. 3 des Diskussionsentwurfs eine widerlegliche Vermutung, dass es die Anforderungen der „beruflichen Sorgfalt" erfüllt. In diesem Modell dient die Norm dazu, die Auslegung und Anwendung der Richtlinie zu erleichtern. In gleicher Weise könnten auch die Anforderungen der vorvertraglichen Informationspflichten der VRRL mithilfe von Normen konkretisiert werden.[88] Eine Stütze findet dieser Ansatz in Art. 2 Abs. 4 lit. c der Europäischen Nor-

---

[83] ISO/PC 303 (Guidelines on consumer warranties and guarantees).

[84] Entschließung des Rates vom 7.5.1985 über eine Neue Konzeption auf dem Gebiet der technischen Harmonisierung und der Normung, ABl.EG C Nr. 136, S. 1 ff.

[85] Zur Funktionsweise des „New Approach" im Produktsicherheitsrecht siehe *Thomas Klindt*, Der „new approach" im Produktrecht des europäischen Binnenmarkts: Vermutungswirkung technischer Normung, EuZW 2002, 133 ff.; siehe auch *Petra Buck-Heeb/Andreas Dieckmann*, Selbstregulierung im Privatrecht, Tübingen 2010, S. 169 ff.; *Anne Röthel*, Lex mercatoria, lex sportiva, lex technica – private Rechtsetzung jenseits des Nationalstaats, JZ 2007, 755, 758 f.

[86] Siehe Art. 8 Abs. 3 des Diskussionsentwurfs (Fn. 69).

[87] Als Vorbild könnte hierfür etwa die französische Norm NF Z 74–501 (Avis en ligne de consommateurs) dienen.

[88] Vgl. den ähnlichen Ansatz – allerdings ohne Bezug zum Europäischen Normungssystem – bei *Gerald Spindler/Christian Thorun*, Die Rolle der Ko-Regulierung in der Informa-

mungsverordnung (2012/1025). Die Konkretisierung von Informationspflichten wird dort ausdrücklich als eine mögliche Funktion von Dienstleistungsnormen erwähnt.

Im Zusammenspiel mit den jeweiligen Richtlinien des Verbraucherrechts könnten Dienstleistungsnormen Harmonisierungslücken schließen, die sich durch unbestimmte Rechtsbegriffe und Generalklauseln ergeben. Die europäischen Dienstleistungsnormen wirken dabei gewissermaßen als „Harmonisierungsverstärker“.[89] Zugleich wäre es für die im digitalen Binnenmarkt tätigen Unternehmen ein erheblicher Gewinn an Rechtssicherheit, wenn die Gerichte bei der Auslegung der Richtlinien auf europäische Dienstleistungsnormen abstellen würden.

---

tionsgesellschaft. Handlungsempfehlung für eine digitale Ordnungspolitik, MMR-Beilage 2016, 1, 25.

[89] Siehe bereits *Busch* (Fn. 80) 3066.

Binnenkohärenz des europäischen Verbrauchervertragsrechts

Matthias Lehmann

Inhaltsübersicht

Die Europäische Union sucht nach ihrem Platz im Privatrecht. Die Geschichte der Harmonisierungsversuche ist lang – von der ersten Kommunikation der EU-Kommission zu einem europäischen Privatrecht aus dem Jahre 2001,[1] dem Aktionsplan zur Schaffung eines kohärenten Vertragsrechts aus dem Jahr 2003[2] und dem Gemeinsamen Referenzrahmen (DCFR).[3] Wenig ist davon geblieben. Selbst

[1] Mitteilung der Kommission an den Rat und das Europäische Parlament zum Europäischen Vertragsrecht, KOM(2001), 398 endg.

[2] Mitteilung der Kommission an das Europäische Parlament und den Rat – Ein kohärenteres Europäisches Vertragsrecht – Ein Aktionsplan, KOM(2003), 68 endg.

[3] *Von Bar/Clive* (Hrsg.), Principles, Definitions and Model Rules of European Private Law, Berlin 2009.

das deutlich weniger ambitiöse Gemeinsame Europäische Kaufrecht (CESL)[4] ist am Widerstand der Mitgliedstaaten gescheitert. Erhebliche Zeit und finanzielle Ressourcen wurden aufgewendet. Das wirft unweigerlich die Frage nach greifbaren Ergebnissen auf. Die EU-Kommission scheint daher mit einer gewissen Sorge nach zumindest einem Teilgebiet des Vertragsrechtes zu suchen, das sie vereinheitlichen könnte. Das Ergebnis sind die vorgelegten Richtlinienvorschläge, einer „über bestimmte vertragsrechtliche Aspekte der Bereitstellung digitaler Inhalte“[5], der andere „über bestimmte vertragsrechtliche Aspekte des Online-Warenhandels und anderer Formen des Fernabsatzes von Waren“[6].

Wie die Bezeichnung dieser Vorschläge verrät, werden diese beiden Richtlinien nur bestimmte Aspekte der bezeichneten Verträge regeln. Sie lassen wichtige Fragen unberührt, z. B. Abschluss und die Wirksamkeit des Vertrags.[7] Damit sind die Vorschläge – im Gegensatz zum CESL – alles andere als ein umfassendes Vertragsrecht, das wirtschaftliche Akteure verwenden könnten. Die Europäische Union wird nicht zum Zivilgesetzgeber im herkömmlichen Sinne, sondern kehrt zu ihrem üblichen regulatorischen Ansatz zurück. Sie regelt lediglich ausgewählte Probleme, aber nicht alle Aspekte komplexer privatrechtlicher Beziehungen.

Zugleich ist jedoch nicht zu übersehen, dass die Kommission tiefer als je zuvor in den traditionellen Geltungsbereich nationalen Privatrechts eindringt. Obwohl sie keine abschließende Regelung der genannten Vertragstypen darstellen, wirken sich die Vorschläge auf Gebiete aus, die bislang allein den Zivilrechten der Mitgliedstaaten vorbehalten waren. Unter anderem definieren sie den Inhalt der Leistung[8], den Gefahrübergang[9], die Folgen der Vertragsbeendigung[10], die Höhe des Schadensersatzes[11] und führen gesetzliche Kündigungsrechte bei langfristigen Verträgen ein[12]. Besonders bedeutsam ist außerdem, dass die beiden vorgeschlagenen Richtlinien vollharmonisierend sind, d. h. belassen den Mitgliedstaaten keine Umsetzungsspielräume.[13] Zwar ist das Konzept der Vollharmonisierung keineswegs neu, sondern wurde z. B. bei der Verbraucherrechte-Richtlinie verwandt.[14] Jedoch konzentriert sich diese auf bestimmte Aspekte wie Informations- und Widerrufsrechte, die für das mitgliedstaatliche Recht

[4] *Europäische Kommission*, Vorschlag für eine Verordnung des Europäischen Parlaments und des Rates über ein Gemeinsames Europäisches Kaufrecht, KOM(2011), 635 endg.

[5] *Europäische Kommission,* Vorschlag für eine Richtlinie des Europäischen Parlaments und des Rates über bestimmte vertragsrechtliche Aspekte der Bereitstellung digitaler Inhalte, KOM(2015) 634 endg. (im Folgenden: „DI-RLE“).

[6] *Europäische Kommission,* Vorschlag für eine Richtlinie des Europäischen Parlaments und des Rates über bestimmte vertragsrechtliche Aspekte des Online-Warenhandels und anderer Formen des Fernabsatzes von Waren, KOM(2015) 635 endg. (im Folgenden: „FA-RLE“).

[7] Siehe Erwägungsgrund 10 DI-RLE.

[8] Art. 5 DI-RLE.

[9] Art. 8 Abs. 1 DI-RLE.

[10] Art. 13 Abs. 2 DI-RLE.

[11] Art. 14 DI-RLE.

[12] Art. 16 DI-RLE.

[13] Siehe Art. 4 DI-RLE, Art. 3 FA-RLE.

[14] Richtlinie 2011/83/EU des Europäischen Parlaments und des Rats vom 25. Oktober 2011 über die Rechte der Verbraucher, ABl. 2011 L304/64.

nicht von zentraler struktureller Bedeutung sind. Eine Vollharmonisierung im allgemeinen Vertragsrecht, wie sie nunmehr vorgeschlagen wird, hat sehr viel weitreichendere Folgen für die nationalen Zivilgesetzbücher.

Diese Mischung aus Zurückhaltung einerseits und tiefgreifender Vollharmonisierung anderseits wirft viele Fragen auf. Der vorliegende Beitrag skizziert zunächst den Anwendungsbereich und die Ziele eines neuen harmonisierten Unionsrechtes für digitale Inhalte und Fernabsatzgeschäfte (A). Ferner wird der Inhalt der Vorschläge in Hinblick auf seine Kohärenz mit dem *acquis* des Unionsprivatrechts einer kritischen Würdigung unterzogen (B). Im Anschluss wird das Verhältnis der vorgeschlagenen Richtlinien und des nationalen Rechts der Mitgliedstaaten dargestellt (C). Es folgen einige Beobachtungen zur effizienten Verteilung von Regelungskompetenzen in Mehrebenensystemen (D), bevor die Vorschläge abschließend bewertet werden (E).

A. Verdienen digitale Inhalte und Fernabsatzgeschäfte ein separates Regelwerk?

I. Anwendungsbereich und Ziele der Vorschläge

Ganz im Sinne lange gehegter Ambitionen konzentriert sich die EU-Kommission mit ihren Vorschlägen auf eine Harmonisierung des Vertragsrechts im engeren Sinne.[15] Zu diesem Zweck hat sie die interessantesten und modernsten Vertragsformen ausgewählt. Die EU ist insoweit kein völliger Neuling. Der Vorschlag zum Online-Warenhandel knüpft an die Fernabsatzrichtlinie[16] an und hätte – wenn diese Bezeichnung nicht schon vergeben wäre – ebenso genannt werden können. Im Gegensatz zur Fernabsatzrichtlinie betrifft er jedoch nicht den Vertragsschluss, sondern die Durchführung des Vertrags. Die Regelung dieses komplexen Bereiches soll zumindest teilweise auf die Ebene des Unionsrechts verschoben werden.

Der Vorschlag zu digitalen Inhalten beschäftigt sich ebenfalls mit der Vertragsdurchführung. Anders als der Vorschlag zum Online-Warenhandel wird sein Anwendungsbereich nicht nach Art der geschuldeten Leistung, sondern durch den Leistungsgegenstand – digitale Inhalte – begrenzt. Die Definition des Anwendungsbereichs ist sehr weitreichend und umfasst nach herkömmlicher Einteilung ganz unterschiedliche Vertragstypen.[17] So erstreckt sich der Vorschlag nicht nur auf den Erwerb von Audioinhalten (z. B. Musik oder Audio-

---

[15] Siehe bereits: Mitteilung der Kommission an den Rat und das Europäische Parlament zum Europäischen Vertragsrecht, KOM(2001), 398 endg.

[16] Richtlinie 97/7/EG des Europäischen Parlaments und des Rats vom 20. Mai 1997 über den Verbraucherschutz bei Vertragsabschlüssen im Fernabsatz, Abl. 1997 L144/19.

[17] Zu den Herausforderungen technologischer Innovationen wie dem 3D-Druck für herkömmliche Vertragsformen siehe: *Schulze/Staudenmeyer*, Digital Revolution: Challenges for Contract Law in Practice, Baden-Baden 2016, S. 25 f.

books), Videos, Anwendungen („Apps"), Spiele und sonstige Software.[18] Er betrifft daneben auch *Dienstleistungen*, die auf die Erzeugung, Verarbeitung oder Speicherung von digitalisierten Daten oder auf die gemeinsame Nutzung von Nutzerdaten und sonstige Interaktion gerichtet sind.[19] Damit sind auch Cloud-Dienstleistungen oder soziale Netzwerke erfasst. Der Anwendungsbereich ist zwar auf vergütete Dienstleistungen beschränkt, jedoch kann eine Vergütung nach der Richtlinie auch in der Zurverfügungstellung von persönlichen oder anderen Daten liegen.[20] Auch „kostenlose" soziale Netzwerke wie Facebook, die sich über die Verwendung der Nutzerdaten finanzieren, sind damit von der Richtlinie erfasst. Ausgenommen sind dagegen Netzwerke, die persönliche Daten nur zu technischen Zwecken verarbeiten oder um gesetzlichen Vorgaben zu entsprechen.[21]

Bei oberflächlicher Betrachtung scheinen die Vorschläge das im Unionsrecht wohlbekannte Ziel des Verbraucherschutzes zu verfolgen. Dieser Eindruck wird insbesondere durch die Eingrenzung ihres Anwendungsbereichs auf Verbraucherverträge (B2C) erweckt.[22] Doch tatsächlich ist das Regelungsziel der Vorschläge ein ganz anderes: Sie sind Teil einer umfassenden Strategie der Kommission, einen digitalen Binnenmarkt zu schaffen.[23] Dadurch soll hauptsächlich das Wirtschaftswachstum in der EU gefördert werden.[24] Diesbezügliche Aussagen der Kommission sind unzweideutig:

> „Die vorliegenden Richtlinienvorschläge sollen ein unternehmerfreundliches Umfeld schaffen und es den Unternehmen, insbesondere den KMU, erleichtern, ihre Waren grenzüberschreitend anzubieten".[25]

Die Sorgen der Verbraucher, wie z. B. mangelnde Kenntnis ihrer Gewährleistungsrechte, werden lediglich an zweiter Stelle genannt.[26]

Dies stellt einen Paradigmenwechsel dar. Geschäfte über Digitale Inhalte und Online-Transaktionen werden nicht deswegen geregelt, weil die nationalen Rechte für den Verbraucherschutz ungenügend erscheinen, sondern um das Wirtschaftswachstum in der Union zu stärken. Die Begründungen der Vorschläge

[18] Art. 2 Abs. 1 lit. a DI-RLE.

[19] Art. 2 Abs. 1 lit. b, c DI-RLE.

[20] S. Art. 3 Abs. 1 DI-RLE.

[21] Siehe den Ausschluss in Art. 3 Abs. 4 DI-RLE. Persönliche Daten sind zunehmend eine „Ersatzwährung" im Internet, siehe *Schulze/Staudenmeyer*, Digital Revolution: Challenges for Contract Law in Practice, Baden-Baden 2016, S. 32. Der Wert eines Facebook-Datensatzes wird mit 88 Euro veranschlagt, siehe: *Schmidt-Kessel/Erler/Grimm/Kramme*, GPR 2016, 54, 58, Fn. 66.

[22] Art. 1 DI-RLE, Art. 1 Abs. 1 FA-RLE. Formal erfordert Art. 1 DI-RLE nicht, dass eine Vertragspartei Unternehmer ist, sondern spricht lediglich von der „Bereitstellung digitaler Inhalte an Verbraucher", ohne die Person des Anbieters näher zu bestimmen.

[23] Siehe dazu Mitteilung der Kommission an das Europäische Parlament, den Rat, den Europäischen Wirtschafts- und Sozialausschuss und den Ausschuss der Regionen, Strategie für einen digitalen Binnenmarkt für Europa, KOM(2015) 192 endg.

[24] Siehe Begründungen zu DI-RLE und FA-RLE, jeweils S. 2.

[25] Begründung DI-RLE S. 3; Begründung FA-RLE, S. 2 f.

[26] Siehe Begründungen DI-RLE und FA-RLE, jeweils S. 3.

sind voll von entsprechenden Referenzen. Sie unterstreichen, dass die neuen Regeln dazu beitragen würden, das Wachstumspotential des Online-Handels „voll auszuschöpfen", die digitale Wirtschaft der Union und das Wachstum insgesamt anzukurbeln[27] und „auf dem Weltmarkt wettbewerbsfähig zu bleiben"[28]. Als Beleg für diese Thesen werden beeindruckende Zahlen genannt. So wird prognostiziert, dass dank der neuen Regelungen 122 000 zusätzliche Unternehmen in den grenzüberschreitenden Online-Handel einsteigen würden und die Exporte innerhalb der EU um 1 Milliarde Euro steigen würden, die Verbraucherausgaben sogar um 18 Milliarden Euro.[29] Diesen Angaben lässt sich klar entnehmen, dass Verbraucherinteressen nicht mehr primäres Regelungsziel der EU sind, sondern vielmehr den Zielen des Wirtschaftswachstums untergeordnet. Die Kommission hat sich vom Anwalt der Verbraucherinteressen zu einem gewöhnlichen politischen Akteur gewandelt.

Dies bedeutet nicht, dass die Interessen der Verbraucher nach den Richtlinienvorschlägen nicht gewahrt würden. Im Gegenteil ist das mit ihnen angestrebte Verbraucherschutzniveau höher als je zuvor.[30] Außerdem stand der Verbraucher als solcher niemals allein im Fokus der EU, sondern wurde geschützt, um dadurch den Binnenmarkt zu stärken. Neu ist dagegen, dass das Vertrauen der Verbraucher in den Binnenmarkt lediglich als Mittel zur Erzielung von Wirtschaftswachstum eingesetzt wird. Dies erklärt, warum die EU-Kommission den Weg der Vollharmonisierung gewählt hat, der die Gewährleistungsrechte des Käufers in einigen Staaten eher beschneiden als stärken wird. Es ist daher nicht angebracht, die Kommissionsvorschläge als „verbraucherschützend" im klassischen Sinne zu beschreiben. Zutreffender erscheint die Charakterisierung als „wachstumsfördernd durch eine Vereinheitlichung des Verbraucherschutzes im Binnenmarkt".

II. Erfahrungen aus den Vereinigten Staaten

Wenn man einen Binnenmarkt errichten möchte, ist es sinnvoll, dass für Geschäfte über digitale Inhalte und Online-Transaktionen einheitliches Recht gilt. Von allen Vertragsarten sind sie diejenigen, bei denen das grenzüberschreitende Element am greifbarsten und charakteristischsten ist. So sind Online-Geschäfte für die Errichtung eines geographisch weiten Binnenmarkts unverzichtbar, und digitale Inhalte wie digitalisierte Musik, Videos oder Anwendungen („Apps") eignen sich in besonderer Weise für die grenzüberschreitende Leistungserbringung.

Die Rechtsvergleichung bestätigt das Bedürfnis nach einheitlichen Regeln auf diesem Gebiet. In den Vereinigten Staaten hat die *National Conference of Commissioners on Uniform State Laws* (NCCUSL) bereits im Jahr 2000 einen *Uni-*

[27] Erwägungsgrund 1 DI-RLE.
[28] Erwägungsgrund 1 FA-RLE.
[29] Begründung DI-RLE, S. 11; Begründung FA-RLE, S. 14.
[30] Siehe im Einzelnen unten B.II.

form Computer Information Transactions Act (UCITA) vorgeschlagen, zu einer Zeit, als das Internet noch in seinen Kinderschuhen steckte. Neben anderen, insbesondere urheberrechtlichen Fragen, hat das Modellgesetz auch vertragsrechtliche Bestimmungen zum Inhalt. Sein Schicksal ist für Befürworter der Harmonisierung allerdings nicht sehr erbaulich. Das angesehene *American Law Institute* (ALI) zog sich unter Verweis auf unüberbrückbare Differenzen mit der NCCUSAL vom Entwurf des Gesetzesvorhabens zurück. Schließlich wurde das Modellgesetz ohne die Beteiligung des ALI veröffentlicht. Schnell wurde es zum Opfer politischer Kontroversen über seinen Inhalt. Nur zwei US-Bundesstaaten haben sich das UCITA als geltendes Recht zu Eigen gemacht.[31] Die Mehrheit ist den Vorschlägen dagegen nicht gefolgt oder hat eigene Bestimmungen verabschiedet. Schlimmer noch haben manche Staaten abschottende Gesetze („bomb shelter rules“) erlassen, die dazu dienen, jegliche Wirkung des UCITA auf ihrem Territorium zu unterbinden.[32]

Grund für diesen Widerstand waren Vorschriften des Modellgesetzes, die von vielen als übermäßig unternehmerfreundlich betrachtet wurden.[33] Darunter waren im ursprünglichen Modellgesetz Bestimmungen, die dem Verbraucher lediglich eine beschränkte Lizenz der erworbenen Inhalte einräumten und ein Selbsthilferecht des Lizenzgebers, das ihm erlaubte, das Produkt bei Vertragsverletzungen des Lizenznehmers zu deaktivieren oder herauszuverlangen.[34] Diese wurden jedoch später teilweise zurückgenommen.[35]

III. Ausgesparte Bereiche – Urheberrecht und Datenschutz

Der Vorwurf einer einseitigen Begünstigung von Unternehmensinteressen kann gegen die beiden europäischen Vorschläge nicht erhoben werden. Sie beinhalten ein hohes Verbraucherschutzniveau und können kaum als unternehmerfreundlich kritisiert werden. Betrachtet man die Erfahrungen aus den Vereinigten Staaten, versteht man leicht, weshalb die Europäische Kommission die komplexen Fragen des Urheberrechts ausgespart hat.

Aber ist eine Harmonisierung der Leistungserbringung digitaler Inhalte sinnvoll, wenn sie dieses Themenfeld umschiffen? Die Beschränkungen des Urheberschutzes sind das größte Hindernis für den grenzüberschreitenden Handel in diesem Bereich. Sowohl Unternehmer als auch Verbraucher würden, wenn man sie nach vorrangigen Problemen beim Verkauf digitaler Inhalte befragen

---

31 Diese beiden Staaten sind Virginia und Maryland, siehe *McDonald*, Berkeley Technology Law Journal 16 (2001), 461, 462–463.

32 *McDonald*, Berkeley Technology Law Journal 16 (2001), 461, 463.

33 Für einen prägnanten Überblick der Kritik, siehe *McDonald*, Berkeley Technology Law Journal 16 (2001), 461, 463–466; *Szwak*, Louisiana Law Review 63 (2002–2003), 27; *Shah*, Berkeley Technology Law Journal 15 (2000), 85, 91–96.

34 Siehe *McDonald*, Berkeley Technology Law Journal 16 (2001), 461, 464–465; *Szwak*, Louisiana Law Review 63 (2002–2003), 27, 39–40.

35 Um auf die Bedenken der Lizenznehmer einzugehen, hat die NCCUSL das Selbsthilferecht im Jahr 2002 fallengelassen, siehe: *Razook*, Creighton Law Review 36 (2003), 643, 656.

würde, wahrscheinlich die Rechtsunsicherheit beim Urheber- und Datenschutz und nicht das Fehlen eines einheitlichen Vertragsrechts als vorrangiges Problem hervorheben. Die Unionsbürger leben innerhalb eines gemeinsamen Marktes, auf dem Online-Portale für Filme, Musik und Apps noch immer nach Mitgliedstaaten aufgeteilt sind. Ohne eine postalische Adresse im Ausland oder eine ausländische Kreditkarte können sie nicht auf Angebote zugreifen, die für einen anderen Mitgliedstaat bestimmt sind. Insofern ist es erstaunlich, dass die beiden Vorschläge das Urheberrecht aussparen. Sie enthalten zwar eine Leistungspflicht, den Inhalt frei von Rechten Dritter einschließlich Urheberrechten zur Verfügung zu stellen.[36] Aber sie behandeln nicht die viel drängendere Frage der geographischen Beschränkungen der übertragenen Nutzungsrechte. Im Gegenteil betont der Vorschlag zu den Digitalen Inhalten sogar wiederholt, dass solche Fragen außerhalb seines Anwendungsbereichs liegen.[37]

Ein ebenso problematisches Thema, das von den Vorschlägen ausgespart wurde, ist der Datenschutz. Viele der Unternehmen haben es gerade auf die Daten der Nutzer abgesehen. Die Verbraucher sind jedoch zu recht misstrauisch, wenn sie diese einem Unternehmen anvertrauen sollen. Die beiden Vorschläge regeln diesen erheblichen Interessenkonflikt nicht, sondern schließen den Datenschutz ausdrücklich von ihrem Anwendungsbereich aus.[38] Die Fragestellung wird einer gesonderten Richtlinie überlassen, die das Datenschutzrecht ab 2018 harmonisiert.[39] Obwohl der Richtlinienvorschlag zu digitalen Inhalten auf Verträge anwendbar ist, bei denen der Verbraucher sozialen Netzwerken wie Facebook aktiv persönliche oder andere Daten als Gegenleistung zur Verfügung stellt,[40] erfasst er Sachverhalte nicht, in denen der Anbieter Cookies auf dem Computer des Benutzers platziert und auf diese Weise Informationen sammelt, die der Benutzer ihm nicht aktiv zur Verfügung stellt.[41] Gerade für solche Sachverhalte besteht jedoch ein Regulierungsbedarf. Sie vom Anwendungsbereich der Vorschläge auszusparen, weil sie nicht dem Vertragsrecht im engeren Sinne zuzuordnen sind, erscheint kurzsichtig.

---

[36] Siehe Art. 8 DI-RLE, Art. 7 FA-RLE. Zu letzterer Vorschrift siehe *Maultzsch*, JZ 2016, 236, 237.

[37] Siehe Erwägungsgrund 12 letzter Satz, Erwägungsgrund 21 und S. 4.

[38] Siehe ausdrücklich Art. 3 Abs. 8 und Erwägungsgrund 22 DI-RLE. Dasselbe gilt für FA-RLE.

[39] Verordnung (EU) 2016/679 des Europäischen Parlaments und des Rats vom 27. April 2016 zum Schutz natürlicher Personen bei der Verarbeitung personenbezogener Daten (Datenschutz-Grundverordnung), ABl. 2016 L119/1.

[40] Art. 3 Abs. 1 DI-RLE.

[41] Siehe Art. 3 Abs. 4 und Erwägungsgrund 14 DI-RLE.

B. Die Kohärenz der beiden Vorschläge mit dem Acquis

Die beiden Vorschläge betreten kein Neuland, sondern werden in einem bereits erheblich regulierten Bereich anwendbar sein. Dies kann zu Spannungen und Widersprüchen mit Vorschriften führen, die bereits erlassen wurden. Der folgende Abschnitt wird die inhaltlichen Neuerungen der Vorschläge vorstellen und analysieren, wie diese mit dem *acquis* zu vereinbaren sind. Damit ist die Frage der Kohärenz des Unionsrechts aufgeworfen. Aus der Sicht der Mitgliedstaaten ist sie besonders dringlich. Wenn neue Vorschriften des Unionsrechts in den betroffenen Gebieten geschaffen werden, entsteht umgehend ein Bedarf zur Reform des nationalen Rechts. Es könnte sich als systematisch schwierig erweisen, ein neues, separates Vertragsrecht der digitalen Inhalte und Online-Warengeschäfte in das nationale Recht einzufügen. In diesem Kontext stellt sich die Frage, ob die Vorschläge tatsächlich mit dem *acquis* brechen und ein separates Regelwerk schaffen. Maßstab dafür ist, ob sie sich so stark von den bereits existierenden Vorschriften unterscheiden, dass eine separate Umsetzung in die mitgliedstaatlichen Rechte erforderlich ist.

I. Unerhebliche Änderungen

Auf den ersten Blick scheinen die Unterschiede zwischen den neuen Vorschlägen und dem *acquis* nicht besonders groß. Die beiden Richtlinienvorschläge bauen auf der Verbrauchsgüterkauf-Richtlinie (VGK-RL) auf und verwandeln diese in ein vollharmonisierendes Instrument für digitale Inhalte und Fernabsatzgeschäfte.[42] Da der Hauptzweck der Vorschläge darin besteht, über die VGK-RL hinausgehende verbraucherschützende Vorschriften des nationalen Rechts zu verbieten, unterscheiden sie sich inhaltlich nicht sehr stark vom bestehenden EU-Verbraucherrecht. Lediglich hier und da fügen sie einige neue Punkte hinzu.

So bestimmt der DI-Vorschlag, dass digitale Inhalte hinsichtlich der Funktionalität, Quantität, Interoperabilität und anderer Leistungsmerkmale wie Zugänglichkeit, Kontinuität und Sicherheit den vertraglichen Vereinbarungen entsprechen müssen und dass die neueste verfügbare Version geliefert werden muss.[43] Dabei ist kein besonderer Einfallsreichtum erforderlich, um zu denselben Schlussfolgerungen auf der Grundlage der VGK-RL zu gelangen. Nach dieser muss das Produkt „eine Qualität und Leistungen aufweisen, die bei Gütern der gleichen Art üblich sind und die der Verbraucher vernünftigerweise erwarten kann".[44] Funktionalität und Interoperabilität ist z. B. bei Software üblich. Ebenso kann der Verbraucher vernünftigerweise erwarten, dass ihm die neueste verfügbare Version geliefert wird. In ähnlicher Form wird der *acquis*

[42] Siehe *Smits*, ZEuP 2016, 319, 320–321.

[43] Art. 6 Abs. 1 lit. a, Abs. 4 DI-RLE.

[44] Art. 2 Abs. 2 lit. d VGK-RL. Übereinstimmend: *Faust*, NJW – Beilage 2016, S. 29 f., nach dem der herkömmliche Mangelbegriff auch für digitale Inhalte passt.

lediglich paraphrasiert, wenn nach dem DI-Vorschlag eine fehlerhafte Integration der digitalen Inhalte durch den Anbieter oder eine fehlerhafte Anleitung zur Installation Vertragswidrigkeiten darstellen.[45] Das entspricht der Regelung der VGK-RL, nach der die unsachgemäße Montage oder die fehlerhafte Montageanleitung einen Mangel der verkauften Sache darstellt.[46] Solche Fragestellungen hätte man auch durch eine vernünftige Auslegung der bestehenden Vorschriften lösen können.

Andere vermeintliche Neuerungen der Vorschläge sind die Bestimmungen über die Folgen einer Beendigung des Vertrags. Der Richtlinienvorschlag zu digitalen Inhalten sieht vor, dass nach einer Vertragsbeendigung der Anbieter den Kaufpreis erstatten muss und die vom Kunden gesammelten Daten nicht mehr verwenden darf, sondern diesem die technischen Mittel zur Verfügung stellen muss, damit er die von ihm gelieferten Daten wiedererlangen kann.[47] Der Kunde andererseits ist dazu verpflichtet, eine weitere Nutzung der digitalen Inhalte zu unterlassen.[48] Solche Bestimmungen finden sich noch nicht im geltenden Unionsrecht, das die Folgen einer Vertragsbeendigung nicht regelt. Jedoch hätte man getrost darauf vertrauen können, dass die Gesetzgeber und Gerichte der Mitgliedstaaten zu derselben Schlussfolgerung gelangen. Es ist kaum anzunehmen, dass diese Fragen im nationalen Recht anders geregelt sein könnten. Insofern erscheinen die Vorschläge weniger auf einem dringenden Regelungsbedarf zu beruhen als auf dem Bedürfnis der Kommission, ihren Vorschlägen etwas mehr Inhalt hinzuzufügen.

II. Inhaltliche Neuerungen und ihr Zweck

Dennoch enthalten die beiden Richtlinienvorschläge Bestimmungen, die vom *acquis* in erheblicher Weise abweichen. Bemerkenswert ist beispielsweise das an die Mitgliedstaaten gerichtete Verbot, eine zeitliche Beschränkung der Gewährleistungsrechte für fehlerhafte digitale Inhalte vorzusehen.[49] Diese Vorschrift führt *de facto* zu einem zeitlich unbeschränkten Gewährleistungsrecht des Erwerbers digitaler Inhalte. Lediglich das nationale Verjährungsrecht greift ein,[50] jedoch kann diese Schranke bei fehlender Kenntnis des Erwerbers vom Mangel weit hinausgeschoben sein. Die Kommission rechtfertigt diese Bestimmung damit, dass digitale Inhalte nicht verschleißen können.[51] Das trifft zwar zu. Doch ist die Regelung nicht ohne Probleme. Für einen Anbieter dürfte es drei, fünf oder zehn Jahre nach dem Verkauf fast unmöglich sein, zu beweisen, dass die digitalen Inhalte vertragsgemäß waren. Man kann ferner an der praktischen Re-

[45] Art. 7 DI-RLE.
[46] Vgl. Art. 2 Abs. 5 VGK-RL.
[47] Art. 13 Abs. 2 lit. a-c DI-RLE.
[48] Art. 13Abs. 2 lit. d DI-RLE.
[49] Erwägungsgrund 43 DI-RLE.
[50] Erwägungsgrund 43 DI-RLE, letzter Satz.
[51] Erwägungsgrund 43 DI-RLE.

levanz eines zeitlich unbegrenzten Gewährleistungsrechts auf einem so schnelllebigen Gebiet wie den digitalen Inhalten zweifeln. Welcher Verbraucher sollte davon profitieren, dass er Gewährleistungsrechte für mangelhafte Software noch zehn Jahre nach deren Kauf geltend machen kann?

Eine andere Neuerung, die Stirnrunzeln hervorruft, ist das Recht zur Beendigung von langfristigen Verträgen. Nach dem Willen der Kommission soll der Verbraucher einen Vertrag zur Bereitstellung digitaler Inhalte nach Ablauf von 12 Monaten jederzeit kündigen dürfen.[52] Ein derart weitreichendes Recht war bislang nicht Bestandteil des *acquis*. Dasselbe gilt für das unmittelbare Rücktrittsrecht des Verbrauchers bei der Nichtleistung digitaler Inhalte,[53] die Aufhebung einer Rügeobliegenheit des Käufers[54] und die Erstreckung des Rücktrittsrechtes auf geringfügige Mängel.[55] All diese Regeln weichen vom bestehenden Verbraucherrecht ab, zum Teil in erheblicher Weise. Sie führen zu einer Fragmentierung des Unionsrechts. Dafür mögen gute Gründe sprechen. So lässt sich sicherlich die mit diesen Neuerungen verbundene Stärkung des Verbraucherschutzes nennen. Es stellt sich allerdings die Frage, warum ein verstärkter Verbraucherschutz auf digitale Inhalte und Fernabsatzgeschäfte beschränkt werden sollte. Sind dieselben Vorschriften nicht auch für andere Verträge geeignet? Wie lässt sich beispielsweise erklären, dass ein Zeitungsabonnement durch den Verbraucher nach 12 Monaten beendet werden kann, wenn es sich um die Online-Ausgabe einer Zeitung handelt, nicht aber, wenn es sich auf eine gedruckte Version bezieht? Um ein anderes Beispiel zu nennen: Warum muss der Verbraucher, der Waren online kauft, dem Verkäufer keine Mängel anzeigen? Und warum darf er, nicht aber der Kunde im stationären Handel, die Ware aufgrund eines geringfügigen Mangels zurückgeben?

Auf diese Fragen gibt es keine schlüssigen Antworten, weil eine solch unterschiedliche Behandlung nicht durch besondere Eigenschaften von digitalen Inhalten oder Online-Geschäften gerechtfertigt ist.[56] Die Abweichungen sind weder durch eine spezifische Benachteiligung des Verbrauchers zu erklären, die sich aus dem verwendeten technischen Medium ergibt, noch aus der Distanz zum Verkäufer oder dem Charakter des Geschäfts.[57] Sie sind allein der Tatsache geschuldet, dass die Kommission aus politischen und wirtschaftlichen Gründen entschieden hat, den modernen Vertragsformen Priorität vor anderen einzuräumen. Dies gefährdet die Binnenkohärenz des Verbraucherrechts. Es läuft Gefahr, zu einem Amalgam heterogener Vorschriften zu werden, die ohne inneren

---

[52] Art. 16 Abs. 1 DI-RLE.

[53] Art. 11 DI-RLE.

[54] Erwägungsgrund 9 DI-RLE – die Mitgliedstaaten konnten eine solche Obliegenheit nach Art. 5 Abs. 2 VGK-RL vorsehen.

[55] Erwägungsgrund 29 FA-RLE.

[56] Vgl. *Zöchling-Jud* in *Wendehorst/Zöchling-Jud* (Hrsg.), Ein neues Vertragsrecht für den digitalen Binnenmarkt, Wien 2016, S. 12.

[57] Dies sind typische Gründe, aufgrund derer das *acquis* des Verbraucherrechts besondere Pflichten wie Informationspflichten oder Widerrufsrechte vorsieht, siehe Art II.-3:103 DCFR.

Zusammenhang oder Leitprinzip aus unterschiedlichen Gründen beschlossen wurden.

III. Ein gespaltenes Vertragsrecht

Sollten die beiden Richtlinien verabschiedet werden, wird es zusätzlich zur VGK-RL zwei neue Verbrauchervertragsrechte geben. Diese werden das Gebäude des Unionsrechts unweigerlich komplexer machen. Das steht in Widerspruch zur Strategie der EU-Kommission, das Unionsrecht zu konsolidieren. Eine teilweise Konsolidierung war durch den Ersatz zweier einzelner Richtlinien mittels der „horizontalen" Verbraucherrechte-Richtlinie erreichet worden.[58] Werden die beiden Vorschläge umgesetzt, so gäbe es ein dreigeteiltes Recht der Verbraucherverträge in Europa. Einerseits wären Verträge über digitale Inhalte von der DI-RLE erfasst. Fernabsatzverträge wären dagegen von der OW-RLE erfasst. Schließlich wären Verträge, die im stationären Handel geschlossen werden, der VGK-RL unterstellt.

Ein derartig dreigeteiltes Regime ist mit Schwierigkeiten verbunden. Eine Eins-zu-eins-Umsetzung in das nationale Recht wird Kosten für Verbraucher wie für Unternehmen mit sich bringen. Verbraucher müssen lernen, dass ihre Gewährleistungsrechte sehr unterschiedlich sind, je nachdem, ob sie online oder im stationären Handel einkaufen. Dies kann sich auf komplexe Detailfragen erstrecken, wie die Gefahrtragung oder den Nutzungsersatz im Falle einer Vertragsbeendigung, die nicht den Besonderheiten der Vertriebsmethode geschuldet sind. Unternehmen müssen unterschiedliche Geschäftsbedingungen für Geschäfte im stationären Handel einerseits und im Online-Handel andererseits verwenden. Dies kann insbesondere sog. omni-channel-Händler benachteiligen.[59] Das sind Händler, die ihre Produkte sowohl im stationären Handel als auch online anbieten. Nach den neuen Vorschlägen werden für diese bei online-Geschäften die Kunden nicht nur über ihre Widerrufsrechte informiert, sondern zwei separate AGB verwendet. Dies ist unter anderem deswegen erforderlich, weil sich die Gewährleistungsrechte des Käufers beim Erwerb eines mangelhaften Produkts im stationären und im Online-Handel unterscheiden werden. Ebenso sind bei der Lieferung digitaler Inhalt unterschiedliche Vertragsregelungen zu beachten. Die Erstellung unterschiedlicher Geschäftsbedingungen für verschiedene Vertriebsmethoden und Inhalte wird zu erhöhten Beratungskosten führen. Gerade für kleine Unternehmen, etwa für Start-Ups, können solche Kosten durchaus ein Problem darstellen. So erstaunt es nicht, dass Wirtschaftsverbände empfehlen, einen sektorbezogenen Ansatz mit abweichenden Vorschriften für den Online- und den Offline-Handel bzw. für Waren und digitale Inhalte wenn irgend möglich zu vermeiden.[60]

---

[58] Die beiden aufgehobenen Richtlinien sind die Fernabsatzrichtlinie 97/7/EG und die Haustürwiderrufsrichtlinie 85/577/EWG.

[59] Vgl. Begründung FA-RLE, englische Fassung, S. 12.

[60] Begründung DI-RLE, S. 9.

Selbst für Juristen wird die Abgrenzung der drei Regime alles andere als einfach.[61] Zum Beispiel kann bei digitalen Inhalten, die über das Internet verkauft werden, sowohl der Vorschlag zu digitalen Inhalten als auch der Vorschlag zum Online-Warenhandel Anwendung finden. Theoretisch ist zwar der Anwendungsbereich der beiden Vorschläge sauber voneinander getrennt, weil die Richtlinie zum Online-Handel nur auf „Waren", die als bewegliche körperliche Gegenstände definiert werden, Anwendung findet.[62] Damit ist sie nicht auf einen digitalen Inhalt anzuwenden, der in unkörperlicher Form wie z. B. als Download bereitgestellt wird. Dieser unterfällt vielmehr allein der künftigen Richtlinie über digitale Inhalte. Aber oftmals wird ein digitaler Inhalt auch auf einem körperlichen Medium wie einer CD oder einer DVD bereitgestellt. Um eine Überschneidung mit dem DI-RLE zu vermeiden, schließt der Vorschlag zum Online-Handel Datenträger mit digitalen Inhalten von seinem Anwendungsbereich aus, „wenn diese Datenträger ausschließlich der Übermittlung digitaler Inhalte an den Verbraucher dienen".[63] Solche Fälle sollen ausdrücklich vom Anwendungsbereich der VGK-RL ausgenommen und damit ausschließlich dem DI-RLE unterstellt werden.[64] Dies lässt allerdings die Frage unbeantwortet, welcher Rechtsakt anzuwenden ist, wenn der Datenträger nicht „ausschließlich" der Übermittlung digitaler Inhalte dient. Man könnte beispielsweise an einen Sprachkurs denken, der in Form einer CD mit einem Arbeitsbuch geliefert wird, oder an einen USB-Stick mit einer gespeicherten TV-Serie, der auch zu anderen Zwecken als zum Abspielen der Serie gebraucht werden kann. Es ist alles andere als klar, welches der drei Regelwerke auf solche Sachverhalte anwendbar wäre. Ebenfalls Probleme wirft die Behandlung des Kaufs von Gegenständen mit vorinstallierter Software auf, wie Computern oder Tablets, oder die zum „Internet der Dinge" zählenden Objekte, wie etwa ein Kühlschrank, der Informationen über die Haltbarkeit der Produkte an den Inhaber sendet. Soll in Gewährleistungsfällen tatsächlich danach unterschieden werden, ob der Mangel von der Hardware oder der Software ausgeht?

Neben erhöhten Informations- und Transaktionskosten werden unterschiedliche Vorschriften für den Online-Handel und den stationären Handel auch spürbare Auswirkungen auf den Wettbewerb haben. Wenn der Verbraucher bei Online-Geschäften besseren Schutz genießt, verstärkt dies den Wettbewerbsdruck auf den stationären Handel. Bereits heute vergleichen gewiefte Verbraucher Angebote in Läden mit solchen, die sie im Internet finden, manchmal sogar mithilfe ihres Smartphones an Ort und Stelle. Sie haben keine Hemmungen, als *free rider* die Beratung des Ladeninhabers auszunutzen und das gleiche Produkt im Internet zu kaufen, weil sie es dort ein wenig günstiger finden. Selbst wenn der Preis identisch ist, ziehen sie wegen des gesetzlichen Widerrufsrechts häufig

---

[61] Siehe *Wendehorst*, Hybride Produkte und hybrider Vertrieb, in: Wendehorst/Zöchling-Jud (Hrsg.), Ein neues Vertragsrecht für den digitalen Binnenmarkt, Wien 2016, S. 45–88.

[62] Art. 2 lit. d FA-RLE.

[63] Art. 1 Abs. 3 DI-RLE.

[64] Siehe den durch Art. 20 Abs. 1 FA-RLE novellierten Art. 1 Abs. 2 lit b VGK-RL.

den Internetkauf vor. Sollten Verbraucher nun aufgrund der neuen Richtlinien im Online-Handel sogar noch bessere Gewährleistungsrechte als im stationären Handel haben, werden die Anreize online einzukaufen weiter verstärkt. Dies könnte die Verödung der Fußgängerzonen verstärken, mit allen unerwünschten sozialen Nebeneffekten: leere Innenstädte, Ladenschließungen, Arbeitslosigkeit des Verkaufspersonals. Man sollte sich daher gut überlegen, die Attraktivität des Online-Handels gegenüber dem stationären Handel zu verbessern.

Aber auch aus Sicht der Internetunternehmen bietet der Vorschlag nicht nur Vorteile. Der verstärkte Verbraucherschutz könnte zu einem erheblichen Kostenanstieg für manche von ihnen führen. So wird sie beispielsweise die verlängerte Beweislastumkehr[65] oder das Rücktrittsrecht bei geringfügigen Mängeln[66] teuer zu stehen kommen. Es ist nicht klar, ob diese Kosten durch die erhöhte Attraktivität von Online-Geschäften nach den neuen Regeln und den daraus resultierenden Anstieg der Nachfrage ausgeglichen werden.

Letztlich kann man kaum vorhersagen, ob die Richtlinienvorschläge Internethändlern gegenüber stationären Händlern eher nützen oder schaden werden. Sicher ist aber, dass sie den freien Wettbewerb zwischen beiden Vertriebsformen verfälschen. Sie werden die Marktanteile von Verkäufen im Internet gegenüber dem stationären Handel in der einen oder anderen Richtung verschieben. Sie manipulieren damit das Ergebnis, das der Markt bei ungehindertem Wirken erzielt hätte. Das stimmt bedenklich.

IV. Hat die Kommission einen Hintergedanken?

Die Europäische Kommission spielt die Risiken eines fragmentierten Vertragsrechts herunter. Sie argumentiert, dass es „nicht wahrscheinlich ist, dass eine Fragmentierung der Bestimmungen zum Online- und zum Offline-Warenhandel entsteht bzw. signifikante Auswirkungen hätte“,[67] ohne irgendwelche Gründe für diese optimistische Blickweise anzuführen. In gewissem Widerspruch zu ihrer vorangehenden Behauptung, es entstünden gar keine Auswirkungen, fügt die Kommission hinzu, dass solche Auswirkungen „nur während einer kurzen Übergangszeit zum Tragen kommen“.[68]

Was meint die Kommission damit? Vielleicht ist sie der Ansicht, dass Unternehmen die verbraucherfreundlicheren Vorschriften für Fernabsatzgeschäfte auf den stationären Vertrieb erstrecken werden, ebenso wie sie die Regeln für digitale Inhalte wie Online-Zeitschriften auch auf deren Druckversion anwenden

[65] Nach der VGK-RL wird vermutet, dass ein sich innerhalb von sechs Monaten nach dem Kauf zeigender Mangel bereits zum Zeitpunkt des Gefahrübergangs bestand, siehe Art. 5 Abs. 3 VGK-RL. Art. 8 Abs. 3 FA-RLE verlängert diese Beweislastumkehr auf einen Zeitraum von zwei Jahren.

[66] Die VGK-RL schließt eine Vertragsbeendigung bei geringfügigen Mängeln aus, siehe Art. 3 Abs. 6. Der neue Vorschlag zum Online-Warenhandel enthält keine solche Beschränkung, siehe Art. 13 FA-RLE.

[67] FA-RLE, S. 14.

[68] FA-RLE, S. 14.

können. Dies würde es den Anbietern in der Tat ersparen, zwei unterschiedliche Formen ihrer AGB zu erstellen. Es würde auch dem stationären Handel erlauben, gegenüber dem Internetversand wettbewerbsfähig zu bleiben. Der Preis einer solchen Strategie wäre allerdings eine zusätzliche Belastung der Unternehmen mit herkömmlichem Vertrieb. Sie könnte außerdem mit dem nationalen Recht unvereinbar sein. Der allgemeine Verbraucherschutz reicht in manchen Mitgliedstaaten weiter als die vollharmonisierenden Richtlinienvorschläge zu digitalen Inhalten und Online-Geschäften. Unternehmen können daher gar nicht dieselben Bedingungen für Offline-Geschäfte schaffen, wie sie die Kommission für den Online-Handel vorsehen will, denn dadurch würden sie gegen zwingendes nationales Verbraucherschutzrecht verstoßen.

Möglich ist auch, dass die Kommission die Hoffnung hegt, ihre Regeln für digitale Inhalte und Online-Warenkäufe würden von den Mitgliedstaaten letztlich als allgemeines Vertragsrecht umgesetzt.[69] Eine solche Entwicklung würde in der Tat die Unterschiede zwischen Online-Handel und stationärem Vertrieb einerseits sowie zwischen dem Verkauf digitaler Inhalte und körperlichen Gegenständen andererseits nivellieren. Aber ein solcher Ansatz wäre nichts anderes als Gesetzgebung „durch die Hintertür". Nicht ganz zu Unrecht könnten sich die Mitgliedstaaten, sollten sie in diese Falle tappen, eine „Überregulierung aus Brüssel" beklagen. Ein solcher Ansatz würde auch die Kompetenzgrundlage der beiden Vorschläge im Hinblick auf die Prinzipien der Enumeration, Subsidiarität und Verhältnismäßigkeit zweifelhaft erscheinen lassen. Die Folgenabschätzung der Kommission wäre kaum mehr wert als das Papier, auf dem sie geschrieben wurde, da die eigentlichen Auswirkungen der Gesetzgebung deutlich größer als angegeben wären.

C. Verhältnis zum mitgliedstaatlichen Recht

I. Vollharmonisierung

Die größten Auswirkungen haben die Vorschläge auf das Verhältnis des EU-Verbraucherrechts zum mitgliedstaatlichen Recht. Die beiden Richtlinien sind als vollharmonisierende Instrumente konzipiert. Sie lassen den Mitgliedstaaten daher keinerlei Umsetzungsspielräume. Dies ist aus zwei Gründen bemerkenswert. Erstens, weil dies den *acquis* verfestigt, ja versteinert. Beide Vorschläge beruhen auf der VGK-RL, die sie zum Einheitsrecht der Europäischen Union transformieren. Diese Rolle war der VGK-RL bei der Schaffung der Verbraucherrechte-Richtlinie von den Mitgliedstaaten gerade verwehrt worden. Nichtsdestotrotz werden die Inhalte der VGK-RL nun zu zwingendem Recht in zwei Bereichen, für digitale Inhalte und Fernabsatzgeschäfte. Die Vollharmonisie-

[69] Für eine derartige Umsetzung: *Zöchling-Jud*, in: Wendehorst/Zöchling-Jud (Hrsg.), Ein neues Vertragsrecht für den digitalen Binnenmarkt, Wien 2016, S. 12.

rung des Verbrauchsgüterkaufrechts ist damit erreicht, wenn auch in anderem Umfang und in anderer Form. Dies wirft Fragen auf. So könnten sich die Mitgliedstaaten wundern, warum sie ihre Bürger im stationären Vertrieb gegenüber einem lokal ansässigen Anbieter in weitergehendem Maße schützen dürfen als gegenüber einem Internetunternehmen, dessen Sitz möglicherweise tausende Kilometer entfernt ist.

Zweitens sind die Vorschläge zur Vollharmonisierung insofern bemerkenswert, als sie über die Bestimmungen der VGK-RL hinaus auch Fragen wie die Folgen der Rückabwicklung und das Recht auf Schadensersatz behandeln. Dies wird das Verhältnis zum nationalen Recht viel komplexer gestalten als bisher. Nach dem Effet-utile-Prinzip müssen nationale Umsetzungsgesetze richtlinienkonform ausgelegt werden.[70] Vor der Anwendung einer Bestimmung des mitgliedstaatlichen Recht müssten Richter und Anwälte prüfen, ob die Bestimmung auf europäisches Recht oder eine autonome Entscheidung des nationalen Gesetzgebers zurückgeht. Im ersten Fall müssten sie eine völlig andere Auslegung unter Berücksichtigung von EU-Primär- und Sekundärrecht sowie der Entscheidungen des Europäischen Gerichtshofs (EuGH) vornehmen. Zwar gilt diese differenzierte Methodenlehre bereits heute, aber es gibt einen entscheidenden Unterschied: Bislang war es relativ einfach, Vorschriften europarechtlichen Ursprungs zu identifizieren, weil ihr Regelungszweck typischerweise der Verbraucherschutz war. Dies ist nicht länger der Fall. Die EU-Kommission wählt nun bestimmte Vertragsformen aus, von denen sie glaubt, sie könnten das Wirtschaftswachstum ankurbeln, und harmonisiert dann das auf sie anwendbare Recht. Juristen können daher über den genauen Umfang der Harmonisierung nicht mehr sicher sein. Es wird viel schwieriger festzustellen, welche nationale Norm einen europäischen Hintergrund hat und welche nicht. Die Schwierigkeiten werden noch vergrößert, wenn die Mitgliedstaaten die Umsetzung mit ihrem allgemeinen Vertragsrecht verbinden, wie dies in Deutschland geschehen ist. Diese Staaten werden noch häufiger auf eine sog. „gespaltene" Auslegung des nationalen Rechts zurückgreifen müssen: Soweit digitale Inhalte und Fernabsatzgeschäfte betroffen sind, ist eine EU-rechtskonforme Auslegung erforderlich, während in sonstigen Fällen eine Auslegung nach der Methodenlehre der nationalen Rechtsordnung erfolgen kann.

Drittens werden die Mitgliedstaaten als Folge der Vorschläge allmählich die Kontrolle über Fragen wie die Folgen einer Vertragsbeendigung oder den Schadensersatz verlieren, die früher als Teil des mitgliedstaatlichen Vertragsrechts betrachtet wurden. Selbst wenn die Mitgliedstaaten den Anwendungsbereich der Bestimmungen zu digitalen Inhalten und Fernabsatzgeschäften nicht erweitern, könnte es „Spillover-Effekte" auf andere Vorschriften geben. Das Schadensersatzrecht ist zum Beispiel kein Spezialrechtsgebiet, das sich wie das Widerrufs-

[70] Siehe EuGH, Rs. C-14/83, Slg. 1984, 1891 – von Colson und Kamann, – Rn. 26; Rs. C-91/92, Slg. 1994 I-3325 – Faccini Dori, Rn. 26; Verb. Rs. C-397/01 – C-403/01, Slg. 2004 I 8835 – Pfeiffer – Rn. 108–119.

recht oder Informationsrechte sauber von anderen Gebieten trennen ließe. Stattdessen ist es eng mit allgemeinen Regeln und der Dogmatik des Vertrags- und Schuldrechts verknüpft. Jeder europarechtliche Eingriff in diesen Bereich wird mittelfristig Auswirkungen auf die allgemeinen Prinzipien des mitgliedstaatlichen Vertrags- und sogar Zivilrechts haben. Dieser Einfluss ist sehr subtil und wird zu einer komplexen Verstrickung von europäischen und nationalen Vorschriften führen. Unbeabsichtigte Nebenwirkungen sind nicht auszuschließen, weil die Anwendung auf andere Bestimmungen des mitgliedstaatlichen Rechts nicht vorhergesehen werden kann.

II. Die Überwindung rechtlicher Fragmentierung

Wie die EU-Kommission nicht müde wird zu betonen, ist eine Vollharmonisierung erforderlich, um Handelsbeschränkungen zu überwinden, die sich aus den Rechtsunterschieden der mitgliedstaatlichen Vertragsrechte ergeben.[71] Die EU-Kommission klagt insbesondere über die Differenzen mitgliedstaatlichen Rechts auf den Gebieten der digitalen Inhalte und Online-Warenverkäufe, die so schnell wie möglich überwunden werden müssten.[72] Ihrer Meinung nach können nur vollharmonisierte Regeln den Unternehmen Rechtssicherheit bieten und unnötige Kosten vermeiden, die sich aus den Unterschieden nationalen Rechts ergeben.[73] Eine Vollharmonisierung würde den Unternehmen einen einheitlichen vertragsrechtlichen Rahmen an die Hand geben, wenn sie in andere Mitgliedstaaten verkaufen.[74] Sie könnten weitgehend auf ihr eigenes Recht zurückgreifen, weil die zentralen Vorschriften in der ganzen Union dieselben wären.[75]

So lobenswert diese Ziele erscheinen, sie werden von den Kommissionsvorschlägen verfehlt.[76] Tatsächlich würde ihre Umsetzung einem Unternehmen gerade nicht erlauben, die gleichen Vertragsbedingungen für alle ihre Geschäfte mit Verbrauchern innerhalb der EU zu verwenden. Dies liegt an zwei Gründen: Zunächst behandeln die Vorschläge nicht erschöpfend alle Aspekte des Vertriebs digitaler Inhalte und von Fernabsatzgeschäften, sondern lassen erhebliche Lücken. Insbesondere bleiben alle wichtigen Fragen des Vertragsschlusses, der Wirksamkeit und Gültigkeit von Verträgen vollständig dem Recht der Mitgliedstaaten unterworfen.[77] Die Vorschläge überlassen den Mitgliedstaaten auch weiterhin die Einordnung der Vertragstypen, obwohl dieser Punkt bemerkenswerterweise als Hauptargument verwendet wird, um das Bedürfnis nach harmonisierten Re-

---

[71] Siehe Begründung DI-RLE, S. 2; Begründung FA-RLE, S. 2.

[72] Begründung DI-RLE, S. 2 f.; Begründung FA-RLE, S. 2 f.

[73] Begründung DI-RLE, S. 2.

[74] Erwägungsgrund 6 DI-RLE; siehe auch Erwägungsgrund 9 FA-RLE.

[75] Begründung DI-RLE, S 10.

[76] Zu diesem Punkt siehe: *Lurger,* in: Wendehorst/Zöchling-Jud (Hrsg.), Ein neues Vertragsrecht für den digitalen Binnenmarkt, Wien 2016, S. 25 f.; *Zöchling-Jud*, ebenda, S. 9 f.; *Smits*, ZeuP 2016, 319, 323 f.

[77] Erwägungsgrund 10 DI-RLE.

geln zu belegen.[78] Solange diese Fragen aber unterschiedlich behandelt werden, ist es für ein Unternehmen undenkbar, seine Transaktionskosten durch die Verwendung von einheitlichen Geschäftsbedingungen in allen Mitgliedstaaten zu senken.

Zweitens schließen die beiden Vorschläge nationale Gesetzgebung noch nicht einmal in den Bereichen aus, die in ihren Anwendungsbereich fallen. Sie unterstreichen, dass nationales Vertragsrecht in den nicht von den Richtlinien erfassten Bereichen unberührt bleibt.[79] Hin und wieder verweisen sie sogar ausdrücklich auf nationales Recht, um Richtlinienbestimmungen auszufüllen. So werden die Mitgliedstaaten dazu aufgerufen, die Voraussetzungen der Geltendmachung von Schadensersatz im Einzelnen zu regeln.[80] Daraus folgt, dass nicht einmal für die „bestimmten Aspekte", welche die Vorschläge regeln, ein einheitliches Regelwerk geschaffen wird. Vielmehr wird bewusst in Kauf genommen, dass sich das Vertragsrecht für Digitale Inhalte und Online-Geschäfte in der Union auch nach der Vollharmonisierung unterscheiden wird.

Der Vorbehalt eigener Regelungskompetenzen ist ein Zugeständnis an die Mitgliedstaaten. Er soll offenbar die Befürchtung ausräumen, dass die EU zum Zivilrechtsgesetzgeber mutieren wolle. Die Kommission betont, dass die Rechtsform einer Richtlinie gerade deshalb gewählt wurde, um den Mitgliedstaaten bei der Umsetzung Spielraum zu lassen, und dass eine Verordnung die nationalen Rechtsordnungen noch stärker beeinträchtigt hätte.[81] Aber durch die erheblichen Lücken und Verweisungen auf mitgliedstaatliches Recht verfehlen sie ihren Hauptzweck, einen einheitlichen Rechtsrahmen für die Lieferung digitaler Inhalte und Online-Geschäfte im Binnenmarkt zur Verfügung zu stellen. Unternehmen werden gerade nicht in die Lage versetzt, beim Vertrieb digitaler Inhalte bzw. im Online-Warenhandel dieselben Geschäftsbedingungen gegenüber ihren Kunden zu verwenden, gleichgültig, in welchem Mitgliedstaat sich diese aufhalten.

III. Der EuGH als trojanisches Pferd

Die Vorschläge könnten zugleich das mitgliedstaatliche Recht deutlich stärker beeinträchtigen, als es auf den ersten Blick scheint. Obwohl sie sich in allgemeinen Aussagen verlieren, darf nicht vergessen werden, dass es letztlich die Kompetenz des Europäischen Gerichtshofs (EuGH) sein wird, diese Bestimmungen auszulegen. Insofern könnten sich selbst Bestimmungen, die auf den ersten Blick eher inhaltsarm erscheinen, als Einfallstore für das Unionsrecht in das Zivilrecht erweisen. Als Beispiel lässt sich der außerordentlich knappe Artikel über den

[78] Begründung DI-RLE, S. 6 und Erwägungsgrund 10. Zur These, dass die nationale Einstufung von Geschäften über digitale Inhalte in unterschiedliche Vertragstypen zu rechtlicher Fragmentierung führe, siehe Begründung DI-RLE, S. 5.

[79] Erwägungsgrund 14 FA-RLE.

[80] Art. 14 Abs. 2 DI-RLE und Erwägungsgrund 44.

[81] Begründung DI-RLE, S. 7; Begründung FA-RLE, S. 9.

Schadensersatz nennen. Danach haftet der Anbieter gegenüber dem Verbraucher für jede wirtschaftliche Schädigung seiner digitalen Umgebung, die durch einen Mangel des digitalen Inhalts verursacht wurde, und dieser Schadensersatz hat den Verbraucher so weit wie möglich in die Lage zu versetzen, in der er sich befunden hätte, wenn die digitalen Inhalte ordnungs- und vertragsgemäß bereitgestellt worden wären.[82] Auf den ersten Blick enthält die Vorschrift lediglich Selbstverständliches. Man kann sich kaum vorstellen, dass die Mitgliedstaaten die Situation anders geregelt hätten. Zu beachten sind jedoch die vielen, sehr vagen Begriffe der Vorschrift wie etwa „Schädigung", „wirtschaftlich", „verursacht", „Lage, in der er [der Verbraucher] sich befunden hätte". Diese bedürfen zwingend der Auslegung. Man muss nur an die umfangreichen Abhandlungen in der Literatur und Rechtsprechung der Mitgliedstaaten über die Fragen der Kausalität und die Schadensberechnung erinnern, um den enormen Hebel richterrechtlicher Auslegung zu erkennen, der hier eröffnet wird. Diese Begriffe sind Einfallstore für die Rechtsprechung des EuGH, der sich zukünftig in elementare Fragestellungen des Zivilrechts einmischen kann, welche bislang fast ausschließlich durch die Mitgliedstaaten geregelt wurden.

Die EU-Kommission muss sich darüber im Klaren gewesen sein, dass ihre Vorschläge dem Luxemburger Gericht eine weitreichende Kompetenz zur Schaffung von Zivilrecht übertragen würden. Vielleicht hofft sie sogar, der EuGH werde die von ihr gelieferte Steilvorlage dazu nutzen, um über den Umweg zweier sehr spezieller sektorieller Richtlinien das Zivilrecht der Mitgliedstaaten insgesamt schleichend zu harmonisieren. Unmöglich ist das nicht. Man denke etwa an die Simone Leitner-Entscheidung, nach der unter dem Schadensbegriff auch Nichtvermögensschäden zu verstehen sind.[83] Zwar betraf das Urteil nur den engen Bereich des Reisevertragsrechts. Es wurde aber sehr schnell auf jegliche Schuldverhältnisse übertragen und hat sich damit zum Meilenstein für die Entwicklung des Europäischen Privatrechts gemausert.[84] Vor dem Hintergrund dieses Präzedenzfalls kann man erahnen, welche Folgen eine Auslegung von Begriffen wie „Schädigung" oder „Kausalität" durch den EuGH hätte, selbst wenn sie nur den engen Bereich der Lieferung digitaler Inhalte beträfe. Die Auswirkungen auf andere Gebiete, auch solche die ausschließlich den Mitgliedstaaten vorbehalten sind, könnten immens sein.

Die allgemein gehaltenen und vagen Begrifflichkeiten in den beiden Vorschlägen sind offene Flanken, durch die Auslegungen des EuGH in nationale Rechtsordnungen eindringen. Ihr hauptsächlicher Zweck ist es ganz offensichtlich nicht, verschiedene Umsetzungen durch die Mitgliedstaaten zuzulassen, sondern vielmehr eine weitergehende Harmonisierung durch Richterrecht zu er-

[82] Art. 14 DI-RLE.

[83] EuGH Rs C-168/00, Slg. 2000 I-2631 Leitner.

[84] So wurde beispielsweise vorgeschlagen, die Rechtssache als Teil des Gemeinsamen Referenzrahmens des Europäischen Zivilrechts zu kodifizieren, siehe: Art III.-3:701(3) 1 DCFR. Zur Genese dieser Bestimmung siehe: *Von Bar/Clive* (Hrsg.), Principles, Definitions and Model Rules of European Private Law, München 2009, Band I, S. 920.

möglichen. Sie geben dem Luxemburger Gericht die Möglichkeit, in Gebiete des Privatrechts vorzustoßen, von denen es bisher ausgeschlossen war. Es ist nicht sicher, dass die Mitgliedstaaten, die eine Harmonisierung von Kernbereichen des Vertragsrechts bislang abgelehnt haben, eine solche Kompetenzerweiterung des Gerichtshofs akzeptieren werden. Aber selbst wenn sie dies tun, ist zweifelhaft, ob der Gerichtshof seiner Verantwortung gerecht werden könnte. Der Gerichtshof ist institutionell nicht dafür ausgestattet, hochkomplexe Zivilrechtsfragen zu führen. Seine Richter haben überwiegend eine öffentlich-rechtliche Vorbildung und sind bereits jetzt gut ausgelastet. So könnte es sehr negative Folgen haben, wenn sie zusätzlich über sehr spezielle Fragestellungen des Vertragsrechts mit weitreichenden und schwer abzuschätzenden Auswirkungen auf die Rechtsordnungen der Mitgliedstaaten entscheiden müssten. Vor einer Annahme der Richtlinienvorschläge bedürfte es zumindest einer Reform des Gerichtshofs, zum Beispiel durch die Schaffung einer zusätzlichen Kammer mit ausschließlicher Kompetenz für das Vertragsrecht.

D. Zur Verteilung von Gesetzgebungskompetenzen in Mehrebenensystemen

I. Prinzipien guter Gesetzgebung

Die Zweifel an der Einführung vollharmonisierender Richtlinien im Bereich der digitalen Inhalte und Online-Warenverkäufe wirft die generelle Frage auf, wie Gesetzgebungskompetenzen zwischen der EU und den Mitgliedstaaten im Privatrecht verteilt werden sollten. Um diese Frage zu beantworten, ist es hilfreich an die Charakterisierung der Union als ein Mehrebenensystem zu erinnern.[85] Jede einzelne Ebene muss dabei eine bestimmte Funktion erfüllen und die Aufgaben müssen zwischen den Ebenen effizient verteilt werden. Unterschiedliche Prinzipien helfen zu entscheiden, wer was erledigen soll. Zunächst gewährleistet das Subsidiaritätsprinzip, dass die höhere Ebene nur handelt, wenn und soweit eine Aufgabe nicht ebenso gut auf der niedrigeren Ebene wahrgenommen werden kann.[86] Das Prinzip wird häufig als Schutzschild mitgliedstaatlicher Souveränität verstanden, doch täuscht dies über die deutlich ältere Geschichte des Subsidiaritätsprinzips hinweg, das bereits im katholischen Kirchenrecht anerkannt war.[87] Das Subsidiaritätsprinzip kann auch als Leitschnur der *good gov-*

---

[85] Siehe: *Joerges*, European Review of Private Law 8 (2000), 1, 1–6; *Storme*, The Foundations of Private Law in a Multi-Level Structure: Balancing, Distribution of Law-Making Power and other Constitutional Issues, in: Brownsword et al. (Hrsg.), The Foundations of European Private Law, Oxford 2011, S. 379ff.

[86] Art. 5 Abs. 3 EUV.

[87] Zu den Ursprüngen des Subsidiaritätsprinzips siehe z. B. *Moersch*, Leistungsfähigkeit und Grenzen des Subsidiaritätsprinzips, Berlin 2001, S. 25–39; *Brault/Renaudineau/Sicard*, Le principe de subsidiarité, Paris 2005, S. 9–23; *Müller-Graff*, ZHR 34 (1995), 49–50; *Schütze*, Cambridge Law Journal 68 (2009), 525, 525f.; *Davies*, Common Market Law Review 43 (2006),

ernance aufgefasst werden, nach dem Aufgaben der geeignetsten Verwaltungsebene zugewiesen werden sollen. Weiter ist der Grundsatz der beschränkten Einzelermächtigung zu beachten, nach dem die europäischen Organe lediglich solche Aufgaben wahrnehmen, die ihnen ausdrücklich übertragen wurden.[88] Dieses Prinzip sorgt für Rechtssicherheit bei der Verteilung von Kompetenzen und verhindert duplikative und widersprüchliche Gesetzgebung. Schließlich gilt das Verhältnismäßigkeitsprinzip, nach dem die höhere Ebene nicht darüber hinaus geht, was zur Erreichung ihrer Aufgabe erforderlich ist.[89] Es schützt die niedrigeren Ebenen vor Übergriffen der höheren, die ihre Arbeit und Effizienz gefährden würden.

Die Begründungen der beiden Vorschläge setzen sich mit diesen Prinzipien auseinander. Sie nennen eine Vielzahl von Gründen, warum die beiden Richtlinienvorschläge ihnen entsprechen.[90] Allerdings bedarf es zu einer *good governance* mehr als der Einhaltung der drei Grundsätze der Subsidiarität, der Einzelermächtigung und der Verhältnismäßigkeit. Die EU-Kommission scheint das ebenso zu sehen. Ausführlich beleuchtet sie noch eine weitere Frage, nämlich die Übereinstimmung ihrer Vorschläge mit bestehenden Rechtsakten auf dem Gebiet der Digitalen Inhalte und Online-Warenverkäufe sowie auf anderen Gebieten.[91] Damit erkennt sie an, dass die Kohärenz der Gesetzgebung auf der jeweiligen Ebene ebenfalls eine Rolle spielt. Die Kommission kommt dabei zum Schluss, dass alle Vorschläge mit dem *acquis* übereinstimmen. Aber wie oben gezeigt, leiten diese einen Paradigmenwechsel ein. Das Hauptziel ist nicht mehr der Verbraucherschutz, sondern die Stärkung des Wirtschaftswachstums. Die Frage ist: Kann dieses Ziel durch Richtlinien erreicht werden, die durch ihren vollharmonisierenden Charakter sehr weitgehend in die mitgliedstaatliche Rechtsordnungen eingreifen, aber auf der anderen Seite bedeutende Lücken lassen? Führt dies nicht zu einer komplexen Mischung von Unionsrecht und nationalen Bestimmungen, die im Widerspruch zu einer effizienten Aufgabenteilung im Mehrebenensystem steht?

II. Die Rechtfertigung des gewählten Ansatzes

Die Kommission rechtfertigt ihre Wahl der Rechtsform mit dem Umsetzungsspielraum, der den Mitgliedstaaten durch Richtlinien verbleibt.[92] Allerdings steht diese Position in offenem Widerspruch zu ihrer Forderung, dass gemeinsame Regeln dringend gebraucht werden, um eine Fragmentierung der mit-

63, 77f.; *Constantinesco*, YEL 33 (1991), 11. Der klassische Text zu diesem Thema in der katholischen Lehre ist die päpstliche Enzyklika *Quadragesimo Anno* aus dem Jahr 1931.

88 Art. 5 Abs. 2 EUV. Zum Prinzip der begrenzten Einzelermächtigung (principle of conferral), siehe: *Craig/de Búrca*, EU law, 6. Aufl., Oxford 2015, S. 74f.

89 Art. 5Abs. 4 EUV.

90 Siehe Begründung DI-RLE, S. 6f.; Begründung FA-RLE, S. 8f.

91 Begründung DI-RLE, S. 3–5; Begründung FA-RLE, S. 3–6.

92 Begründung DI-RLE, S. 7; Begründung FA-RLE, S. 9.

gliedstaatlichen Rechte im Anwendungsbereich der Vorschläge zu verhindern.[93] Zweitens führt die Kommission an, dass eine unmittelbar anwendbare Verordnung viel detailliertere und umfassendere Regelungen als eine Richtlinie erfordert hätte und dass dadurch das mitgliedstaatliche Recht viel stärker beeinträchtigt würde.[94] Dies mag stimmen, deutet aber offensichtlich auf eine höhere Effizienz der niedrigeren Ebene hin: Wenn digitale Inhalte und Fernabsatzkäufe einer detaillierten und umfassenderen Regelung bedürfen und die Union nach den Aussagen der Kommission eine solche Regelung nicht schaffen kann, so wird das Regelungsziel der Vorschläge als solches in Frage gestellt. Schließlich argumentiert die Kommission, dass eine Verordnung „die Zukunftsfähigkeit des Instruments gefährden" könnte, da sie „keinen Spielraum für die Anpassung vollständig harmonisierten Vorschriften (sic!) an einen technisch und wirtschaftlich schnelllebigen Markt wie den für digitale Inhalte lassen würde".[95] Dieses Argument klingt plausibel, ist aber zugleich ein offenes Eingeständnis, dass die EU im Gegensatz zu den Mitgliedstaaten zu einer im Einzelfall rasch gebotenen Anpassung der Rechtslage nicht fähig ist. Wenn dies tatsächlich der Fall ist, so müsste die Regelung konsequenterweise der nationalen Ebene überlassen bleiben.

III. Political Economy

Hinter den genannten Rechtfertigungen könnte sich jedoch ein ganz anderer, politisch-strategischer Grund verbergen. Es ist nicht unwahrscheinlich, dass die EU-Kommission ein detaillierteres und umfassenderes Vertragsrecht bevorzugt hätte, aber auf einen entsprechenden Vorschlag verzichtet hat, weil sie befürchtete, dass der Rat einem solchen Vorschlag nicht zustimmen würde. Die Kommission steht nach dem Scheitern des CESL unter Druck. Der beschränkte Anwendungsbereich der vorgeschlagenen Richtlinien soll offensichtlich einen weiteren Rückschlag vermeiden. Auch die Zweiteilung in zwei Richtlinien statt des Vorschlags nur einer scheint ein taktischer Schachzug zu sein. Es ist ein offenes Geheimnis, dass man gar nicht mit der Annahme beider Vorschläge rechnet, sondern nur den Erfolg eines der beiden sicherstellen will.

Solch taktische Überlegungen sind nicht ungewöhnlich, sondern dem Gesetzgebungsverfahren inhärent. Die Literatur zu politischer Ökonomie und insbesondere zur Public-Choice-Theorie sind voll von vergleichbaren Beispielen.[96] Aber wenn taktisches Denken vorherrscht, wird die Funktionsfähigkeit des Gesetzgebungsverfahrens gefährdet. Eine der größten Schwächen der Brüsseler Gesetzgebungsmaschinerie ist es, dass der Inhalt von Gesetzesvorschlägen stärker von taktischen Überlegungen der beteiligten politischen Akteure beeinflusst wird als vom Bedürfnis, praktische Probleme zu lösen. Dafür sind die

---

93 Begründung DI-RLE, S. 3; Begründung FA-RLE, S. 7.
94 Begründung DI-RLE. S. 7; Begründung FA-RLE, S. 9.
95 Begründung DI-RLE, S. 7.
96 Siehe z. B. *Buchanan*, The Limits of Liberty, Chicago 1975.

beiden Vorschläge zu digitalen Inhalten und Online-Warenverkäufen mustergültige Beispiele. Ihre Konzeption und ihr Inhalt können nicht durch tatsächliche Probleme erklärt werden. Weder Verbraucher noch Unternehmen hatten sich über außergewöhnliche Schwierigkeiten beim Vertrieb digitaler Inhalte oder beim Online-Handel beschwert. Im Gegenteil boomen beide Sektoren seit Jahren völlig ohne Zutun des europäischen Gesetzgebers, obwohl unterschiedliche nationale Verbraucherrechtsvorschriften anwendbar sind. Auch kann man sich schwerlich vorstellen, dass Europa durch die Vorschläge zu einem zweiten Silicon Valley wird. Vielmehr sitzen die Muttergesellschaften der Konzerne, die am stärksten von einheitlichen europäischen Vorschriften profitieren würden, in den USA, wie Amazon, iTunes oder Netflix.

Die wirkliche Absicht der Kommission muss daher an anderer Stelle gesucht werden. Es ist die lange gehegte Ambition, einen Einfluss auf das Zivilrecht der Mitgliedstaaten zu erlangen und wenigstens einen Teil der Arbeit der vergangenen Jahre zu einem fruchtbaren Ergebnis zu bringen. Sollte die EU nach all den ambitionierten und teuren Studien der letzten eineinhalb Jahrzehnte keinerlei Rechtsakt auf dem Gebiet des Vertragsrechts verabschieden, so wäre das mehr als peinlich. Möglicherweise wäre auch die Lebensleistung des einen oder anderen Kommissionsbeamten in Frage gestellt. Das Leitmotiv der Vorschläge kann daher auf den Nenner gebracht werden: Es muss etwas mit dem Vertragsrecht geschehen, egal was!

Gerade diese Einstellung führt zu den endlosen und komplexen Kompromissen, die so oft das Ergebnis der Brüsseler Gesetzgebungsmaschinerie sind. Diese halbherzigen Lösungen frustrieren Juristen und Bürger gleichermaßen. Im Bewusstsein der Problematik hat die EU-Kommission eine Agenda mit dem fesselnden Titel „Bessere Ergebnisse durch bessere Rechtssetzung" verfasst,[97] ergänzt durch ein „Programm zur Gewährleistung der Effizienz und Leistungsfähigkeit der Rechtssetzung" (REFIT)[98]. Die Idee der Vereinfachung und Konzentrierung des EU-Rechts auf drängende Probleme ist es wert, verfolgt zu werden. Allerdings wurde sie auf die beiden Vorschläge zu digitalen Inhalten und dem Online-Warenhandel offensichtlich nicht stringent angewandt. Im Rahmen des REFIT-Programms hat die Kommission eine gründliche Untersuchung des geltenden EU-Verbraucherrechts angekündigt.[99] Die Ergebnisse werden erst nach den Vorschlägen erwartet.[100] Es fällt schwer zu begreifen, warum die Kommission neue Vorschläge zur Veränderung des bestehenden EU-Verbraucherrechts vorlegt, bevor diese wichtigen Informationen zur Verfügung stehen.

---

[97] KOM 2015(215) endg. Siehe auch die interinstitutionelle Vereinbarung zwischen Europäischem Parlament, dem Rat und der Europäischen Kommission vom 13. April 2016 über bessere Rechtssetzung, Abl. 2016 L 123/1.

[98] Siehe Beschluss der Kommission v. 19.5.2015 über die Einrichtung der REFIT-Plattform, verfügbar unter: http://ec.europa.eu/smart-regulation/better_regulation/documents/c_2015_3261_de.pdf (zuletzt am 24.8.2016 abgerufen).

[99] Siehe Begründung DI-RLE, S. 3.

[100] Siehe Begründung DI-RLE, S. 3.

IV. Auswege?

Aus dieser Lage gibt es unterschiedliche Auswege. Erstens könnte man einfach nichts unternehmen und alles beim Alten belassen. Für eine solche „Lösung" gibt es stichhaltige Gründe. So hat die Kommission das Bedürfnis nach einer Harmonisierung der Vorschriften zu digitalen Inhalten und dem Online-Warenhandel nicht überzeugend dargelegt. Die bestehenden Rechtsunterschiede haben nicht verhindert, dass analoge Inhalte zunehmend durch digitale ersetzt werden, noch haben sie dem immensen Anstieg der Online-Geschäfte entgegengestanden. Offenbar benötigen Anbieter solcher Inhalte und Geschäfte der Nachhilfe durch den europäischen Gesetzgeber nicht.

Andererseits liegt eine mögliche Ursache für die Vorherrschaft US-amerikanischer Anbieter auf diesem Gebiet darin, dass sie aus einem größeren und integrierten Heimatmarkt heraus operieren, der ihnen *economies of scale* erlaubt. Die Vorstellung der Kommission, dass ein einheitliches Vertragsrecht europäischen Unternehmen einen ähnlichen Rückhalt verleihen und zum Aufstieg verhelfen könnte, entbehrt daher nicht einer gewissen Plausibilität. Jedoch wäre es kontraproduktiv, die Komplexität des EU-Verbraucherrechts durch die Einführung zweier neuer Richtlinien weiter zu verschärfen. Wenigstens sollten die vorliegenden Vorschläge in die VGK-RL integriert werden. Noch besser wäre eine Fusion mit der VGK-RL und der Verbraucherrechterichtlinie in eine einzige horizontale Richtlinie mit besonderen Vorschriften für digitale Inhalte und den Online-Warenhandel. Damit wäre Abgrenzungsschwierigkeiten und Doppelungen abgeholfen. Jedoch würden Wettbewerbsverzerrungen zwischen Online-Händlern und dem stationären Handel nicht verhindert. Auch das komplexe Zusammenspiel mit dem nationalen Vertragsrecht entfiele nicht.

Ein effizienterer Ausweg wäre ein einheitlicher Rechtsakt, der alle notwendigen Vorschriften vom Vertragsschluss bis zur Durchführung der entsprechenden Verpflichtungen enthält. Ein solcher Rechtsakt würde stark dem zurückgezogenen CESL ähneln. Anstelle eines optionalen Instruments, das die Parteien wählen können, könnte man ihnen auch einen freiwilligen Mustervertrag anbieten. Die Kommission verwirft diese Idee jedoch mit dem zutreffenden Argument, dass ein solcher Text nicht die Unterschiede zwischen den zwingend anwendbaren Vorschriften der Mitgliedstaaten überwinden könnte.[101]

Eine weitere Handlungsoption wäre die Einführung eines Modellgesetzes, ähnlich wie das UCITA in den Vereinigten Staaten.[102] Der Vorteil eines solchen Modellgesetzes liegt darin, dass die Unterschiede zwischen den zwingend anwendbaren Vorschriften der Mitgliedstaaten überwunden würden, sofern die Mitgliedstaaten sich zu dessen Annahme entschließen. Gleichzeitig verbleibt ihnen die legislatorische Freiheit, vom Modellgesetz abzuweichen. Der Nachteil eines solchen Modellgesetzes ist, dass es wahrscheinlich nicht die rechtliche

---

[101] Begründung DI-RLE, S. 7; Begründung FA-RLE, S. 9.
[102] Siehe bereits oben B. I.

Fragmentierung innerhalb der EU beseitigt. Wenn nur ein Teil der Mitgliedstaaten dem Modellgesetz folgt, so wird die rechtliche Komplexität nicht vollständig beseitigt.

Die beste Handlungsoption oder jedenfalls das geringste Übel ist daher eine Verordnung zum Vertragsrecht. Ihr Anwendungsbereich könnte durchaus auf grenzüberschreitende Verkäufe oder ein bestimmtes Produkt wie digitale Inhalte beschränkt werden. Jedoch sollte die Verordnung ein umfassendes Regelwerk darstellen, dass alle Fragen vom Vertragsschluss bis zur Vertragsdurchführung und den Gewährleistungsrechten regelt. Die Einführung einer solchen Verordnung ist der einzige Weg, einheitliche Vorschriften in den unterschiedlichen Mitgliedstaaten zu erreichen. Sie würde es Unternehmen ermöglichen, dieselben Geschäftsbedingungen in der gesamten Union zu verwenden. Ihre einheitliche Auslegung und Anwendung würde durch den EuGH im Wege des Vorabentscheidungsverfahrens gewährleistet. Allerdings müsste der Gerichtshof grundlegend reformiert werden, um den zu erwartenden Ansturm von Verfahren zu meistern. Dazu benötigt der Gerichtshof eine eigene Kammer, die sich ausschließlich dem Zivilrecht widmet.

E. Schlussfolgerung

Mit ihren beiden Vorschlägen zu digitalen Inhalten und dem Online-Warenhandel leitet die Kommission gegenüber dem CESL einen Paradigmenwechsel ein. Sie strebt nicht mehr eine Vollharmonisierung des Kaufrechts an. Stattdessen versucht sie nun eine auf bestimmte Gebiete des Vertragsrechts beschränkte Maximalharmonisierung einzuführen. Mit den digitalen Inhalten und dem Online-Warenhandel hat sie zwei Gebiete ausgewählt, die zukunftsweisend und von erheblichem wirtschaftlichem Interesse sind; zugleich ist das grenzüberschreitende Element bei ihnen besonders sichtbar.

Die Idee, einheitliche Regeln auf diesem Gebiet zu schaffen, ist an sich lobenswert. Jedoch leiden die Vorschlägen unter verschiedenen Mängeln. Zunächst lassen sie mit dem Urheberrecht und dem Datenschutzrecht die hauptsächlichen Hindernisse für einen digitalen Binnenmarkt außen vor. Zweitens enthalten sie viele Bestimmungen, die durch bloße Auslegung dem bestehenden *acquis* hätten entnommen werden können, wie zum Beispiel die Gewährleistung des Anbieters für eine fehlerhafte Installation oder Betriebsanleitung von Software. Drittens ist schwer zu rechtfertigen, warum inhaltliche Neuerungen, wie zB. das Kündigungsrecht bei Dauerschuldverhältnissen nach Ablauf von 12 Monaten, auf den digitalen Bereich beschränkt werden sollten.

Die größte Schwäche der Vorschläge liegt jedoch in ihrer mangelnden Kohärenz. Sie führt zu Spannungen und Widersprüchen sowohl auf der Ebene des Unionsrechts selbst als auch im Verhältnis zwischen Unionsrecht und nationalem Recht. Dies hat wirtschaftliche Nachteile zur Folge. So verzerren die Vorschläge den Wettbewerb, zum Beispiel dadurch, dass der Online-Warenhandel gegenüber dem stationären Handel bevorzugt wird. Sie werden außerdem zu einem komplexen Zusammenspiel zwischen nationalem Recht und dem Unionsrecht führen. Kompetenzen werden nicht klar abgegrenzt und der Ursprung einer Vorschrift und das damit verbundene Erfordernis einer autonomen Auslegung werden für den Rechtsanwender viel schwieriger zu erkennen sein. Die Kommission sollte daher ihre Absichten klar offenlegen und dann einen umfassenden Rechtsakt vorschlagen, der alle Fragestellungen der Bereitstellung digitaler Inhalte und den Online-Warenhandel regelt.

Vollharmonisiertes Verbraucherrecht und Verbraucherrechtsdurchsetzung

Caroline Meller-Hannich

Inhaltsübersicht

Die Richtlinienvorschläge zum Warenhandel[1] und zur Bereitstellung von digitalen Inhalten[2] werfen im Kontext der europäischen Vertrags- und Verbraucherrechtsentwicklung eine Reihe von Kohärenzfragen auf, die sich spezifisch auf die

[1] Geänderter Vorschlag der Europäischen Kommission für eine Richtlinie des Europäischen Parlaments und des Rates über bestimmte vertragsrechtliche Aspekte des Warenhandels vom 31.10.2017, COM(2017) 637 final (Waren-RLE); zuvor Richtlinienvorschlag über bestimmte vertragsrechtliche Aspekte des Online-Warenhandels und anderer Formen des Fernabsatzes von Waren, COM(2015) 635 final.

[2] Vorschlag der Europäischen Kommission für eine Richtlinie des Europäischen Parlaments

Verbraucherrechtsdurchsetzung beziehen. Dabei geht es sowohl um die Kohärenz zwischen dem materiellen Recht und der Verbraucherrechtsdurchsetzung als auch um die innere Kohärenz der Verbraucherrechtsdurchsetzung selbst. Wie positionieren sich die Richtlinienentwürfe zur Frage ihrer Durchsetzung (A.), welche Strategien der Harmonisierungsintensität (B.) und Entwicklungen im verbraucherbezogenen Prozessrecht wurden in der Vergangenheit verfolgt (C.) und wie stimmig ist die Rechtsdurchsetzungsstrategie der Richtlinienvorschläge vor diesem Hintergrund (D.)? Die Beantwortung dieser Fragen ermöglicht eine Standortbestimmung zum verbraucherbezogenen Prozessrecht (E.) und die Formulierung von Aufgaben für die Verbraucherrechtsdurchsetzung in der Zukunft im Lichte der Richtlinienvorschläge (F.).

A. Sichtweise der Richtlinienentwürfe und Bewertungsparameter

Schaut man sich die Begründungen der Richtlinienentwürfe an, so ist deren Position eindeutig: „Vollständig harmonisierte Vertragsrechtsregelungen in der EU werden eine abgestimmte Rechtsdurchsetzung der für den Verbraucherschutz zuständigen Behörden erleichtern“, so heißt es in der Begründung sowohl des Richtlinienvorschlags zum Online-Warenhandel[3] als auch desjenigen zur Bereitstellung digitaler Inhalte[4] und zwar unter der Überschrift *Kohärenz mit der Politik der Union in anderen Bereichen.* „Zudem würden die vorgeschlagenen, vollständig harmonisierten Vorschriften die Rechtsdurchsetzung erheblich erleichtern und den Verbraucherschutz in der EU stärken“[5], so heißt es weiter in beiden Richtlinienvorschlägen zur Begründung und unter der Überschrift *Subsidiarität.* Und auch der geänderte Richtlinienvorschlag zum Warenhandel, der den Anwendungsbereich des Richtlinienvorschlags zum Online-Warenhandel auf den stationären Handel ausweitet, behält diese Begründung bei.[6]

Verwiesen wird hierbei jeweils auf die Verordnung (EG) Nr. 2006/2004 über die Zusammenarbeit zwischen den für die Durchsetzung der Verbraucherschutzgesetze zuständigen nationalen Behörden (CPC-Verordnung), in deren Annex die Richtlinienentwürfe auch aufgenommen werden sollen.[7] Vollharmonisiertes Verbraucherrecht dient also aus der Sicht der Richtlinienentwürfe der kohärenten behördlichen Verbraucherrechtsdurchsetzung auf einem gleich hohen Verbraucherschutzniveau.

Ob wir hier tatsächlich einen Fall der Vollharmonisierung haben, oder ob der vertikale, sektorale Ansatz der Richtlinienvorschläge, ihre Öffnungsklausel

---

und des Rates über bestimmte vertragsrechtliche Aspekte der Bereitstellung digitaler Inhalte vom 9.12.2015, COM(2015) 634 final (DI-RLE).

[3] Begründung COM(2015) 635 final, S. 6.

[4] Begründung DI-RLE DE S. 5.

[5] Begründung COM(2015) 635 final, S. 8; Begründung DI-RLE DE S. 6.

[6] Begründung Waren-RLE DE S. 8f.

[7] Art. 19 bzw. 20 der Richtlinienvorschläge; zur CPC-VO 2017 s. C.V.

im Hinblick auf das Allgemeine Schuldrecht[8] und ihr zum Teil ungeklärtes Zusammenspiel mit der Verbraucherrechterichtlinie[9] nicht eher dazu führen, dass es sich um eine Teilharmonisierung handelt, wird Thema anderer Ausführungen in diesem Band zur Bewertung der materiell-rechtlichen Ziele und Inhalte der Richtlinienvorschläge sein.[10] An dieser Stelle kann jedenfalls festgehalten werden, dass die Richtlinienentwürfe sich zur Frage der Rechtsdurchsetzung eindeutig positionieren: Ihr vollharmonisierender Ansatz ist das geeignete Mittel auch für die Rechtsdurchsetzung und sie sehen diese vornehmlich in den Händen grenzüberschreitend aktiver und kommunizierender Institutionen.

B. Strategien der jüngeren Richtlinien im Hinblick auf die Harmonisierungsintensität und die Verbraucherrechtsdurchsetzung

Bemerkenswert ist hierbei zunächst, dass es im Hinblick auf die materielle und die prozessuale Harmonisierungsintensität kein eindeutiges Bild bei den verbraucherbezogenen Richtlinien gibt. So verfolgt die ADR-Richtlinie[11] den Ansatz der Mindestharmonisierung (Art. 2 Abs. 3 ADR-Richtlinie), ist aber im Hinblick auf die Harmonisierungsintensität im Prozessrecht durch einen relativ starken Eingriff auch in nationale Strukturen geprägt.[12] Die Verbraucherrechterichtlinie[13] verfolgt den Ansatz der Vollharmonisierung, ist aber im Hinblick auf die Rechtsdurchsetzung zurückhaltend. Sie überlässt den Mitgliedstaaten, die Sanktionen bei Verstößen festzulegen und die entsprechenden Maßnahmen zu treffen (Art. 24); die Rechtsdurchsetzung kann sowohl in den Händen von öffentlichen Einrichtungen, als auch von Verbraucher- oder Berufsverbänden liegen (Art. 23 Abs. 2). Anders als die hier zu bewertenden Richtlinienentwürfe benennt sie – soweit ersichtlich – auch keinen Zusammenhang zwischen der Vollharmonisierung und der behördlichen Zusammenarbeit nach der CPC-Verordnung, obwohl natürlich auch die Verbraucherrechterichtlinie in ihren Anhang aufgenommen worden war. Bei der UGP-Richtlinie[14] ist nicht ganz klar,

---

[8] Art. 1 Nr. 5 Waren-RLE.

[9] Beispielsweise hinsichtlich der Begriffsbestimmungen „Digitale Inhalte" in Art. 2 Nr. 1 lit. a bis c DI-RLE und Art. 2 Nr. 11 Verbraucherrechterichtlinie 2011/83/EU.

[10] S. Beiträge *Lehmann*, *Faust* und *Riehm* in diesem Band.

[11] Richtlinie 2013/11/EU des Europäischen Parlaments und des Rates vom 21. Mai 2013 über die alternative Beilegung verbraucherrechtlicher Streitigkeiten und zur Änderung der Verordnung (EG) Nr. 2006/2004 und der Richtlinie 2009/22/EG, Amtsblatt der Europäischen Union vom 18.6.2013 Nr. L 165/63.

[12] Vgl. *Weber*, VuR Sonderheft 2016, 22, 24 f.

[13] Richtlinie 2011/83/EU des Europäischen Parlaments und des Rates vom 25. Oktober 2011 über die Rechte der Verbraucher, zur Abänderung der Richtlinie 93/13/EWG des Rates und der Richtlinie 1999/44/EG des Europäischen Parlaments und des Rates sowie zur Aufhebung der Richtlinie 85/577/EWG des Rates und der Richtlinie 97/7/EG des Europäischen Parlaments und des Rates, Amtsblatt der Europäischen Union vom 22.11.2011 Nr. L 304/64.

[14] Richtlinie 2005/29/EG des Europäischen Parlaments und des Rates vom 11. Mai 2005 über unlautere Geschäftspraktiken im binnenmarktinternen Geschäftsverkehr zwischen Un-

inwieweit sie vollharmonisierend ist – die besseren Argumente sprechen dafür[15]; jedenfalls bleibt sie bei der Rechtsdurchsetzung zurückhaltend: Diese wird nach nationalem Recht berechtigten Personen oder Organisationen überlassen und kann in Verwaltungsverfahren oder gerichtliche Verfahren münden (Art. 11). Die Verbrauchsgüterkaufrichtlinie[16] folgte der Mindestharmonisierung. Ihr Art. 9 sieht keine Maßnahmen der Rechtsdurchsetzung vor, sondern beschränkt sich darauf, dass die „Mitgliedstaaten … geeignete Maßnahmen zur Unterrichtung der Verbraucher über das innerstaatliche Recht, mit dem diese Richtlinie umgesetzt wird, (ergreifen) und …, falls angebracht, Berufsorganisationen dazu auf(rufen), die Verbraucher über ihre Rechte zu unterrichten." Weder Vollharmonisierung noch Mindestharmonisierung gingen insofern bislang mit einem spezifischen Rechtsdurchsetzungsansatz einher.

Es würde nun freilich einleuchten, dass auf Rechtsdurchsetzungsverfahren abzielende Rechtsakte eine stärkere Harmonisierungsintensität im Hinblick auf das Verfahrensrecht aufweisen. Für die Small-Claims-Verordnung[17], die Mediationsrichtlinie[18] und die ADR-Richtlinie wird man dies auch sicherlich sagen können.[19] Die Unterlassungsklagen-Richtlinie[20] ist allerdings im Hinblick auf die Rechtsdurchsetzung von einem relativ großen Spielraum für die Mitgliedstaaten ausgezeichnet, denn es wird sowohl eine behördliche als auch eine gerichtliche Rechtsdurchsetzung ermöglicht (Art. 2). Und ob man die ADR-Richtlinie als echten Ansatz der Rechtsdurchsetzung oder eher als externalisiertes Beschwerdemanagement zu bewerten hat, wird unten noch genauer diskutiert. Interessanterweise taucht sie jedenfalls, anders als andere Verfahrensregeln, im hervorragenden Buch[21] des Mitherausgebers dieses Tagungsbandes als Varia des Verbraucher*privatrechts* auf. Das ist natürlich keine zwingende Aussage über eine europäische Systematik der Verbraucherrechtsdurchsetzung, aber doch im-

ternehmen und Verbrauchern und zur Änderung der Richtlinie 84/450/EWG des Rates, der Richtlinien 97/7/EG, 98/27/EG und 2002/65/EG des Europäischen Parlaments und des Rates sowie der Verordnung (EG) Nr. 2006/2004 des Europäischen Parlaments und des Rates, Amtsblatt der Europäischen Union vom 11.6.2005 Nr. L 149/22.

[15] S. etwa Erwägungsgrund 15; zum Meinungsstand *Mittwoch*, Vollharmonisierung und Europäisches Privatrecht, Berlin 2013, S. 67.

[16] Richtlinie 1999/44/EG des Europäischen Parlaments und des Rates vom 25. Mai 1999 zu bestimmten Aspekten des Verbrauchsgüterkaufs und der Garantien für Verbrauchsgüter, Amtsblatt der Europäischen Gemeinschaften vom 7.7.1999 Nr. L 171/12.

[17] Verordnung (EG) Nr. 861/2007 des Europäischen Parlaments und des Rates vom 11. Juli 2007 zur Einführung eines europäischen Verfahrens für geringfügige Forderungen, Amtsblatt der Europäischen Union vom 31.7.2007 Nr. L 199/1.

[18] Richtlinie 2008/52/EG des Europäischen Parlaments und des Rates vom 21. Mai 2008 über bestimmte Aspekte der Mediation in Zivil- und Handelssachen, Amtsblatt der Europäischen Union vom 24.5.2008 Nr. L 136/3.

[19] *Weber*, VuR Sonderheft 2016, 22, S. 24 f.

[20] Richtlinie 2009/22/EG des Europäischen Parlaments und des Rates vom 23. April 2009 über Unterlassungsklagen zum Schutz der Verbraucherinteressen, Amtsblatt der Europäischen Union vom 1.5.2009 Nr. L 110/30; zuvor: Richtlinie 98/27/EG des Europäischen Parlaments und des Rates vom 19. Mai 1998 über Unterlassungsklagen zum Schutz der Verbraucherinteressen.

[21] *Bülow/Artz*, Verbraucherprivatrecht, 5. Auflage 2016, § 16.

merhin bemerkenswert. An dieser Stelle ist auch die Verordnung über die Online-Beilegung verbraucherrechtlicher Streitigkeiten[22] einzuführen, mit der für Online-Kauf- und Online-Dienstleistungsverträge (Art. 2 Abs. 1, Art 4 Abs. 1 lit. e ODR-Verordnung) ein europaweit einheitlicher Online-Zugang zu den nationalen Verbraucherschlichtungsstellen erreicht werden soll. Die Aufgabe der Errichtung und Unterhaltung der Online-Streitbeilegungsplattform[23] liegt bei der Europäischen Kommission (Art. 5 Abs. 1) und die ODR-Verordnung richtet sich daher nur untergeordnet an die Mitgliedstaaten, denen insbesondere die Aufgabe zukommt, außergerichtliche Streibeilegungsstellen im Sinne der ADR-Richtlinie vorzuhalten.

Die Rechtsdurchsetzungsmöglichkeiten werden also bislang insgesamt weder durch den Ansatz der Vollharmonisierung noch durch denjenigen der Mindestharmonisierung noch durch die Wahl von Richtlinie einerseits und Verordnung andererseits in einer bestimmten Art und Weise ausgestaltet. Und auch im Hinblick auf den materiell-rechtlichen oder stärker prozessualen Gehalt eines europäischen Rechtsaktes gibt es insoweit keine Einheitlichkeit: Weder aus dem prozessualen noch aus dem materiellrechtlichen Inhalt einer Verordnung oder Richtlinie kann auf einen besonders intensiven Vereinheitlichungsimpetus oder auf Voll- bzw. Mindestharmonisierung geschlossen werden. Das mag zwar auch daran liegen, dass selbst vollharmonisierte Rechtsakte häufig nur eine unvollständige Harmonisierung eines Rechtsgebietes aufgrund zahlreicher Öffnungsklauseln und eines eingeschränkten Anwendungsbereichs bewirken. So kann man es jedenfalls für die UGP-Richtlinie[24], die Verbraucherkreditrichtlinie[25], die Verbraucherrechterichtlinie[26] und auch für die hier zu bewertenden Richtlinienvorschläge festhalten.[27] Die Verbraucherrechtsdurchsetzung selbst steht jedenfalls mit dem Harmonisierungsgrad bislang nicht in einem wie auch immer gearteten kausalen oder konditionalen Zusammenhang. Im Gegenteil kann man festhalten, dass gerade die klassisch mindestharmonisierenden Richtlinien etwa zum Haustür- und Fernabsatzgeschäft, zum Verbraucherkredit und zum Verbrauchsgüterkauf diejenigen waren, die den ersten europäischen verfahrensrechtlich auf den Verbraucherschutz bezogenen Rechtsakt dominierten, nämlich die Unterlassungsklagenrichtlinie.

---

[22] Verordnung (EU) Nr. 524/2013 des Europäischen Parlaments und des Rates vom 21. Mai 2013 über die Online-Beilegung verbraucherrechtlicher Streitigkeiten und zur Änderung der Verordnung (EG) Nr. 2006/2004 und der Richtlinie 2009/22/EG, Amtsblatt der Europäischen Union vom 18.6.2013 Nr. L 165/1.

[23] https://webgate.ec.europa.eu/odr/main/?event=main.home.show&lng=DE.

[24] *Mittwoch* aaO (Fn. 15), S. 68 f.

[25] *Artz*, GPR 2009, 171; *Gsell/Schellhase*, JZ 2009, 20.

[26] *Tonner*, VuR 2014, 23.

[27] Siehe oben sowie Beitrag von *Riehm* in diesem Band.

C. Historie der Inkohärenz im verbraucherbezogenen Prozessrecht

Dies leitet zu einem Blick in die Entwicklung des verbraucherbezogenen Verfahrensrechts. Dabei stehen vorrangig Rechtsakte und Vorhaben des kollektiven Rechtsschutzes im Fokus, da dieser typischerweise auf die Verbraucherrechtsdurchsetzung abzielt. Aber auch mit der Individualklage des Verbrauchers haben sich die Diskussionen und Rechtsakte auf europäischer Ebene immer wieder befasst. Neben den europäischen Aktivitäten im Bereich des kollektiven Rechtsschutzes wird also die Fortentwicklung des Europäischen Zivilprozessrechts als Kontext der Richtlinienvorschläge im Folgenden vorgestellt und bewertet. Zu ergänzen sind individueller Verbraucherprozess und kollektiver Rechtsschutz der Verbraucher im hiesigen Zusammenhang zudem um die Alternative Streitbeilegung und die Online-Streitbeilegung sowie die behördliche Rechtsdurchsetzung. Letztere ist nämlich – wie erwähnt – vorrangige Option der hier zu bewertenden Richtlinienvorschläge, Mittel der Wahl einiger (anderer) vorhandener Richtlinien[28], und in manchen europäischen Mitgliedstaaten[29] typisches Mittel der Durchsetzung von Verbraucherrechten.

I. Entwicklungen im kollektiven Rechtsschutz der Verbraucher

Die wechselhafte Geschichte des europäischen kollektiven Rechtsschutzes der Verbraucher hat mit der Unterlassungsklagenrichtlinie[30] zunächst einen handfesten Ausgangspunkt. Mit ihrer Umsetzung haben alle Mitgliedstaaten qualifizierte Einrichtungen in Form von öffentlichen Stellen oder Organisationen zum Schutz der Kollektivinteressen von Verbrauchern zur Einlegung von Unterlas-

---

[28] Beispielsweise die Richtlinie 2008/48/EG des Europäischen Parlaments und des Rates vom 23. April 2008 über Verbraucherkreditverträge und zur Aufhebung der Richtlinie 87/102/EWG des Rates, Amtsblatt der Europäischen Union vom 22.5.2008 Nr. L 133/66 (Art. 20; vgl. auch Erwägungsgrund 26); Richtlinie 2014/92/EU des Europäischen Parlaments und des Rates vom 23. Juli 2014 über die Vergleichbarkeit von Zahlungskontoentgelten, den Wechsel von Zahlungskonten und den Zugang zu Zahlungskonten mit grundlegenden Funktionen, Amtsblatt der Europäischen Union vom 28.8.2014 Nr. L 257/214 (Art. 21 Abs. 1, vgl. auch Erwägungsgrund 51); Richtlinie (EU) 2015/2366 des Europäischen Parlamentes und des Rates vom 25.11.2015 über Zahlungsdienste im Binnenmarkt, zur Änderung der Richtlinien 2002/65/EG, 2009/110/EG und 2013/36/EU und der Verordnung (EU) Nr. 1093/2010 sowie zur Aufhebung der Richtlinie 2007/64/EG, Amtsblatt der Europäischen Union vom 23.12.2015 Nr. L 337/35 (Art. 100 Abs. 1). Allerdings kommt den Aufsichtsbehörden hier eher die Aufgabe der Regulierung zu und weniger eine zusätzliche Rolle bei der Behebung von Verbraucherrechtsverstößen.

[29] In Lettland und Litauen etwa wurde die Unterlassungsklagenrichtlinie rein behördlich umgesetzt, vgl. *Stuyck et al.*, An analysis and evaluation of alternative means of consumer redress other than redress through ordinary judicial proceedings, Latvia – National Report, Leuven 2007, S. 1 f.; ebd. Lithuania – National Report, S. 6; für einen Überblick über die Umsetzung der Unterlassungsklagenrichtlinie durch gerichtlichen oder behördlichen Rechtsbehelf in den Mitgliedstaaten siehe *Cafaggi/Micklitz*, Administrative and Judicial Collective Enforcement of Consumer Law in the US and the European Community, EUI Working Papers, LAW 2007/22, S. 23; insbesondere zur Financial Conduct Authority in Großbritannien als weitere behördliche Struktur in den Mitgliedstaaten siehe *Weber/Faure*, ERPL 2015, 525, 546 ff.

[30] Fn. 20.

sungsklagen im Falle von Verstößen gegen Richtlinienrecht zum Verbraucherschutz eingerichtet oder befugt. Im weiteren Verlauf blieben die Diskussionen um die Ergänzung der Unterlassungsklagenrichtlinie um kollektiven Verbraucherrechtsschutz zur Kompensation von Massen- und Streuschäden jedoch bislang weitestgehend ergebnislos: Zwar stellte die Kommission mit dem Grünbuch in 2005[31] und nachfolgend dem Weißbuch in 2008[32] zu Schadensersatzklagen wegen Verletzung des EU-Wettbewerbsrechts sowie dem Grünbuch in 2008 über kollektive Rechtsdurchsetzungsverfahren für Verbraucher[33] immer wieder sektoral die Notwendigkeit kollektiver Rechtsschutzinstrumente für Streu- und Massenschäden fest. Und auch die verbraucherpolitische Strategie der Kommission aus dem Jahr 2007 für die Jahre 2007 bis 2013 erwog weitere Mechanismen kollektiven Rechtsschutzes bei Verstößen gegen Verbraucherbestimmungen und gegen Kartellvorschriften der EU.[34] Die gemeinsame Initiative der drei Kommissare für Wettbewerb, Verbraucherschutz und Justiz im Jahr 2010 zu einem kohärenten Einsatz kollektiven Rechtsschutzes zur Durchsetzung von EU-Recht legte den Fokus hingegen wiederum auf einen für die nationalen Rechtsordnungen kohärenten europäischen Rechtsrahmen im Verhältnis zu den nationalen Prozessordnungen.[35] In dem Konsultationsprozess „Kollektiver Rechtsschutz: Hin zu einem kohärenten europäischen Ansatz“ wurde die Möglichkeit einer horizontalen, d. h. mehrere Rechtsbereiche umfassenden, privaten Rechtsdurchsetzung im Wege kollektiver Unterlassungs- oder Schadensersatzklagen vor allem zum Schutz von Verbrauchern und auch KMU erörtert.[36] Die Initiative mündete in eine unverbindliche Empfehlung für die Mitgliedstaaten zur Einführung kollektiver Rechtsschutzinstrumente in den nationalen Rechtsordnungen im Jahr 2013.[37] Die Kommission kehrte der Idee der europäischen Sammelklage zur Kompensation von Streu- und Massenschäden so den Rücken und konzentrierte sich in der Empfehlung zur Einführung kompensatorischen kollektiven Rechtsschutzes auf gemeinsame Grundsätze und die Verhinderung des missbräuchlichen Einsatzes von Sammelklagen in den nationalen Rechts-

---

[31] Grünbuch „Schadenersatzklagen wegen Verletzung des EU-Wettbewerbsrechts“, KOM(2005) 672 endgültig.

[32] Weißbuch „Schadenersatzklagen wegen Verletzung des EG-Wettbewerbsrechts“, KOM(2008) 165 endgültig.

[33] Grünbuch über kollektive Rechtsdurchsetzungsverfahren für Verbraucher, KOM(2008) 794 endgültig.

[34] Mitteilung der Kommission an den Rat, das Europäische Parlament und den Europäischen Wirtschafts- und Sozialausschuss, Verbraucherpolitische Strategie der EU (2007–2013), KOM(2007) 99 endgültig/2, S. 13.

[35] Renforcer la cohérence de l’approche européenne en matière de recours collectif: prochaines étapes SEC(2010) 1192; s. hierzu *Meller-Hannich/Höland*, GPR 2011, 168.

[36] Vgl. Arbeitsdokument der Kommissionsdienststellen, Öffentliche Konsultation: Kollektiver Rechtsschutz: Hin zu einem kohärenten europäischen Ansatz, SEK(2011) 173 endg.

[37] Empfehlung der Kommission vom 11. Juni 2013 „Gemeinsame Grundsätze für kollektive Unterlassungs- und Schadensersatzverfahren in den Mitgliedstaaten bei Verletzung von durch Unionsrecht garantierten Rechten“, Amtsblatt der Europäischen Union vom 26.7.2013 Nr. L 201/60; s. dazu auch die Mitteilung der Kommission, COM(2013) 401 final.

ordnungen.[38] In der Folge wandte sich die Strategie mit der Richtlinie zu Schadensersatzklagen wegen Zuwiderhandlungen gegen wettbewerbsrechtliche Bestimmungen[39] zudem wieder dem sektoralen Ansatz zu. Die Richtlinie enthält keine Verpflichtung der Mitgliedstaaten zu Verfahren zum kollektiven Rechtsschutz[40], was wiederum auf den horizontalen Ansatz der unverbindlichen Empfehlungen zum kollektiven Rechtsschutz zurückzuführen ist.

II. Entwicklungen in der individuellen Verbraucherrechtsdurchsetzung

Im individuellen Verbraucherrechtsschutz wurde mit der Small-Claims-Verordnung[41] zum 01.01.2009 ein europäisches Verfahren für geringfügige Forderungen eingeführt (Art. 1) und damit neben der EuMahnVO zum ersten Mal ein originär europäisches Erkenntnisverfahren. Hintergrund waren bereits die Beschlüsse von Tampere 1999 zum Raum der Freiheit, der Sicherheit und des Rechts.[42] Im daraus resultierenden Grünbuch über ein Europäisches Mahnverfahren und über Maßnahmen zur einfacheren und schnelleren Beilegung von Streitigkeiten mit geringem Streitwert wurden die Eckpunkte eines solchen Verfahrens erörtert.[43] Streitigkeiten von Verbrauchern und KMU und die Zunahme rationaler Apathie angesichts der Aussicht auf eine komplizierte grenzüberschreitende Durchsetzung ihrer Forderungen standen im Mittelpunkt der Erwägungen.[44] Mit der Verordnung wurde für grenzüberschreitende Streitigkeiten mit geringem Streitwert ein zusätzliches, fakultatives Instrument in den Mitgliedstaaten zur Verfügung gestellt, mit welchem anhand von Formblättern ein vereinfachtes, beschleunigtes und kostenreduziertes Verfahren nach dem Vorbild der Bagatellverfahren in den Mitgliedstaaten durchgeführt werden kann.

Ob sich die Erwartungen an dieses Verfahren bestätigt haben, bleibt jedoch angesichts bislang relativ geringer Praxisbedeutung fraglich. So steigerte sich die Zahl der Erledigungen von Zivilsachen im europäischen Verfahren für geringfügige Forderungen – small claims – (§§ 1097 bis 1104 ZPO) nach dessen Einführung in Deutschland nach dem Statistischen Bundesamt von im Jahr 2010 187 Verfahren auf 500 Verfahren im Jahr 2012, stieg 2015 auf 539 Verfahren und sank 2016 auf 483 Verfahren.[45] Welchen Anteil Verbraucherklagen an diesen Verfahren haben, kann anhand der Sachgebiete zumindest vermutet werden, bei

[38] Vgl. *Stadler*, GPR 2013, 281, 286; *dies.*, euvr 2014, 80; *Meller-Hannich*, GPR 2014, 92, 97.

[39] Richtlinie 2014/104/EU des Europäischen Parlaments und des Rates vom 26. November 2014 über bestimmte Vorschriften für Schadensersatzklagen nach nationalem Recht wegen Zuwiderhandlungen gegen wettbewerbsrechtliche Bestimmungen der Mitgliedstaaten und der Europäischen Union, Amtsblatt der Europäischen Union vom 5.12.2014 Nr. L 349/1.

[40] Erwägungsgrund 13.

[41] Fn. 17.

[42] Vgl. Erwägungsgrund 4.

[43] Grünbuch über ein Europäisches Mahnverfahren und über Maßnahmen zur einfacheren und schnelleren Beilegung von Streitigkeiten mit geringem Streitwert, KOM(2002) 746 endgültig.

[44] Ebd., S. 50.

[45] Destatis, Fachserie 10, Reihe 2.1 – Zivilgerichte, 2010 bis 2016.

denen im Jahr 2016 zwar die „sonstigen Verfahrensgegenstände" am häufigsten waren, danach aber sogleich „Reisevertragssachen" und mit einigem Abstand „Kaufsachen" als häufigste und durchaus typische Klagegegenstände mit Verbraucherbeteiligung und Fragen des Verbraucherrechts folgen.[46]

Die Verordnung wurde im Jahr 2015 nachgebessert.[47] Der Anwendungsbereich wurde hinsichtlich des zulässigen Streitwerts von 2000 auf 5000 Euro erhöht, die Definition der grenzüberschreitenden Rechtssache neu gefasst, die Mitgliedstaaten zur Nutzung elektronischer Fernkommunikationsmittel im Verfahren zur Erleichterung der grenzüberschreitenden Bearbeitung verpflichtet und die Gerichtsgebühren gedeckelt.[48] Ob dies zu einem Bedeutungszuwachs führen wird, bleibt abzuwarten.

III. Gemeinsame Kodifikationen im IPR und IZPR

Parallel ist im Hinblick auf die Verbraucherrechtsdurchsetzung festzuhalten, dass im letzten Jahrzehnt der Gleichlauf zwischen dem Internationalen Privatrecht und dem Internationalen Verfahrensrecht sich in mehreren gemeinsamen Kodifikationen in vermögens-[49], erb- und familienrechtlichen Angelegenheiten niedergeschlagen hat. Vor allem der Gleichlauf zwischen der internationalen Zuständigkeit in Art. 17 ff. Brüssel Ia-VO und dem anwendbaren Recht in Art. 6 der Rom I-VO sind hier im Hinblick auf die Verbraucherrechtsdurchsetzung hervorzuheben. Im Regelfall und Grundsatz führt dieser Gleichlauf dazu, dass der Verbraucher sowohl im eigenen Mitgliedstaat klagen kann und verklagt werden muss als auch das Schutzniveau seines Heimatrechts zur Anwendung kommt. Auffällig ist allerdings, dass nur das IPR einen „Günstigkeitsvergleich" zwischen dem gewählten Recht und dem Heimatrecht des Verbrauchers fordert. Freilich ist sowohl im IPR als auch im IZPR für den Verbraucherschutz maßgeblich, dass der Unternehmer seine Tätigkeit auf den Wohnsitzstaat des Verbrauchers „ausrichtet" (Art. 17 Brüssel Ia-VO, Art. 6 Rom I-VO). Ob insofern eine Inkohärenz innerhalb des Internationalen Privat- und Verfahrensrechts der Europäischen Union zu vermerken ist oder es einen inneren Sinn im Interesse der Rechtswahlmöglichkeiten gibt, ist umstritten.[50] Jedenfalls aber zeigt

---

[46] Destatis, Fachserie 10, Reihe 2.1 – Zivilgerichte 2016, S. 38 f.

[47] Verordnung (EU) 2015/2421 des Europäischen Parlaments und des Rates vom 16. Dezember 2015 zur Änderung der Verordnung (EG) Nr. 861/2007 zur Einführung eines europäischen Verfahrens für geringfügige Forderungen und der Verordnung (EG) Nr. 1896/2006 zur Einführung eines Europäischen Mahnverfahrens, Amtsblatt der Europäischen Union vom 24.12.2015 Nr. L 341/1.

[48] Zum Entwurf *Huber*, GPR 2014, 242.

[49] Parallele Kodifikationen in Brüssel I-VO (EG) Nr. 44/2001 bzw. Brüssel Ia-VO (EU) Nr. 1215/2012 und Rom I-VO (EG) Nr. 593/2008 (s. Erwägungsgrund 6 und 7) bzw. Rom II-VO (EG) Nr. 864/2007 (s. Erwägungsgrund 6 und 7); Regelungen sowohl zum IPR als auch IZPR etwa in der EuUntVO (EG) Nr. 4/2009.

[50] S. einerseits *Kieninger*, Der Schutz schwächerer Personen im Schuldrecht, in: von Hein/Rühl, Kohärenz im Internationalen Privat- und Verfahrensrecht der Europäischen Union, Tübingen 2016, S. 308; andererseits *Rühl*, The Protection of Weaker Parties in the Private Interna-

sich hier ein spezifischer Schwächerenschutz, den – wie noch nachzuweisen sein wird, (IV.) – die außergerichtliche grenzüberschreitende Streitbeilegung nicht bietet, der aber von der Überkomplexität des materiellen Verbraucherrechts, wovon die Richtlinienvorschläge beredt Auskunft geben, gefordert wäre.

IV. Außergerichtliche Streitbeilegung und Online-Streitbeilegung

In der Folge der zähen Verhandlungen zum kollektiven Rechtsschutz stand in der Strategie zur Verbraucherrechtsdurchsetzung zunehmend die außergerichtliche Streitbeilegung im Fokus der Europäischen Kommission. Ihr Motiv zur Forcierung teilte die Kommission in der Europäischen Verbraucheragenda[51] im Jahr 2012 mit: „Was den Anspruch auf Rechtsschutz anbelangt, wird die Kommission ihre Aufmerksamkeit kurz- bis mittelfristig auf die Annahme und Anwendung ihrer unlängst unterbreiteten Vorschläge zur alternativen Streitbeilegung und zur Online-Streitbeilegung richten, damit alle Verbraucher in der EU möglichst bald Zugang zu unkomplizierten und zügigen Verfahren zur Verteidigung ihrer Rechte haben." Der kollektive Rechtsschutz findet in dieser Mitteilung bereits nur noch verhaltene Erwähnung.[52] In der außergerichtlichen Streitbeilegung sah die Kommission somit eine Möglichkeit, um den Zugang von Verbrauchern zum Recht kurzfristig zu verbessern. Mit der ADR-Richtlinie[53] wurden die Mitgliedstaaten verpflichtet, außergerichtliche Streitbeilegungsstellen (AS-Stellen) für alle im Anwendungsbereich der Richtlinie auftretenden Streitigkeiten einzurichten. Mit der ODR-Verordnung sollte der grenzüberschreitende Online-Zugang zur außergerichtlichen Streitbeilegung für Online-Kauf- und Online-Dienstleistungsverträge über die von der Europäischen Kommission eingerichtete Online-Streitbeilegungsplattform gewährleistet werden.[54] Flankierend zur Errichtung des außergerichtlichen Streitbeilegungsverfahrens wurden Informationspflichten für Unternehmer gegenüber Verbrauchern über die für sie ggf. verpflichtend zuständige AS-Stelle und die Onlinestreitbeilegungsplattform (OS-Plattform) in der ADR-Richtlinie (Art. 13 Abs. 1), der ODR-Verordnung (Art. 14) und zusätzlich in der Verbraucherrechterichtlinie (Art. 6 Abs. 1 lit. t) verankert.

Es bleiben die Kritik an einer systematischen Umleitung von Verbraucherrechtsstreitigkeiten in konsensuale, nicht-rechtsförmige außergerichtliche Schlichtungsverfahren, die Zweifel insbesondere an den Regelungen zur Unab-

tional Law of the European Union: A Portrait of Inconsistency and Conceptual Truancy, JPIL 2014, 335.

[51] Mitteilung der Kommission an das Europäische Parlament, den Rat, den Europäischen Wirtschafts- und Sozialausschuss und den Ausschuss der Regionen „Eine Europäische Verbraucheragenda für mehr Vertrauen und mehr Wachstum", COM(2012) 225 final S. 13.

[52] Ebd.

[53] Fn. 11.

[54] *Lederer*, CR 2015, 380, 382.

hängigkeit[55] und Qualifikation der AS-Stellen und der Schlichtungspersonen[56] und vor allem die berechtigte Frage nach der verbleibenden Rolle des materiellen Verbraucherrechts.[57]

Im Verhältnis zum IZPR und seinem Schwächerenschutz wirft die außergerichtliche Streitbeilegung im Sinne der Richtlinien ebenfalls Fragen auf: Der grenzüberschreitende Zugang zu den AS-Stellen wird durch die OS-Plattform nach dem in der ODR-Verordnung vorgesehenen Verfahren koordiniert.[58] Da hiernach Verbraucher nur solche AS-Stellen anrufen können, deren Verfahren sich der Unternehmer angeschlossen hat oder auf die sich die Beteiligten einigen[59], wird er zwangsläufig die von dem Unternehmer gewählte Streitbeilegungsstelle anrufen.[60] Der Verbrauchergerichtsstand nach Brüssel Ia-VO findet keine Berücksichtigung mehr.

Erste Einschätzungen nach der Betriebsaufnahme der OS-Plattform am 15.02.2016 sehen hingegen auch Vorteile in der standardisierten Falleingabe und Abfrage aller Grunddaten auf der OS-Plattform, der automatisierten Übersetzung in die Sprache des Unternehmers und damit der grenzüberschreitenden Vermittlungsfunktion zwischen Verbrauchern und Unternehmern, die zur Einigung bereits vor der Einschaltung einer AS-Stelle führen könne[61]; auch wenn Erwägungsgrund 17 der ODR-Verordnung eine Kontaktaufnahme mit dem Unternehmen vor der Einreichung einer Beschwerde durch die Verbraucher wünscht. Auch dies deutet jedoch eher auf die Einrichtung eines außergerichtlichen Beschwerdemanagements hin als auf ein Rechtsschutzinstrument.

Die systematische Zuweisung von Verbraucherstreitigkeiten an die außergerichtliche Streitbeilegung war also insgesamt ein pragmatischer Ansatz für schnelle Ergebnisse. Sowohl die lange Entwicklungsgeschichte im europäischen Verbraucherprivatrecht und der erreichte Besitzstand[62] an zwingendem materiellen Verbraucherrecht als auch die Grundsätze des europäischen Verbraucherprozesses wurden dabei in ihrer Bedeutung maßgeblich relativiert.

---

[55] *Stadler*, ZZP 2015, 165, 169ff.

[56] *Gsell*, ZZP 2015, 189, 195f. und 202.

[57] Vgl. etwa zuletzt *Stürner*, in: Stürner/Gascón Inchausti/Caponi, The Role of Consumer ADR in the Administration of Justice, München 2015, S. 25ff.; *Meller-Hannich/Höland/Krausbeck*, ZEuP 2014, 8, 30.

[58] Fn. 22.

[59] Art. 9 ODR-Verordnung.

[60] *Meller-Hannich/Höland/Krausbeck*, ZEuP 2014, 8, 30; vgl. auch *Stürner* aaO (Fn. 57), S. 21.

[61] *Braun/Oppelt*, VuR 2016, 33, 34.

[62] Dazu in diesem Band *Busch* und *Lehmann*.

V. Behördliche Rechtsdurchsetzung

Während die Unterlassungsklagenrichtlinie den Mitgliedstaaten die Wahl ließ, ob sie die Durchsetzungsaufgabe Behörden und/oder Gerichten überlassen[63], initiierten gemeinschaftsrechtliche Rechtsakte zunehmend die behördliche Überwachung privatrechtlicher Rechtsbeziehungen durch Aufsichtsbehörden – insbesondere im Bereich der ehemals staatlichen und nun privatisierten Leistungen der Daseinsvorsorge sowie im Finanzmarkt nach der Finanzmarktkrise.[64]

In der Diskussion um das Verhältnis von privater und behördlicher Rechtsdurchsetzung wurden letzterer verschiedene Funktionen zugeschrieben, die private Akteure und gerichtliche Verfahren nicht oder nur unzureichend erfüllen können. Hierzu gehört insbesondere das präventive und mit hoheitlichen Ermittlungs- und Untersagungsbefugnissen ausgestattete Handeln, welches vor allem in Fällen von nationalen und internationalen Betrügereien mit geringem individuellem aber nicht geringem gesellschaftlichen Schaden zur Anwendung kommen könne.[65]

Die CPC-Verordnung[66] stellt das umfassende europäische Instrument für die grenzüberschreitende behördliche Zusammenarbeit im Verbraucherschutz dar, durch die die Einhaltung der in dem Anhang der Verordnung aufgeführten Verbraucherschutzgesetze grenzüberschreitend gewährleistet werden soll (Art. 1). Die Verordnung stärkt mit ihren Vorgaben die administrativen Befugnisse der Verbraucherschutzbehörden in den Mitgliedstaaten. Sie führt als Begründung für die Notwendigkeit grenzüberschreitender behördlicher Zusammenarbeit in Erwägungsgrund 3 an: „Die ineffektive Rechtsdurchsetzung bei grenzüberschreitenden Verstößen, einschließlich Verstößen im digitalen Umfeld, ermöglicht es Unternehmen, sich der Durchsetzung zu entziehen, indem sie ihren Standort innerhalb der Union wechseln." Die Mitgliedstaaten benennen daher eine zentrale Verbindungsstelle, die mit Behörden in anderen Mitgliedstaaten in einen Austausch und in ein Verfahren von Rechtsdurchsetzungsersuchen tritt, um grenzüberschreitende Rechtsverstöße durch die für die Durchsetzung zuständigen Behörden im jeweiligen Mitgliedstaat, aus dem der Verbraucherrechtsverstoß herrührt, zu beheben.

In Folge eines Konsultationsprozesses und der Bewertung der Anwendung der Verordnung in einem Bericht der Europäischen Kommission im Jahr 2014[67]

---

[63] Ein Überblick zur Umsetzung findet sich bei *Cafaggi/Micklitz* aaO (Fn. 29), S. 23.

[64] *Micklitz*, ERPL 2015, 491, 498.

[65] *Weber*, VuR 2013, 323, 327 f.; zuletzt spezifisch für den hiesigen Kontext: Sachverständigenrat für Verbraucherfragen, Gutachten Verbraucherrecht 2.0 – Verbraucher in der digitalen Welt, Dezember 2016, abrufbar unter http://www.svr-verbraucherfragen.de/wp-content/uploads/2017/01/Gutachten_SVRV.pdf.

[66] Verordnung (EU) 2017/2394 des Europäischen Parlaments und des Rates vom 12. Dezember 2017 über die Zusammenarbeit zwischen den für die Durchsetzung der Verbraucherschutzgesetze zuständigen nationalen Behörden und zur Aufhebung der Verordnung (EG) Nr. 2006/2004, ABl. EU v. 27.12.2017, Nr. L 345/1.

[67] Bericht der Kommission an das Europäische Parlament, den Rat, den Europäischen Wirtschafts- und Sozialausschuss und den Ausschuss der Regionen über die Anwendung der Ver-

legte die Europäische Kommission 2016 einen Vorschlag für eine Neufassung der CPC-Verordnung vor.[68] Die Neufassung der CPC-Verordnung stand im Kontext der Strategie für einen digitalen Binnenmarkt.[69] Die Begründung des Verordnungsentwurfs verwies unter der Überschrift „Subsidiarität" für die Geeignetheit und Notwendigkeit behördlicher Zusammenarbeit auf das „grenzenlose Wesen der digitalen Technologien". Weiter hieß es: „Daher sind harmonisierte Bestimmungen für die Koordinierung öffentlicher Durchsetzungsmaßnahmen notwendig, um eine einheitliche Durchsetzung der Verbrauchergesetze in der Union sicherzustellen und um effizient gegen Verstöße gegen die EU-Verbraucherschutzgesetzgebung vorzugehen, die sich über mehrere Mitgliedstaaten erstrecken."[70] Die Neufassung soll identifizierte Schwächen insbesondere mit Blick auf eine Ausweitung der Mindestbefugnisse beheben.[71] Außerdem wurde ein neues Instrument zur Behebung „weitverbreiteter Verstöße" (mind. zwei andere Mitgliedstaaten) und „weitverbreiteter Verstöße mit Unions-Dimension" (mind. zwei Drittel der Mitgliedstaaten), in letzterem Fall unter der Leitung der Europäischen Kommission eingeführt.[72] Anlass für diesen Regelungsvorschlag war wohl nicht zuletzt der konkrete Fall einer europaweit kostenpflichtig angebotenen und verbraucherrechtswidrigen Garantievereinbarung von Apple, die ein gemeinsames Vorgehen notwendig machte, welches zwar durch BEUC und die Europäische Kommission zufriedenstellend koordiniert werden konnte, gleichzeitig aber den Bedarf an einem abgestimmten Vorgehen der Mitgliedstaaten gegenüber gemeinschaftsweiten Verbraucherrechtsverstößen im E-Commerce offenbarte.[73]

Das ursprünglich im Verordnungsentwurf vorgesehene Konzept für eine Anordnungsbefugnis der Behörden für Entschädigungszahlungen an Verbraucher wurde allerdings in der verabschiedeten Fassung der CPC-Verordnung wieder aufgegeben, was zu begrüßen ist.[74]

In Deutschland erfolgte historisch eine Trennung zwischen „technischem" und „wirtschaftlichem" Verbraucherschutz und eine stark zivilrechtlich geprägte Rechtsdurchsetzung im Verbraucherrecht.[75] Die behördliche Rechtsdurch-

---

ordnung (EG) Nr. 2006/2004 des Europäischen Parlaments und des Rates vom 27. Oktober 2004 über die Zusammenarbeit zwischen den für die Durchsetzung der Verbraucherschutzgesetze zuständigen nationalen Behörden (Verordnung über die Zusammenarbeit im Verbraucherschutz) vom 1.7.2014, COM(2014) 439 final.

[68] Vorschlag für eine Verordnung des Europäischen Parlaments und des Rates über die Zusammenarbeit zwischen den für die Durchsetzung der Verbraucherschutzgesetze zuständigen nationalen Behörden, COM(2016) 283.

[69] Mitteilung der Kommission an das Europäische Parlament, den Rat, den Europäischen Wirtschafts- und Sozialausschuss und den Ausschuss der Regionen, Strategie für einen digitalen Binnenmarkt für Europa, 6.5.2015, COM(2015) 192 final, S. 5.

[70] Begründung CPC-Verordnungsvorschlag, DE S. 7.

[71] Art. 9 der Verordnung (EU) 2017/2394.

[72] Art. 17 ff. der Verordnung.

[73] Vgl. Bericht zur CPC-Verordnung (Fn. 67), DE S. 2; hierzu *Namyslowska*, VuR 2015, 403, 407 f.

[74] Erwägungsgrund 17 der Verordnung (EU) 2017/2394.

[75] *Weber*, VuR 2013, 323; *Durner*, DVBl 2014, 1356, 1357.

setzung hat hier keine Tradition.[76] So werden auch die Verpflichtungen aus der CPC-Verordnung überwiegend in die Hände von privaten Verbraucher- und Wettbewerbsverbänden gelegt, sodass der staatlichen Stelle nur die Übermittlungsaufgabe an andere Mitgliedstaaten zukommt.

Der Bericht zur Umsetzung der Unterlassungsklagenrichtlinie[77] führte bereits an, dass grenzüberschreitende Defizite beim kollektiven Rechtsschutz im Rahmen der Unterlassungsklagenrichtlinie durch die Mitgliedstaaten mithilfe der behördlichen Zusammenarbeit im Rahmen der CPC-Verordnung kompensiert werden. Eine Verbesserung der Abstimmung beider Instrumente etwa durch die Vereinheitlichung des Katalogs der Verbraucherrechtsakte in den Anhängen der jeweiligen Richtlinien[78], wurde noch nicht aufgegriffen.

Die behördliche Rechtsdurchsetzung im Verbraucherrecht ist somit das Mittel der Wahl der Kommission, um Rechtsverstößen im Internet zu begegnen, die Defizite im grenzüberschreitenden kollektiven Rechtsschutz zu beheben und im Falle gemeinschaftsweiter Rechtsverstößen eine einheitliche Rechtsdurchsetzung zu gewährleisten.

VI. Parallele Entwicklungen eigenständiger Lösungen in den Mitgliedstaaten seit dem Jahr 2000

Parallel zu den auf europäischer Ebene geführten Diskussionen haben zahlreiche Mitgliedstaaten eigene weitergehende Lösungen insbesondere zum überindividuellen Rechtsschutz entwickelt, mit denen die identifizierten Lücken im bestehenden individuellen und kollektiven Verbraucherrechtsschutz[79] geschlossen werden sollten. Damit verlagerte sich der Reformprozess auf die nationale Ebene.[80] Zu nennen sind hier etwa der WCAM in den Niederlanden aus dem Jahr 2005, der einen gerichtlich geprüften und bestätigten Massenvergleich zwischen Unternehmern und Verbrauchern mit Opt-out-Wirkung ermöglicht, um Massenschäden zu regulieren.[81] Die Action de groupe in Frankreich ermöglicht seit 2014 ein Gruppenverfahren, mit dem Verbraucherverbände im Namen einzelner Verbraucher ein Grundurteil „jugement sur la responsabilité" gegen Unternehmer erstreiten können und dem sich weitere Verbraucher – etwa in Folge öffentlicher Informationen über das Verfahren – noch in der Entschädigungsphase anschließen können, soweit sie die im Urteil festgelegten Gruppen-

---

[76] *Weber*, VuR Sonderheft 2016, 22, 26; *dies.*, VuR 2013, 323, 324.

[77] Bericht der Kommission an das Europäische Parlament und den Rat über die Anwendung der Richtlinie 2009/22/EG des Europäischen Parlaments und des Rates über Unterlassungsklagen zum Schutz der Verbraucherinteressen, 6.11.2012, COM (2012) 635 final, DE S. 8.

[78] Ebd., S. 8.

[79] Vgl. für Deutschland *Hörmann*, Massenschäden in der Praxis – aus Sicht der Verbraucherzentralen, VuR 2016, 81.

[80] Vgl. *Stadler*, GPR 2013, 281, 284; *Meller-Hannich*, GPR 2014, 92 ff.

[81] Hierzu *Mom*, Kollektiver Rechtsschutz in den Niederlanden, Tübingen 2011; *Geiger*, Kollektiver Rechtsschutz im Zivilprozess : die Gruppenklage zur Durchsetzung von Massenschäden und ihre Auswirkungen, Tübingen 2015, S. 106 ff.

merkmale erfüllen.[82] Eine umfassende Verjährungshemmung für Verbraucher sowie die Vergleichsbefugnis für die Verbände und die koordinierende Rolle des Gerichts im Verfahren können so trotz der Mühen eines Opt-in-Verfahrens zur Beilegung von Massenschäden führen.[83]

Die Group Litigation Order in England aus dem Jahr 2000 stellt ein Instrument des Fallmanagements dar, mit dem die Gerichte weitestgehend nach ihrem Ermessen über gemeinsame Tatsachen- und Rechtsfragen für mehrere in ein Gruppenregister eingetragene Zivilklagen entscheiden können.[84] Dies sind nur die prominentesten Beispiele für nationale Instrumente. Das deutsche Beispiel des KapMuG zur Bewältigung von Großschäden und seiner Geschichte der Diskussion um die Ausweitung des Anwendungsbereichs vom Finanzmarkt auch auf andere Sektoren[85] ist angesichts seiner Kompliziertheit hingegen eher ein Beispiel für die Hürden und Fallstricke nationaler Bemühungen. Und angesichts der ganz aktuellen Überlegungen zur Einführung einer Musterfeststellungsklage für Verbände in Deutschland wird deutlich, inwieweit der fehlende Ausgleich von Verbraucherschäden im Falle der Betroffenheit der heimischen Wirtschaft zwangsläufig in Kauf genommen wird.[86]

VII. Aktueller Stand. Verknüpfte nationale Vielfalt der Prozessordnungen

Zum aktuellen Stand in der Verbraucherrechtsdurchsetzung bleibt soweit festzuhalten, dass sowohl die eigenständigen Entwicklungen in den Mitgliedstaaten zum kollektiven Rechtsschutz als auch verschiedene europäische Rechtsakte eine verknüpfte nationale Vielfalt der Verbraucherrechtsdurchsetzung schaffen. Hierzu zählen sowohl die Unterlassungsklagenrichtlinie mit ihrem weiten Umsetzungsspielraum sowie die unverbindliche Empfehlung zu gemeinsamen Grundsätzen für kollektive Unterlassungs- und Schadensersatzverfahren in den Mitgliedstaaten und selbst die ADR-Richtlinie mit ihren zwar stärkeren Kohärenzbemühungen berücksichtigt nationale Rechtstraditionen der außergerichtlichen Verbraucherrechtsstreitbeilegung umfangreich.

[82] Art. L 623–1 ff. C. cons.; *Bien,* Die neue französische Action de groupe der Verbraucherschutzverbände, NZKart 2014, 507 f.; Anwendungsbereich erweitert durch Loi n° 2016–1547 du 18 novembre de modernisation de la justice du XXIe siècle (1), dort Titel V, Art. 60 ff.

[83] Vgl. *Buchner,* Kollektiver Rechtsschutz für Verbraucher in Europa, 2015, S. 121; *Geiger* aaO (Fn. 81), S. 99 f.

[84] *Geiger* aaO (Fn. 81), S. 86 ff.

[85] Siehe zuletzt *Halfmeier,* 50 Jahre Verbraucherverbandsklage, Möglichkeiten und Grenzen kollektiver Rechtsschutzinstrumente: Bilanz und Handlungsbedarf, Gutachten im Auftrag des vzbv, 25. September 2015, S. 91 ff., abrufbar unter: http://www.vzbv.de/pressemitteilung/deutschland-muss-gruppenklage-einfuehren.

[86] Zur Diskussion um eine Musterfeststellungsklage *Gsell/Meller-Hannich/Stadler,* NJW 2016, 14; *Keßler,* ZRP 2016, 2; zur aktuellen Presse vgl. Blog-Beiträge unter https://verfahrensrecht.uni-halle.de/blog/; hiermit beschäftigte sich außerdem der Deutsche Verkehrsgerichtstag im Januar 2017, http://www.deutscher-verkehrsgerichtstag.de/ima ges/pdf/55.VGT17Programm.pdf; der Diskussionsentwurf 2017 ist abrufbar auf der Website des BMJV.

Die Ausrichtung an den nationalen Prozessrechtsordnungen setzt sich auch in Zukunft fort, wie es die gegenwärtigen Initiativen zeigen:

So kündigte die Europäische Kommission für 2013 ein Grünbuch zu Mindeststandards für den Zivilprozess an[87], welches jedoch bislang nicht vorgelegt wurde. Ziel war es hiernach mithilfe von Mindeststandards für die nationalen Verfahrensordnungen, das gegenseitige Vertrauen in das Verfahrensrecht der Mitgliedstaaten zu stärken. In ihrem Arbeitsprogramm zum Stockholmer Programm aus 2010 stellte die Europäische Kommission fest: „The European judicial area and the proper functioning of the single market are built on the cornerstone principle of mutual recognition. This can only function effectively on the basis of mutual trust among judges, legal professionals, businesses and citizens. Mutual trust requires minimum standards and a reinforced understanding of the different legal traditions and methods."[88] Derzeit wird diese Idee gemeinsamer Mindeststandards zum Zivilprozess zum einen in einem gemeinsamen Projekt des European Law Institute und des International Institute for the Unification of Private Law (Unidroit) „From Transnational Principles to European Rules of Civil Procedure" verfolgt.[89]

Außerdem forderte das Europäische Parlament in einer Entschließung die Europäische Kommission auf, bis zum 30. Juni 2018 einen Vorschlag für einen Rechtsakt zu gemeinsamen Mindeststandards des Zivilprozessrechts vorzulegen und fügte der Entschließung ausführliche Empfehlungen für eine Richtlinie bei.[90]

Zu erwähnen ist in diesem Zusammenhang auch noch der REFIT-Prozess, der in 2017 einen Bericht zum „Fitness-Check of EU Consumer Law" hervorbrachte.[91] Ziel des Fitness-Checks war es, wesentliche Rechtsakte des europäischen Verbraucherrechts systematisch auf ihre Zielerreichung und Optionen zur Verbesserung der Kohärenz zueinander zu untersuchen. Dem Fitness-Check wurden unter anderem im Rahmen von drei Studien unterzogen die UGP-Richtlinie, die Verbrauchsgüterkaufrichtlinie, die Klauselrichtlinie und im Bereich der Verbraucherrechtsdurchsetzung auch die Unterlassungsklagenrichtlinie.[92] Auf dem Gebiet des kollektiven Rechtsschutzes wurde eine Evaluation zur Umsetzung

---

[87] Communication from the Commission to the European Parliament, the Council, the European Economic and Social Committee and the Committee of the Regions, Delivering an area of freedom, security and justice for Europe's citizens, Action Plan Implementing the Stockholm Programme, 20.4.2010, COM(2010) 171 final, S. 23.

[88] Ebd., S. 4.

[89] http://www.unidroit.org/work-in-progress-studies/current-studies/transnational-civil-procedure; vgl. *Hess*, Unionsrechtliche Synthese: Mindeststandards und Verfahrensgrundsätze im acquis communautaire/Schlussfolgerungen für European Principles of Civil Procedure, in: Weller/Althammer (Hrsg.), Mindeststandards im europäischen Zivilprozessrecht, Tübingen 2015, 221, 233.

[90] Gemeinsame Mindeststandards des Zivilprozessrechts, Entschließung des Europäischen Parlaments vom 4. Juli 2017 mit Empfehlungen an die Kommission zu gemeinsamen Mindeststandards des Zivilprozessrechts in der Europäischen Union (2015/2084(INL)).

[91] Die Ergebnisse sind abrufbar unter http://ec.europa.eu/newsroom/just/item-detail.cfm?item_id=59332.

[92] Ebd.

der Empfehlungen zum kollektiven Rechtsschutz aus dem Jahr 2013 vorgelegt mit dem Ergebnis, dass der Einfluss der Empfehlungen auf die Rechtsordnungen der europäischen Mitgliedstaaten sehr begrenzt geblieben ist.[93]

Die Initiativen weisen insgesamt deutlich darauf hin, dass die Europäische Kommission derzeit in der Verbraucherrechtsdurchsetzung vermehrt auf einen Bottom-up-Prozess für die Weiterentwicklung des Verbraucherprozessrechts setzt, in dem die nationalen Prozessrechtsordnungen der Mitgliedstaaten Ausgangspunkt für Effizienzverbesserungen bei der Durchsetzung europäischen Verbraucherrechts sind.

VIII. Wechselnde Tendenzen und Strategien für den Zugang der Verbraucher zum Recht. Zwischenfazit

Fasst man die Tendenzen und Strategien für den Zugang der Verbraucher zum Recht in den letzten gut 15 Jahren zusammen, so ergibt sich kein kohärentes Bild. Die Historie der Verbraucherrechtsdurchsetzung ist vielmehr eine Historie der Inkohärenz. Während die Kommission einerseits immer wieder die Notwendigkeit von überindividuellen Rechtsbehelfen für den ansonsten unbefriedigenden Verbraucherrechtsschutz betonte, wurde andererseits und zum Teil gleichzeitig der Verbraucher für grenzüberschreitende Streitigkeiten auf den individuellen gerichtlichen Rechtsschutz vornehmlich der Small-Claims-VO verwiesen. In jüngerer Zeit scheint durch die ADR-Richtlinie und die ODR-Verordnung gar der Abschied vom gerichtlichen Rechtsschutz insgesamt eingewinkt. Dem gegenüber steht dann aber wiederum eine starke Strategie des Verbraucherschutzes im internationalen Prozessrecht, den die Brüssel Ia-VO sogar noch ausgebaut hat. Es zeigt sich zudem, dass die Entscheidung zwischen Maß und Umfang europäischer Vorgaben und einem *laissez aller* in den Mitgliedstaaten nicht immer wohlbegründet, sondern eher von politischen Zufälligkeiten abhängig ist. Zudem wechseln sich Ankündigungen zwingender Vorgaben mit umfangreichen Konsultationsprozessen und Empfehlungen ab, die aber immer wieder auch im Sande verlaufen. Unterschiedliches Recht in den Mitgliedstaaten wird dabei zwar als unbefriedigender Ausgangspunkt für eine europäische Lösung beschrieben, wirkt aber anscheinend ebenso oft als Hemmschuh für eine gesamteuropäische Entwicklung. Der derzeitige Stand scheint sich deshalb in Richtung lediglich prozessualer Mindeststandards für die Mitgliedstaaten zu entwickeln.

---

[93] Bericht der Kommission an das Europäische Parlament, den Rat und den Europäischen Wirtschafts- und Sozialausschuss über die Umsetzung der Empfehlung der Kommission vom 11. Juni 2013 über gemeinsame Grundsätze für kollektive Unterlassungs- und Schadensersatzverfahren in den Mitgliedstaaten bei Verletzung von durch Unionsrecht garantierten Rechten (2013/396/EU), 25.1.2018, COM(2018) 40 final.

D. Rechtsdurchsetzungsstrategie der Richtlinienvorschläge

Die Richtlinienvorschläge scheinen sich wieder stärker in Richtung einer Vereinheitlichung der Rechtsordnungen der Mitgliedstaaten zu positionieren. Sie verbinden dies – wie schon erwähnt – mit dem Ansatz der Vollharmonisierung. Hier wird beabsichtigt, europaweit einheitliche materielle Verbraucherrechtsstandards zu schaffen. So heißt es einerseits in der Begründung zum Richtlinienvorschlag zur Bereitstellung digitaler Inhalte: „Es ist… Eile geboten, um eine mögliche weitere Rechtsfragmentierung aufgrund neuer unterschiedlicher einzelstaatlicher Vorschriften zu verhindern."[94] Die Initiative zur Schaffung eines Verbraucherrechts für die Bereitstellung digitaler Inhalte soll somit von der europäischen Ebene ausgehen, um nationalen Regelungen zuvorzukommen und dadurch den digitalen Binnenmarkt zu fördern. Auch der Richtlinienvorschlag zum Online-Warenhandel verfolgte dieses Ziel, welches durch den neuen Vorschlag nicht aufgegeben wurde: „Sie sollen die größten vertragsrechtlichen Hindernisse für den grenzüberschreitenden Handel beseitigen und so dafür sorgen, dass die Unsicherheit, die Unternehmen und Verbraucher aufgrund der Komplexität der Rechtsvorschriften empfinden, abnimmt und den Unternehmen weniger Kosten aufgrund von Unterschieden im Vertragsrecht entstehen."[95]

Als Begründung für die Vollharmonisierung des materiellen Rechts wird zudem der Kontext des europäischen Privat- und Prozessrechts angeführt, nach dem Verbraucher auch bei grenzüberschreitenden Internettransaktionen durch ihr Heimatrecht geschützt sind. Hierzu hieß es in der Begründung des Richtlinienvorschlags zum Online-Warenhandel in Bezug auf die Brüssel Ia-Verordnung und die Rom I-Verordnung: „Diese beiden Verordnungen wurden erst vor relativ kurzer Zeit erlassen, und die Auswirkungen des Internets wurden im Gesetzgebungsverfahren eingehend geprüft. Einige Vorschriften tragen speziell Internettransaktionen Rechnung, insbesondere diejenigen über Verbraucherverträge. Danach können sich Verbraucher auf die zwingenden Vorschriften des Mitgliedstaats berufen, in dem sie ihren gewöhnlichen Aufenthalt haben, so dass sie auch im digitalen Binnenmarkt geschützt sind. Da der vorliegende Vorschlag zum Online-Handel mit Waren und zu anderen Formen des Fernabsatzes auf eine Harmonisierung der wichtigsten zwingenden Verbraucherschutzvorschriften abzielt, werden Anbieter nicht mehr mit derart großen Ungleichheiten zwischen 28 verschiedenen rechtlichen Regelungen konfrontiert sein."[96] Die Folgen des Verbrauchergerichtsstands aus der Brüssel Ia-Verordnung und der Anwendung des heimischen Rechts des Verbrauchers nach der Rom I-Verordnung sollen für die Unternehmer also durch ein vollharmonisiertes materielles Recht, welches die Folgen des IPR und IZPR für die Unternehmer abmildert,

---

[94] Begründung DI-RLE, DE S. 3.

[95] Begründung COM(2015) 635 final, S. 2; Begründung Waren-RLE COM(2017) 637 final, S. 5.

[96] Begründung COM(2015) 635 final, S. 5., anders hingegen die Begründung DI-RLE, DE S. 4.

kompensiert werden. Insoweit behandelte zumindest der Richtlinienvorschlag zum Online-Warenhandel die Frage der Rechtsdurchsetzung durch Vollharmonisierung weniger im Kontext eines Schwächerenschutzes und mehr als Mittel zur Senkung von Transaktionskosten bei den Unternehmen, die durch den Schwächerenschutz generiert werden.

Der Einheitlichkeit der materiellen Rechtslage zur Kostensenkung für die Unternehmer steht auf der anderen Seite – wie oben gesehen – ein inkohärentes System der Verbraucherrechtsdurchsetzung gegenüber, sodass nun ein näherer Blick auf die von den Richtlinien ins Auge gefassten Instrumente geworfen werden muss, mit denen die verfahrensrechtliche Einhaltung der Rechtsanwendung durch die Unternehmer zugunsten der Verbraucher gewährleistet werden soll.

I. Behördliche Rechtsdurchsetzung und behördliche Zusammenarbeit

Die Richtlinienvorschläge stellen sich eine starke Rolle der behördlichen Rechtsdurchsetzung und der grenzüberschreitenden behördlichen Zusammenarbeit vor. Dies stellt die Kommission unter der Überschrift „Kohärenz mit der Politik der Union in anderen Bereichen“ in einen Zusammenhang mit der Strategie für den digitalen Binnenmarkt, deren Ziel es sei „alle größeren Hindernisse für die Entwicklung des grenzüberschreitenden elektronischen Handels im digitalen Binnenmarkt ganzheitlich anzugehen.“[97] Die Neufassung der CPC-Verordnung für die grenzüberschreitende behördliche Zusammenarbeit wird neben der Online-Streitbeilegung mithilfe der OS-Plattform als eine Initiative in der Strategie für den digitalen Binnenmarkt „in den Bereichen Durchsetzung von Ansprüchen und Rechtsbehelfe“ aufgeführt.[98] Die Rechtsdurchsetzung zur Förderung des elektronischen Handels im digitalen Binnenmarkt soll also neben der individuellen Verbraucherstreitbeilegung über die OS-Plattform durch die behördliche Zusammenarbeit erfolgen. Der spezifische Bezug der CPC-Verordnung zum digitalen Binnenmarkt zeigt sich dabei – wie erwähnt – in dem Bedarf an gemeinschaftsweiter Kooperation bei der Rechtsdurchsetzung im Falle von Verbraucherrechtsverstößen im grenzunabhängigen E-Commerce. Ein besonders anschauliches Instrument sind hierfür die seit 2007 durchgeführten „Sweeps“.[99] Hierbei handelt es sich um jährlich durchgeführte, koordinierte Untersuchungen von Internetseiten auf die Einhaltung von EU-Verbraucherrecht durch die Mitgliedstaaten in einzelnen verbraucherbezogenen Geschäftsfeldern im E-Commerce.[100]

Die Kommission stellt in den Richtlinienvorschlägen, soweit sie die behördliche Zusammenarbeit für die Rechtsdurchsetzung anführt, somit derartige innovative Verfahren in den Vordergrund, die zu einer Erhöhung der europaweiten Rechtseinhaltung im E-Commerce führen. Ob angesichts unterschiedlicher

[97] Begründung COM(2015) 635 final, S. 5 und DI-RLE, DE S. 4.
[98] Ebd.
[99] Bericht zur CPC-Verordnung (Fn. 67), S. 4 ff.
[100] Art. 3 Nr. 16 Verordnung (EU) 2017/2394.

Rechtstraditionen bei der Verbraucherrechtsdurchsetzung aber auch im Falle von akut auftretenden Problemen oder im Bereich des Schadensausgleichs das Behördennetzwerk das geeignete Mittel ist, bleibt angesichts auch in diesem Bereich vorgesehener Neuerungen in der CPC-Verordnung, in der vor allem der Europäischen Kommission eine Koordinierungsrolle zukommen soll, abzuwarten. Die Vollharmonisierung der materiellrechtlichen Regelungen der Richtlinienvorschläge soll jedenfalls auch diese behördliche Rechtsdurchsetzung vereinfachen.[101]

II. Online-Streitbeilegung im digitalen Binnenmarkt

Neben der behördlichen Zusammenarbeit, verweisen die Begründungen der Richtlinienvorschläge unter der Überschrift „Kohärenz mit der Politik der Union in anderen Bereichen" auf die ODR-Verordnung[102]. Auch die „Kohärenz" zwischen den Richtlinienvorschlägen und der ODR-Verordnung ergebe sich nach dieser Begründung aus dem ganzheitlichen Ansatz der Strategie für einen digitalen Binnenmarkt.[103] Die Online-Streitbeilegung ist neben der grenzüberschreitenden behördlichen Zusammenarbeit wohl nach der Einschätzung der Europäischen Kommission somit das passende Rechtsdurchsetzungsinstrument, da es zur Verwirklichung des digitalen Binnenmarktes ein Onlineverfahren zur Streitbeilegung bereitstellt. Verbraucher, die online bestellen, sollen auch online Zugang zur grenzüberschreitenden Streitbeilegung erhalten.[104] Abgesehen von der grundsätzlichen Kritik an dem allgemeinen Verweis von Verbraucherrechtsstreitigkeiten auf den Weg der alternativen Streitbeilegung ist der Gedanke des Online-Zugangs zu grenzüberschreitendem Rechtsschutz für Online-Verträge ein naheliegender, der etwa auch in der Neufassung der Small-Claims-Verordnung Berücksichtigung erfährt[105], in der die elektronische Übermittlung von Schriftstücken, die Durchführung der mündlichen Verhandlung via Fernkommunikationsmitteln wie Video- und Telefonkonferenz (jeweils soweit technisch und rechtlich möglich) sowie die Möglichkeit zur Fernzahlung von Gerichtsgebühren festgeschrieben wurde.[106] Ein Widerspruch in der Rechtsdurchsetzungsstrategie der Richtlinienvorschläge besteht jedoch darin, dass die Richtlinienvorschläge zwingendes materielles Verbraucherrecht schaffen wollen, für dessen Durchsetzung sodann aber auf außergerichtliche Streitbeilegungsmechanismen in Form der Online-Streitbeilegung über die OS-Plattform verwiesen wird, in dessen Kontext das Verbraucherrecht nur im Falle einer bindend auf-

[101] Begründung COM(2015) 635 final, S. 6, Waren-RLE COM(2017) 637 final, S. 9 und DI-RLE, DE S. 6.

[102] Fn. 22.

[103] Begründung COM(2015) 635 final, S. 5 und DI-RLE, DE S. 4.

[104] Vgl. Erwägungsgrund 6 ODR-Verordnung.

[105] Erwägungsgrund 7 Small-Claims-Verordnung.

[106] Vgl. Art. 8, 13 und 15a Abs. 2 Small-Claims-Verordnung.

erlegten Lösung für die Verbraucher durch die AS-Stellen beachtet werden muss (Art. 11 Abs. 1 ADR-Richtlinie).

III. Rechtdurchsetzung in den Mitgliedstaaten

Während die Richtlinienvorschläge in ihren Begründungen die Online-Streitbeilegung und die behördliche Rechtsdurchsetzung als vorrangige Instrumente der gemeinschaftsrechtlichen Rechtsdurchsetzung ansehen, finden sich zur Online-Streitbeilegung jedoch keine Regelungen im Gesetzestext. Die behördliche Zusammenarbeit soll durch die Aufnahme der Richtlinienvorschläge in den Anhang der CPC-Verordnung rechtlich verankert werden.[107]

Die Einhaltung des Richtlinienrechts in den Mitgliedstaaten wird in den Richtlinienvorschlägen abgesehen davon wie bislang recht zurückhaltend geregelt. Sie geben den Mitgliedstaaten lediglich vor, angemessene und wirksame Mittel, die die Einhaltung der Richtlinie sicherstellen, vorzuhalten.[108] Ähnlich zurückhaltende Formulierungen finden sich auch in der UGP-Richtlinie[109] und in der Verbraucherrechterichtlinie.[110] Dies überlässt den Mitgliedstaaten nach dem Grundsatz der Verfahrensautonomie die Freiheit, die Einhaltung des Gemeinschaftsrechts selbst zu regeln, und verlangt lediglich die Einhaltung des Äquivalenzprinzips und des Effektivitätsgrundsatzes nach der Rechtsprechung des Europäischen Gerichtshofs.[111] Demgegenüber machen die ADR-Richtlinie, die Small-Claims-Verordnung und die Mediationsrichtlinie stärkere Vorgaben zur Gestaltung des Prozessrechts.[112]

Die Richtlinienvorschläge enthalten außerdem ebenfalls wie die UGP-Richtlinie und die Verbraucherrechterichtlinie die Regelung, dass die Mitgliedstaaten Vorschriften vorhalten müssen, nach denen bestimmte Einrichtungen die Gerichte und die zuständigen Verwaltungsbehörden zur Einhaltung der Richtlinien anrufen können und somit Unterlassungsklagen erheben können. Es fehlt hingegen im Vergleich zur UGP-Richtlinie und zur Verbraucherrechterichtlinie der Verweis auf die Notwendigkeit wirksamer Sanktionen.[113] Nach den Richtlinienvorschlägen sind die Mitgliedstaaten somit gerade nicht dazu verpflichtet, Verletzungen des Richtlinienrechts auch mit Sanktionen im Sinne von ordnungsrechtlichen Maßnahmen zu begegnen. Betrachtet man dies im Zusammenhang mit den Befugnissen aus der CPC-Verordnung, so bleibt im Vergleich zu den Richtlinien der Vergangenheit eine Lücke bei den behördlichen Befugnissen zumindest für die innerstaatliche Rechtsdurchsetzung, auf die die CPC-Verordnung keine Anwendung findet.

---

[107] Art. 20 Abs. 2 DI-RLE und Art. 19 Abs. 1 Waren-RLE.

[108] Art. 17 Abs. 1 Waren-RLE und Art. 18 DI-RLE.

[109] Art. 11 UGP-Richtlinie.

[110] Art. 23 VRRL.

[111] Zuletzt etwa EuGH, Urteil v. 14.4.2016, Rs. C-381/14 und C-385/14 – Jorge Sales Sinués ./. Caixabank SA und Youssouf Drame Ba ./. Catalunya Caixa SA, Rz. 32 ff.

[112] *Weber*, VuR Sonderheft 2016, 22, 24 f.

[113] Art. 13 UGP-Richtlinie und Art. 24 VRRL.

E. Standortbestimmung

Die Richtlinienvorschläge fügen sich somit in die Historie der Inkohärenz ein. Eine Konstante ist zwar der Auftrag an die Mitgliedstaaten, mit angemessenen und wirksamen Mitteln die Einhaltung der Richtlinien sicherzustellen, einerseits und der Verweis auf die Rechtsdurchsetzung im Wege der Anrufung von Gerichten und Verwaltungsbehörden durch öffentliche Einrichtungen und Verbände zur Sicherstellung der Anwendung der Vorschriften andererseits. Die Verpflichtung zur Festlegung wirksamer, verhältnismäßiger und abschreckender Sanktionen fehlt hingegen im Vergleich zur Verbraucherrechterichtlinie und zur UGP-Richtlinie.

I. Inkohärenz des prozessualen Kontexts

Wie gezeigt ist der prozessuale Kontext für die Richtlinienvorschläge inkohärent. Dort, wo die Richtlinienvorschläge zur Etablierung eines digitalen Binnenmarktes im Bereich des E-Commerce beitragen wollen, kann der prozessuale Kontext nicht Schritt halten, da effektive Instrumente zum Schadensausgleich bei gleichzeitiger Überwindung rationaler Apathie im Falle von geringen Schäden und angesichts komplizierter grenzüberschreitender Rechtsdurchsetzung fehlen. Da die Richtlinienentwürfe Warenkaufverträge und Verträge über die Bereitstellung digitaler Inhalte erfassen, dürfte es sich gerade auch bei Streitigkeiten, die aus der Anwendung der vorliegenden Richtlinienvorschläge erwachsen, nicht nur um solche mit hohen Streitwerten handeln, die eine Überwindung rationaler Apathie bei Verbrauchern und die Initiative für individuelle und grenzüberschreitende Rechtsdurchsetzung wahrscheinlich machen. Der prozessuale Kontext lässt somit eine Lücke dort, wo Gewinne aufgrund verbraucherrechtswidrigen Verhaltens generiert werden und keine adäquaten Instrumente zur Verfügung stehen, diese (besonders grenzüberschreitend) zurückzufordern. Zumindest für den Zweck der Rechtstreue scheint mit der CPC-Verordnung zunächst ein Instrument gefunden, welches die Defizite der grenzüberschreitenden Unterlassungsklagen kompensiert.

II. Inkohärenz der Strategien

Die Strategien der Richtlinienvorschläge und der Verbraucherprozessrechtsentwicklung stimmen nicht überein. Die Richtlinienvorschläge wollen die behördliche Rechtsdurchsetzung und grenzüberschreitende Zusammenarbeit fördern und dafür vollharmonisiertes Verbraucherrecht im europäischen Rechtsraum schaffen. Der E-Commerce-Sektor im digitalen Binnenmarkt soll außerdem durch Online-Streitbeilegung gefördert werden. Die europäische Verbraucherprozessrechtsentwicklung insgesamt steuert jedoch eher in Richtung einer nationalen Vielfalt der Prozessrechtsordnungen und außergerichtliche Streitbeilegung.

F. Ausblick – Aufgaben der Verbraucherrechtsdurchsetzung

Angesichts des Befunds zu den Strategien im Verbraucherrecht hin zur Vollharmonisierung und der Inkohärenz der Verbraucherrechtsdurchsetzung können einige Aufgaben für die Zukunft ausgemacht werden:

– Die Schaffung vollharmonisierten zwingenden Verbraucherrechts, wie sie die nun vorgelegten Richtlinien zur Bereitstellung digitaler Inhalte und zum Warenhandel beabsichtigen, kann nur dann ihre Wirkung entfalten, wenn mit dem Verfahrensrecht gleichzeitig die Rechtstreue gewährleistet werden kann.

– Die CPC-Verordnung in ihrer Neufassung kann Defizite bei der grenzüberschreitenden Gewährleistung von Rechtstreue durch die Zusammenarbeit der Verbraucherschutzbehörden zum Teil beheben. Bei der grenzüberschreitenden Unterlassungsklage und der grenzüberschreitenden behördlichen Zusammenarbeit handelt es sich um zwei einander ergänzende Instrumente. Dies sollte in weiteren Gesetzgebungsverfahren berücksichtigt werden. Nur so kann gesamteuropäisch die Rechtstreue durch ein Ineinandergreifen privater und öffentlich-rechtlicher Rechtsdurchsetzung von Fall zu Fall gewährleistet werden.[114]

– Eine aus hiesiger Sicht gegenläufige und die Rechtstreue unterlaufende Entwicklung ist hingegen die Strategie zur Förderung der außergerichtlichen Streitbeilegung für Verbraucher. Die gerichtliche Rechtsfortbildung und das Verbraucherschutzniveau im individuellen Streitfall stehen zur Disposition, zumindest soweit es sich um die systematische Förderung außergerichtlicher Streitbeilegungsverfahren für Verbraucherstreitigkeiten durch die europäische Ebene handelt.

– Angesichts der Lücke im europäischen kollektiven Verbraucherrechtsschutz beim Schadensausgleich sollte zur effizienten Behebung von Großschäden einerseits über die Regelung von Gruppenvergleichen sowie zum Ausgleich von Massen- und Streuschäden andererseits über effiziente Regelungen zur Gewinnabschöpfung, denen auch eine präventive Wirkung zukommen kann, nachgedacht werden.

– Bearbeitet werden muss weiterhin die Frage der Verzahnung des individuellen und des kollektiven Rechtsschutzes, insbesondere durch eine Abstimmung der Verjährungsregelungen im Falle der Teilnahme an kollektiven Verfahren. Auch die Frage der Bindungswirkung von auf Unterlassung gerichteten Instrumenten im Falle von Rechtsverstößen für individuelle Verbraucheransprüche sollte in der Agenda wieder weiter nach oben kommen.

Insgesamt steht eines jedenfalls fest, der Zugang der Verbraucher zum Recht kann nur durch eine Konfliktbeilegung *durch* Recht erfolgen. Nur so kann die europäische Rechtsdurchsetzungsstrategie den nun vorgelegten Richtlinienvorschlägen zu ihrer Geltung verhelfen.

---

[114] *Weber*, VuR 2013, 323, 327ff.; *dies.*, VuR Sonderheft 2016, 22, 27ff.

Diskussionsbericht

Zu den Referaten von *Christoph Busch*, *Matthias Lehmann* und *Caroline Meller-Hannich*

I. *Wagner* pflichtete den von *Lehmann* herausgearbeiteten Brüchen und Inkohärenzen der beiden Richtlinienvorschläge zueinander und zum *acquis* bei. Ein Großteil dieser Brüche im Europäischen Privatrecht werde durch politische Opportunität und nicht von unabweisbaren Bedürfnissen der Marktintegration verursacht. Man müsse sich die Frage stellen, welche Konsequenzen aus den Inkohärenzen für den stationären Handel und den Online-Handel resultieren. In der Praxis sei ein Aufschließen des stationären Handels zum Online-Handel aus Wettbewerbsgründen und zur Vermeidung von Transaktionskosten bereits Realität. Es erfolge eine Preisentwicklung im Minutenrhythmus. Entscheidende Frage sei, ob die „Verbraucher-Bonbons" des Online-Rechts ihr Geld wert seien. Nicht die Transaktionskosten der Unternehmer, sondern die Frage, was ein vernünftiger Verbraucher für rechtliche Privilegien zu zahlen bereit sei, bilde den Hintergrund der Diskussion um die Richtlinienvorschläge. *Lehmann* stimmte *Wagner* insofern zu, als dass eine Angleichung durch Wettbewerbsdruck wahrscheinlich sei und daher Transaktionskosten nicht das zentrale Problem seien. Er kritisierte jedoch, dass dies keine „saubere Gesetzgebung" sei. Anstatt eine Regelung „durch die Hintertür" zu erlassen, müsse man offenlegen, dass eine umfassende Regelung gewollt ist. *Zöchling-Jud* stellte zur Diskussion, ob es für eine Abmilderung der durch die Richtlinien geschaffenen Fragmentierung sinnvoll sei, dass der nationale Gesetzgeber entsprechende Regelungen für den stationären Handel erlasse. Diese Frage sah *Lehmann* als Hinweis dafür, dass sich die Regelungsdimension der aktuellen Richtlinienvorschläge tatsächlich auf den gesamten Handel erstrecke.

II. *Pfeiffer* stellte die Frage nach der Bedeutung der Richtlinienvorschläge für das Europäische Privatrecht insgesamt. Nach dem Scheitern des Gemeinsamen Europäischen Kaufrechts müsse sich der europäische Gesetzgeber eine „bescheidenere Arbeitstherapie" verordnen. Die Richtlinien stellten jedoch eine Rückkehr zu alten Methoden und damit auch zu alten Fehlern dar. Das fördere die Skepsis gegenüber der Brüsseler Rechtssetzung. Es müsse eine Abstimmung der sektoriellen Regelungen stattfinden. Ein Angleichungsschub sei aber ausgeschlossen, solange die Harmonisierung auf das Verbraucherprivatrecht beschränkt sei. Dem schloss sich *Lehmann* an und ergänzte, dass sich zum B2B-Geschäft keine grundlegenden Abweichungen ergäben. Die Beschränkung auf das Verbraucherrecht sei eine politische Frage. *Pfeiffer* wies darauf hin, dass das Spannungsverhältnis zwischen der legislativen Rechtsangleichung und der natürlichen Rechtsentwicklung in den Mitgliedstaaten mehr beachtet werden müsse. Restatements und Richtlinien reichten dazu nicht aus. Man müsse bereit sein, neue Wege zu denken. *Pfeiffer* schlug vor, etwa einen europäischen Handelsgerichtshof zu etablieren, dessen Zuständigkeit die Parteien vereinbaren können. *Busch* wies darauf hin, dass eine Abstimmung der sektoriellen Bestimmungen derzeit in der Ratsarbeitsgruppe stattfinde. Dass sie dringend notwendig sei, werde vor allem bzgl. „smart objects" deutlich. Wichtig für die Frage des Anwendungsbereichs der Richtlinie über digitale Inhalte sei eine Klärung des Begriffs der „eingebetteten Inhalte", deren Funktionen den Hauptfunktionen einer Ware untergeordnet sind. Die Abgrenzung sei jedoch tatsächlich sehr schwierig zu treffen.

III. *Grünberger* widersprach der von *Lehmann* favorisierten Option des „Nichtstuns". Es gebe eine Reihe von Aktivitäten, etwa auch der Bundesländer, die es zu koordinieren gelte, um eine Fragmentierung zu verhindern. Darauf erwiderte *Lehmann*, dass ein empirischer Hintergrund fehle, um die vielfach beklagte rechtliche Fragmentierung im Binnenmarkt zu belegen. Erst wenn tatsächlich eine Fragmentierung festgestellt werde, solle man über einen weiteren Regelungsansatz unter Einschluss des Immaterialgüterrechts nachdenken. Hinsichtlich der Interferenzprobleme stimmte *Grünberger* den Aussagen von *Busch* zu und unterstrich vor allem die Relevanz multilateraler Verträge. Sie stellten ein weitläufiges Problem bei allen von *Busch* genannten neuen Schwerpunkten des Vertragsrechts dar. Die Aussagen *Buschs* unterstützend, wies *Grünberger* außerdem auf die Bedeutung der Verbindung von Urheberrecht und Vertragsrecht hin. Beispielsweise Lizenzverträge funktionierten im B2B-Bereich gut, würfen jedoch im B2C-Geschäft erhebliche Probleme auf. *Grünberger* ergänzte die Aussagen *Buschs* um die Probleme, die die Verbindung der Vertragserfüllung mit dem Urheberrecht hervorriefen. Die Anforderungen der Vorschläge einer Portabilitätsverordnung und der Richtlinie zur Bereitstellung digitaler Inhalte müssten aufeinander abgestimmt werden und neue Lösungen für bekannte, aber nicht angemessen geregelte multilaterale Vertragsbeziehungen gefunden werden. Dem fügte *Busch* hinzu, dass Fragen der Zugangsverträge unter dem Stichwort „continuous access contracts" bereits im Modellgesetz „UCITA" [Uniform Computer Information Transactions Act] genannt seien. Dort sei bereits versucht worden, Fragen des Vertrags- und des Urheberrechts zusammenzuführen.

IV. *Lell* vom Bundesverband der Verbraucherzentralen stellte die Frage, wie man das Datenschutzrecht vertragsrechtlich sichern könne. Stellten Daten das vertragliche Entgelt dar, sei laut Aussagen der Kommission die Rechtsgrundlage für die Erhebung der Vertrag, nicht die datenschutzrechtliche Einwilligung. Dann könne der Verbraucher seine Einwilligung jedoch nicht widerrufen. Er müsse sich aber vom Vertrag lösen können. Auch für *Busch* stellt die Abgrenzung von Vertragsrecht und den Bestimmungen der Datenschutzverordnung ein vielfältiges Problemfeld, etwa hinsichtlich divergierender Altersgrenzen oder der Wirksamkeit von Verträgen bzw. informierten Einwilligungen, dar. Die Ratsarbeitsgruppe bemühe sich aber auch hier um eine Verknüpfung.

V. *Amort* wies auf die primärrechtlichen Grundlagen der Harmonisierung hin. Art. 114 AEUV verfolge das Ziel der Rechtsangleichung im Binnenmarkt, während Art. 169 AEUV den Verbraucherschutz fördern wolle. Art. 169 AEUV, der nur zum Verbraucherschutz auf Art. 114 AEUV verweise, werde zur Erreichung des Zieles der Verwirklichung des Binnenmarktes instrumentalisiert. Dem stimmten *Busch* und *Lehmann* zu. Die Beobachtung dränge sich seit längerer Zeit auf. Grund sei das fehlende Mandat der Europäischen Union zur Schaffung einer europäischen Privatrechtsordnung.

VI. *Ernst* lenkte den Blick auf die Umsetzung der vorgeschlagenen Richtlinieninhalte. Man müsse überlegen, wie eine Umsetzungsgestaltung im BGB aussehen könne. Insbesondere, um weitere Rechtszersplitterung durch die Schaffung von Regelungen mit 12 oder 13 Absätzen und „a,b,c"-Vorschriften zu vermeiden. *Busch* stellte die Gegenfrage nach einer alternativen Umsetzungsgestaltung. Er sprach sich gegen ein Herauslösen der Verbrauchermaterie aus dem BGB und die Schaffung eines Verbrauchergesetzbuchs aus. Eine anschauliche Parallele sei im Bauvertragsrecht zu beobachten. Bisher habe sich die Praxis auf der Grundlage von VOB-Kommentaren weit vom Gesetz entfernt. Es sei dem System des Rechts förderlich, die Materie in das BGB zu holen.

VII. *Gsell* richtete an *Lehmann* und *Meller-Hannich* die Frage, wie sich die Gefahr des EuGH als „trojanischem Pferd" für die Rechtsentwicklung zu dem Trend hin zur außergerichtlichen Streitbeilegung im Verbraucherrecht verhalte und ob Verbandsklagen insofern ein angemessenes Instrument seien, um eine hinreichende Präzisierung durch den EuGH sicherzustellen. *Meller-Hannich* entgegnete, dass das harmonisierte materielle Recht mittlerweile ein überkomplexes Gebilde darstelle. Es sei ein deutlicher Gegensatz, dass hinsichtlich der Rechtsdurchsetzung eine Verlagerung auf die alternative Beilegung von Konflikten erfolge. Nachweislich gingen die Eingangszahlen bei den Gerichten zurück. Die Zusammenhänge zwischen dem Rückgang und der alternativen Streitbeilegung seien insgesamt nicht klar. Im Reisevertragsrecht lasse sich aber beobachten, dass es kaum gerichtliche Entscheidungen gebe, weil Konflikte vor der Schlichtungsstelle für den Personennahverkehr beigelegt würden. *Meller-Hannich* betonte, Ihre Absicht sei es nicht, ein „ADR-Bashing" zu betreiben, die Justiz müsse sich jedoch dem Wettbewerb stellen und unbürokratischer, bürgernäher und weniger formalistisch werden. Eine angemessene Regelung verbraucherprozessualer Fragen sei hilfreich. Es biete sich z. B. das frei gewordene sechste Buch der ZPO als Standort für solche Bestimmungen an.

VIII. *Schulze* wies auf die Projekte des Deutschen Juristenfakultätentages hin. Dort stelle man die Frage, welchen Vorteil der Rechtsstaat und was die EU an Rechtsstaatlichkeit bringe. *Schulze* richtete daher die Frage an alle Referenten, welche Aspekte der Richtlinienvorschläge sie als positiv und bewahrenswert beurteilten. *Lehmann* führte hierzu das Kündigungsrecht nach 12 Monaten in Dauerschuldverhältnissen an. Es könne sich auch für den stationären Handel und z. B. für Zeitschriftenabonnements oder Telefonverträge als vernünftig erweisen. *Meller-Hannich* betonte, dass insbesondere der Dauercharakter der Rechtsverhältnisse besondere Bestimmungen erfordere, die das geltende Recht nicht ohne weiteres erfülle. Sie sehe die Schwierigkeit einer umfassenden Regelung und hob positiv hervor, dass durch die Richtlinienvorschläge das Augenmerk auf die Besonderheiten der unterschiedlichen Verträge gelenkt werde.

Universität Bielefeld Julia Ludwigkeit

Regelungsbereich und Harmonisierungsintensität des Richtlinienentwurfs zum Waren-Fernabsatz*

Thomas Riehm

Inhaltsübersicht

A. Einleitung

Am 9.12.2015 hat die Europäische Kommission den Vorschlag für eine Richtlinie „über bestimmte vertragsrechtliche Aspekte des Online-Warenhandels und anderer Formen des Fernabsatzes von Waren“ vorgelegt.[1] Diese geplante Richtlinie soll neben die bisherige Verbrauchsgüterkaufrichtlinie 1999/44/EG und die Verbraucherrechterichtlinie 2011/83/EU treten und diese ergänzen. Ihr Anwendungsbereich erstreckt sich – insofern wie Teile der Verbraucherrechterichtlinie – auf im Fernabsatz geschlossene Kaufverträge. Anders als die Verbraucherrechterichtlinie soll sie aber nicht die fernabsatzspezifischen Vertriebsregeln wie Informationspflichten oder ein Widerrufsrecht regeln, sondern – insofern die

* Schriftliche Fassung des Vortrags am 4.7.2016 im Harnack-Haus der Max-Planck-Gesellschaft in Berlin. Alle Internet-Adressen wurden zuletzt am 01.03.2013 abgerufen. Stand der zitierten Literatur: August 2017.

[1] COM(2015) 635 final; s. hierzu *Maultzsch*, JZ 2016, 236 ff.; *Schmidt-Kessel/Erler/Grimm/Kramme*, GPR 2016, 2 ff.; *Wendland*, EuZW 2016, 126, 129 ff.; *Smits*, ZEuP 2016, 319 ff.; *Stiegler/Wawryka*, BB 2016, 903 ff.

Verbrauchsgüterkaufrichtlinie verdrängend – das kaufrechtliche Gewährleistungsrecht. Die Betonung des Richtlinientitels auf den „Online-Warenhandel", die sich auch im Kurztitel „Onlinehandel-Richtlinie" niederschlägt,[2] ist dabei insoweit irreführend, als es um sämtliche Kaufverträge im Fernabsatz geht, nicht nur um online abgeschlossene Verträge. Neben die klassischen Kaufverträge treten – wie schon in der Verbrauchsgüterkaufrichtlinie – Werklieferungsverträge über Waren. Lediglich digitale Güter sind vom Anwendungsbereich ausgenommen, weil diesen ein gesonderter Richtlinienentwurf gewidmet ist.[3] Der Regelungsbereich des Richtlinienentwurfes umfasst schwerpunktmäßig zunächst die Gewährleistung für Sachmängel hinsichtlich Tatbestand und Rechtsfolgen, ferner die Haftung für Rechtsmängel (Art. 4 bis 14 FA-RLE). In beiden Fällen sind jedoch Schadensersatzansprüche nicht geregelt.[4] Hinzu kommen Vorschriften über gewerbliche Garantien (Art. 15 FA-RLE) und über den Händlerregress (Art. 16 FA-RLE).

Im Hinblick auf den Harmonisierungsgrad verfolgt die Richtlinie – im Anschluss an frühere Vorschläge – im Grundsatz das Konzept der Vollharmonisierung. Allerdings enthält Art. 1 IV FA-RLE eine im Folgenden noch näher zu behandelnde Öffnungsklausel zugunsten des allgemeinen Vertragsrechts der Mitgliedstaaten, die in Verbindung mit zahlreichen Regelungslücken des Entwurfes das Harmonisierungskonzept in der Sache eher einer gezielten Vollharmonisierung (targeted harmonisation[5]) einzelner Bereiche statt einer Totalharmonisierung des gesamten Fernabsatz-Kaufrechts annähert.

Der nachfolgende Beitrag untersucht die Schwierigkeiten, die sich im Hinblick auf Anwendungsbereich und Harmonisierungsintensität durch den Richtlinienentwurf aus deutscher Perspektive ergeben. Die Natur dieser Aufgabe bringt es mit sich, dass die gefundenen Ergebnisse de lege ferenda teils auf der europäischen Ebene – also als Vorschläge für eine Modifikation des Richtlinienentwurfes vor seiner Verabschiedung – und teils auf der Ebene des deutschen Rechts – als Vorschläge für die Umsetzung der Richtlinie – liegen. Der Fokus liegt dabei nicht auf dem Selbstverständlichen, sondern auf den „Problemzonen", ohne dass damit der Eindruck erweckt werden soll, der Richtlinienvorschlag bewirke durch die Bank nur neue Probleme.

---

[2] So z. B. die Terminologie bei *Schmidt-Kessel/Erler/Grimm/Kramme*, GPR 2016, 2 ff.; *Ostendorf* ZRP 2016, 69, 69.

[3] S. dazu *Faust*, in diesem Band, S. 91 ff.

[4] Dazu unten C.III.

[5] S. zu diesem Konzept, das die Kommission anlässlich der Vorarbeiten zur Verbraucherrechterichtlinie 2011/83/EU entwickelt hat, näher *Micklitz/Reich*, 46 CMLR 471, 474 (2009); *Micklitz*, in: Howells/Schulze (Hrsg.), Modernising and Harmonising Consumer Contract Law, 2009, 47 ff.

B. Anwendungsbereich: Problemzonen

Im Hinblick auf den Anwendungsbereich des Richtlinienentwurfes stellen sich kaum neue Schwierigkeiten; allerdings nimmt der Entwurf einige klassische Regelungsprobleme des Verbraucherrechts erneut nicht in Angriff, die sich in der Interaktion zwischen Europäischem und mitgliedstaatlichem Verbraucherrecht z. T. seit Jahrzehnten stellen.

I. Persönlicher Anwendungsbereich

Der persönliche Anwendungsbereich des Entwurfes beschränkt sich auf Verträge zwischen Unternehmern als Verkäufern und Verbrauchern als Käufern (B2C-Verträge). Ausgeklammert sind damit sowohl B2B- als auch C2C-Verträge. Für Handelsunternehmen bedeutet dies, dass sie – sofern der deutsche Gesetzgeber die Richtlinie nicht überschießend umsetzt[6] – eine weitere, nunmehr fünfte deutsche Kaufrechtsordnung zu berücksichtigen haben: Das neue „Recht des Online-Warenhandels" gälte dann für Verbrauchsgüterkäufe im Fernabsatz, neben den §§ 474 ff. BGB für stationäre Verbrauchsgüterkäufe, dem BGB-Kaufrecht (§§ 433 ff. BGB) für B2B-Verkäufe an Kleingewerbetreibende, dem Recht des Handelskaufes (§§ 373 ff. HGB) für B2B-Verträge mit Kaufleuten und dem CISG für internationale B2B-Kaufverträge. Hinzu kommt ggf. als sechstes Regime die Umsetzung der zukünftigen Richtlinie über digitale Inhalte. Das dient sicherlich nicht der Klarheit und Rechtssicherheit im deutschen Kaufrecht.[7]

Nicht angegangen wurden in dem Richtlinienentwurf die seit langem bekannten Abgrenzungsprobleme rund um den Verbraucherbegriff. Insoweit bleibt der Regelungsansatz des Entwurfes noch hinter dem bereits bei der Verbraucherrechterichtlinie 2011/83/EU erreichten Stand der Harmonisierung zurück. So enthält der Entwurf keinerlei Regelungen zu der sogenannten dual-use-Problematik, also der gemischten privaten und unternehmerischen Nutzung des Kaufgegenstandes. Insoweit enthielt wenigstens Erwägungsgrund 17 S. 2 der Verbraucherrechterichtlinie eine klarstellende Formulierung, wonach die Verbrauchereigenschaft immer dann zu bejahen ist, wenn der gewerbliche Zweck im Gesamtzusammenhang des Vertrags nicht überwiegend ist. Hiervon abweichend sieht Art. 2 lit. b) FA-RLE vor, dass jede unternehmerische Mitverantwortung die Verbrauchereigenschaft ausschließt. Hier lässt also die Binnenkohärenz des Unionsprivatrechts[8] zu wünschen übrig. Freilich wäre die gegenwärtige Regelung in § 13 BGB, die dem Vorbild der Verbraucherrechterichtlinie folgt, trotz der Vollharmonisierung auch für die Umsetzung der geplanten Richtlinie unions-

---

[6] Das ist auch bei vollharmonisierenden Richtlinien möglich, vgl. eingehend *Riehm*, JZ 2006, 1035 ff.

[7] Krit. im Hinblick auf dann drei mangelhaft aufeinander abgestimmte europäische Kaufrechtsregimes auch *Smits*, ZEuP 2016, 319, 323 f.

[8] S. dazu auch *Gebauer*, in: Gsell/Herresthal (Hrsg.), Vollharmonisierung im Privatrecht, 2009, 163, 170.

rechtlich zulässig,[9] und könnte (und sollte) daher als überschießende Umsetzung auch des vorliegenden Entwurfes beibehalten werden, um weitere systematische Verwerfungen zu vermeiden.

Ebenfalls ungeregelt bleiben die „klassischen“ Problemkonstellationen des „Scheinverbrauchers“ und des „Scheinunternehmers“,[10] sowie die – immer wieder praxisrelevante – Frage, ob es für die Verbrauchereigenschaft auf die tatsächlich (subjektiv) vorliegende Zweckrichtung des Handelnden oder auf deren Erkennbarkeit für den Unternehmer ankommt.[11] Letztere ist gerade im Online-Handel bedeutsam, weil hier für den Verkäufer kaum erkennbar ist, ob der Kunde zu privaten oder zu gewerblichen Zwecken handelt.[12] Die Untätigkeit des Unionsgesetzgebers in dieser Hinsicht überrascht jedoch nicht weiter, hat er doch auch bisher derartige Detailfragen der Rechtsprechung des EuGH und der mitgliedstaatlichen Gerichte überlassen. Im Rahmen der REFIT-Analyse der verbraucherrechtlichen Richtlinien sollte aber auch dieser Komplex einer Präzisierung unterzogen werden, die sinnvollerweise in der Verbraucherrechterichtlinie zu verorten wäre. Gleiches gilt für die Anwendbarkeit der Richtlinie auf Existenzgründer, die nach dem Wortlaut zu verneinen ist,[13] aber eine Klarstellung verdienen würde.

II. Sachlicher Anwendungsbereich

Im Hinblick auf den sachlichen Anwendungsbereich klammert der Richtlinienentwurf zum einen Verträge im stationären Handel und zum anderen digitale Güter aus. Beides ist problematisch.

1. Unterschiedliche Regelungen für stationären Handel und Versandhandel

Was den stationären Handel anbelangt, führt der Ansatz des Entwurfes dazu, dass Händler, die sowohl im Versandhandel als auch stationär verkaufen, zwei unterschiedliche Kaufrechtsordnungen anwenden müssen, wenn der betreffende Mitgliedstaat nur die geplante Richtlinie umsetzt.[14] Anders als im bisherigen Recht der Außergeschäftsraumverträge kommen für den Versandhandel nicht nur zusätzliche Vorschriften über Informationspflichten und das Widerrufsrecht hinzu, sondern zentrale Regelungen zu Gewährleistung und Verjährung

[9] *Riehm*, JZ 2006, 1035, 1041; *Bülow*, WM 2006, 1513; a. A. *Hoffmann*, WM 2006, 560.

[10] S. dazu *Herresthal*, JZ 2006, 695 ff.

[11] Im letzteren Sinne neuerdings OLG Frankfurt ZIP 2016, 1626; offen lassend BGH NJW 2005, 1045 f.; NJW 2009, 3780, 3781; s. zum Problem eingehend BeckOGK/*Alexander*, 1.6.2016, § 13 Rn. 209 ff.

[12] S. auch die Stellungnahme des Deutschen Anwaltsvereins (DAV) SN 13/16 vom März 2016, https://anwaltverein.de/de/newsroom/sn-13-16-zur-richtlinie-vertragsrecht-fuer-online-warenhandel, S. 5.

[13] So auch EuGH, Rs. C-269/95 (Benincasa/Dentalkit), Slg. 1997, I-3767, Rn. 18 zu Art. 13 f. EuGVÜ.

[14] Krit. dazu Stellungnahme des Europäischen Wirtschafts- und Sozialausschusses (EWSA), ABl.EU C 264 v. 20.7.2016, S. 57, Ziff. 3.5.

weichen vom Recht des stationären Warenkaufes ab. Damit dürfte es auch erforderlich werden, für den stationären Handel und den Versandhandel jeweils unterschiedliche AGB zu verwenden, sofern nicht die Händler die verbraucherfreundlicheren Regelungen des Online-Handels auch im stationären Handel freiwillig anwenden.[15] Zugleich entstehen Abgrenzungsprobleme zwischen Versandhandel und stationärem Handel, etwa bei persönlicher Anbahnung des Vertrages und endgültigem Abschluss per Telefon, wo sich dann die Frage stellt, welches Gewährleistungsregime zur Anwendung kommen soll.

Die unterschiedlichen Regelungen für Versandhandel und stationären Handel irritieren umso mehr, als kein spezifischer teleologischer Zusammenhang zwischen dem Vertriebsweg und dem anzuwendenden Gewährleistungsregime zu erkennen ist.[16] Das ist anders bei den bisherigen Regelungen zu Außergeschäftsraumverträgen in der Verbraucherrechterichtlinie, die auf spezifische Besonderheiten des Versandhandels reagieren und etwa durch das Widerrufsrecht die fehlende Möglichkeit des Verbrauchers kompensieren, die Ware vor Vertragsschluss in Augenschein zu nehmen. Warum aber im Versandhandel eine längere Frist für die Mangelvermutung (zwei Jahre statt sechs Monate, vgl. Art. 8 III FA-RLE gegenüber Art. 5 III RL 1999/44/EG) oder ein objektivierter Sachmangelbegriff[17] (Art. 5 FA-RLE gegenüber Art. 2 II RL 1999/44/EG) gelten sollen, erschließt sich nicht aus Besonderheiten des Versandhandels.[18]

Das führt schließlich auch zu Wettbewerbsverzerrungen zwischen stationärem Handel und Versandhandel: Bewegt schon jetzt das bequeme Widerrufsrecht im Fernabsatz viele Verbraucher dazu, den stationären Handel zu meiden, wird das großzügigere Gewährleistungsrecht im Versandhandel die Entwicklung zu Lasten des stationären Handels beschleunigen.[19] Freilich könnten die einzelnen Händler freiwillig ebenfalls die zwei-Jahres-Frist in ihren AGB zur Anwendung bringen; das würde aber wahrscheinlich nicht den gleichen Effekt in der öffentlichen (Laien-)Wahrnehmung bewirken wie die gesetzliche Regelung im Versandhandel.

Zu empfehlen ist daher auf unionsrechtlicher Ebene eine Zusammenfassung des Richtlinienentwurfes mit der – ohnehin im Rahmen des REFIT-Prozesses zur Überarbeitung anstehenden – Verbrauchsgüterkaufrichtlinie 1999/44/EG, um für den gesamten Bereich des Verbrauchsgüterkaufes, unabhängig vom Vertriebsweg, ein einheitliches Gewährleistungsrecht zu schaffen.[20] Sollte dies dem Unionsgesetzgeber nicht gelingen, empfiehlt sich zumindest für die Umsetzung

---

15 In diese Richtung *Stariradeff*, MMR 2016, 715 f.

16 Ebenso Stellungnahme des DAV (Fn. 12), S. 6.

17 Vgl. *Wendland*, EuZW 2016, 126, 129 f.

18 S. dazu auch *Zoll*, EuCML 2016, 250.

19 So auch die Befürchtung bei *Stiegler/Wawryka*, BB 2016, 903, 904; s. ferner die Stellungnahme der Bundesrechtsanwaltskammer (BRAK) Nr. 13/2016 vom Juni 2016, http://www.brak.de/zur-rechtspolitik/stellungnahmen-pdf/stellungnahmen-deutschland/2016/juni/stellungnahme-der-brak-2016-13.pdf, S. 4.

20 Ebenso die Stellungnahmen des EWSA (Fn. 14), Ziff. 1. und 4.2.4, und des DAV (Fn. 12), S. 7.

in das nationale Recht eine überschießende Umsetzung der neuen Richtlinie auch für den stationären Handel, um die genannten ungerechtfertigten Diskrepanzen und Wettbewerbsverzerrungen zu vermeiden.[21] Da die Richtlinie 1999/44/EG nur mindestharmonisierend ist (Art. 8 II RL 1999/44/EG) und der FA-RLE durchgehend ein höheres Verbraucherschutzniveau aufweist, sollte das unionsrechtlich unproblematisch zulässig sein.

2. *Unterschiedliche Regelungen für digitale und analoge Güter*

Im Ansatz nachvollziehbar ist die Ausklammerung digitaler Güter aus dem sachlichen Anwendungsbereich des Richtlinienentwurfes über den Online-Warenhandel, denn diese sollen in der gesonderten Richtlinie über bestimmte vertragsrechtliche Aspekte der Bereitstellung digitaler Inhalte geregelt werden, deren Entwurf zeitgleich mit dem hier behandelten FA-RLE vorgelegt wurde.[22] Bei näherer Betrachtung ist die Abgrenzung beider Regimes, die sich sachlich etwa beim Mangelbegriff und weiteren gewährleistungsrechtlichen Regelungen überschneiden, jedoch nicht vollständig gelungen: Nach Art. 1 III FA-RLE und Art. 3 III DI-RLE unterfallen Datenträger, soweit sie ausschließlich der Übermittlung digitaler Inhalte dienen, der geplanten Richtlinie über digitale Inhalte, während der Erwerb von Datenträgern, die neben den Daten noch anderes enthalten – z. B. das Booklet einer CD oder DVD –, unter den Richtlinienentwurf zum Online-Warenhandel fällt. Schwierige Abgrenzungsfragen sind hier vorprogrammiert.[23] Gleiches gilt für technische Geräte, die neben der Hardware auch Software und andere digitale Inhalte enthalten bzw. auf digitale Dienstleistungen zurückgreifen, wie etwa Smartphones oder Computer, aber auch Autos mit eingebauten Softwarekomponenten. Hier bewirkt Art. 3 VI DI-RLE eine Aufspaltung des Erwerbsvertrages, so dass die Hardwarekomponente dem allgemeinen Kaufrecht – je nach Vertriebsweg der RL 1999/44/EG oder dem FA-RLE – unterliegt, während die digitale Komponente unter den DI-RLE fällt, so dass insoweit ein abweichendes Gewährleistungsrecht gilt. Letzteres soll nach Erwägungsgrund 11 des DI-RLE jedoch nicht gelten, wenn die digitalen Inhalte „derart in einer Ware integriert sind, dass sie fester Bestandteil der Ware sind und ihre Funktionen den Hauptfunktionen der Ware untergeordnet sind.“ Auch hier sind schwierigste Abgrenzungsfragen bei alltäglichen Sachverhalten zu erwarten, und die unterschiedliche Behandlung der verschiedenen Komponenten führt zu unnötigen Komplikationen.[24]

---

[21] S. auch *Stiegler/Wawryka*, BB 2016, 903, 904.

[22] COM(2015) 634 final.

[23] Krit. daher auch *Schmidt-Kessel/Erler/Grimm/Kramme*, GPR 2016, 2, 5; *Stariradeff*, MMR 2016, 715, 716.

[24] Krit. deswegen auch *Spindler*, MMR 2016, 147, 148 sowie die Stellungnahme des European Law Institute (ELI) zum Entwurf der Richtlinie über digitale Inhalte (COM(2015) 634), http://www.europeanlawinstitute.eu/fileadmin/user_upload/p_eli/Publications/ELI_Statement_on_DCD.pdf, S. 16 ff.

Als Lösung bietet sich auch hier an, die beiden Richtlinienentwürfe – zusammen mit der überarbeiteten Verbrauchsgüterkaufrichtlinie – zumindest im Hinblick auf das Gewährleistungsrecht zusammenzufassen, um hier Diskrepanzen zu vermeiden.

C. Harmonisierungsintensität: Problemzonen

Wesentlich schwierigere Probleme stellen sich im Hinblick auf die Harmonisierungsintensität des FA-RLE: Wie in den ersten Fassungen der Verbraucherrechterichtlinie[25] stellt sich auch hier die überaus heikle Frage nach der Interaktion des harmonisierten Kaufrechts mit den allgemeinen Vorschriften, insbesondere dem allgemeinen und besonderen Leistungsstörungsrecht. Hier erweist sich der Grundsatz der Vollharmonisierung als besonders störungsanfällig, weil für jede einzelne Regelung der Richtlinie untersucht werden muss, inwieweit sie abschließend konzipiert ist und damit die Anwendung der allgemeinen Vorschriften ausschließt, oder anders gewendet, inwieweit das allgemeine und besondere Leistungsstörungsrecht dem Grundsatz des *effet utile* der Richtlinie weichen müssen.

Das Kernproblem für die Interaktion mit den allgemeinen Vorschriften findet sich in Art. 1 IV FA-RLE, wonach die Richtlinie „das allgemeine nationale Vertragsrecht wie die Bestimmungen über das Zustandekommen, die Wirksamkeit oder die Wirkungen eines Vertrags, einschließlich der Folgen der Vertragsbeendigung, soweit diese Aspekte in dieser Richtlinie nicht geregelt werden, unberührt [lässt]“. Diese Öffnungsklausel manifestiert einen Zielkonflikt zwischen der Vollharmonisierung einerseits und der Geltung des allgemeinen mitgliedstaatlichen Vertragsrechts andererseits. Nach den Erfahrungen zu dem ähnlichen Art. 13 der Produkthaftungsrichtlinie 85/374/EWG[26] lässt sich schon jetzt absehen, dass diese Vorschrift zu einer großen Quelle der Rechtsunsicherheit werden wird. Das gilt im hier betroffenen Bereich des Kaufrechts noch mehr als im Produkthaftungsrecht, weil jenes auf das Engste mit dem allgemeinen Vertragsrecht verwoben ist, so dass für zahlreiche Einzelfragen zu ermitteln sein wird, welche Regelungen dem „allgemeinen nationalen Vertragsrecht“ zuzurechnen sind, und welche dem spezifischen Kaufrecht im Anwendungsbereich der Richtlinie, das dann dem Gebot der Vollharmonisierung unterliegt.

---

[25] S. COM(2008) 614 final und dazu krit. *Riehm*, in: Gsell/Herresthal (Hrsg.), Vollharmonisierung im Privatrecht, 2009, 83, 94; *ders.*, in: Busch/Kopp/McGuire u. a. (Hrsg.), Europäische Methodik: Konvergenz und Diskrepanz europäischen und nationalen Privatrechts (Jahrbuch Junger Zivilrechtswissenschaftler 2009), 2010, 159, 163 ff.

[26] S. dazu näher *Riehm*, Dalloz 2007, 2749, 2756; *ders.*, EuZW 2010, 567 ff.

I. Konkurrenzen zur Mängelgewährleistung

Die Überschneidungsprobleme beginnen bei den Konkurrenzen zum Mängelgewährleistungsrecht: Nach deutschem Recht können im Falle eines Sach- oder Rechtsmangels neben dem Gewährleistungsrecht der §§437ff. BGB sowohl die Regelungen über die Anfechtung wegen Irrtums (insbesondere §119 II BGB) und wegen arglistiger Täuschung (§123 I Alt. 1 BGB) als auch die Grundsätze der culpa in contrahendo (§§280 I, 241 II, 311 II BGB) einschlägig sein. Beide können zu einer Rückabwicklung des Vertrages führen – entweder über das Bereicherungsrecht (Anfechtung) oder als Schadensersatz im Wege der Naturalrestitution (culpa in contrahendo). Diese Rechtsbehelfe sind nach h. M. lediglich im Konkurrenzwege verdrängt,[27] d. h. die §§437ff. BGB bilden ein grundsätzlich abschließendes System der Rechtsbehelfe bei einem Mangel.[28] Eine Ausnahme gilt jedoch bei Arglist des Verkäufers, wo die h. M. sowohl die Anfechtung als auch die schadensrechtliche Rückabwicklung aufgrund eines Anspruches aus culpa in contrahendo zulässt.[29] Dagegen kommt bei lediglich fahrlässigen Falschinformationen nach h. M. eine schadensrechtliche Vertragsaufhebung nur insoweit in Betracht, als die Information keine Beschaffenheitsmerkmale i. S. v. §434 BGB betrifft.[30]

Dieses Verhältnis der Rechtsbehelfe zueinander bedarf der Überprüfung unter dem Gesichtspunkt der Vollharmonisierung des Gewährleistungsrechts des Richtlinienentwurfes. Maßstab hierfür soll die Rechtsprechung des EuGH zu Art. 13 der Produkthaftungsrichtlinie sein, der in vergleichbarer Weise wie Art. 1 IV FA-RLE das Verhältnis des speziellen Deliktsrechts zu den allgemeinen Vorschriften der vertraglichen und außervertraglichen Haftung regelt. Nach Auffassung des EuGH ist dieses Verhältnis nicht etwa formell danach zu bestimmen, ob sich die fragliche mitgliedstaatliche Vorschrift nach dem äußeren Gesetzessystem im Allgemeinen oder im Besonderen Teil einer Kodifikation befindet. Andernfalls hätten es die mitgliedstaatlichen Gesetzgeber in der Hand, durch bloßes äußerliches Verschieben ihrer Vorschriften in den Allgemeinen Teil diese gegen die unionsrechtliche Vollharmonisierung zu immunisieren. Vielmehr kommt es nach Auffassung des EuGH darauf an, ob die fraglichen Ansprüche oder Rechte „auf anderen Grundlagen" beruhen. Im Produkthaftungsrecht hat er als Beispiele hierfür die „Haftung für verdeckte Mängel oder für Verschulden" benannt.[31] Daraus lässt sich ableiten, dass der EuGH abweichende Regelungen im An-

[27] BT-Drs. 14/6040, 210; *Reinicke/Tiedtke*, Kaufrecht, 8. Aufl. 2009, Rn. 793; *Huber*, in: Huber/Faust (Hrsg.), Schuldrechtsmodernisierung, 2002, §13 Rn. 4. Hinsichtlich der culpa in contrahendo a. A. *Grigoleit/Herresthal*, JZ 2003, 118, 126: Tatbestandlicher Ausschluss.

[28] S. auch BGHZ 162, 219, 225.

[29] BGHZ 180, 205, 212ff.; MüKoBGB/*Westermann*, 7. Aufl. 2016, §437 Rn. 55, 57; Staudinger/*Matusche-Beckmann*, 2013, §437 Rn. 45ff., 74f.; *Reinicke/Tiedtke* (Fn. 27), Rn. 803, 861; *Lorenz*, NJW 2006, 1925, 1926.

[30] S. statt aller *Grigoleit/Herresthal*, JZ 2003, 118, 122.

[31] EuGH, Rs. C-52/00 (Kommission/Frankreich), Slg. 2002, I-3827, Rn. 22; EuGH, Rs. C-154/00 (Kommission/Griechenland), Slg. 2002, I-3879, Rn. 18; EuGH, Rs. C-183/00 (González Sánchez/Medicina Asturiana SA.), Slg. 2002, I-3901, Rn. 31.

wendungsbereich der Richtlinie nur zulässt, soweit diese ihre Rechtsfolgen an zusätzliche, einschränkende Tatbestandsmerkmale knüpfen als die Richtlinienvorschriften selbst. Unzulässig sind im Rahmen der Vollharmonisierung demgegenüber mitgliedstaatliche Vorschriften, die unter den gleichen Tatbestandsvoraussetzungen wie die Richtlinienvorschriften hiervon abweichende Rechtsfolgen vorsehen.[32]

1. Culpa in contrahendo: Haftung für fahrlässige vorvertragliche Falschinformationen

Im Hinblick auf fahrlässige vorvertragliche Falschinformationen ist zunächst Art. 6 V RL 2011/83/EU zu beachten, wonach die Informationen, die der Unternehmer im Rahmen der Anbahnung eines Fernabsatzvertrages übermittelt, unverrückbarer Vertragsbestandteil werden. Das gilt insbesondere hinsichtlich der „wesentlichen Eigenschaften der Waren oder Dienstleistungen" (Art. 6 I lit. a RL 2011/83/EU), die mithin die geschuldete Sollbeschaffenheit definieren (s. Art 4 I lit. c FA-RLE).[33] Daher begründen alle vorvertraglichen Falschinformationen, die sich auf die Eigenschaften der Waren oder auf deren Tauglichkeit für bestimmte Zwecke beziehen, Gewährleistungsrechte nach dem FA-RLE. Zusätzliche mitgliedstaatliche Rechtsbehelfe wie der Anspruch auf Vertragsaufhebung oder Vertragsanpassung aus culpa in contrahendo können daneben nur zulässig sein, wenn diese zusätzlichen Tatbestandsvoraussetzungen unterliegen. Soweit man der in Deutschland herrschenden Auffassung folgt, stellt sich hier kein weiteres Konkurrenzproblem, weil diese Ansprüche bei bloß fahrlässiger Falschinformation ohnehin im Konkurrenzwege verdrängt sind.[34]

Soweit allerdings – wie etwa im österreichischen Recht[35] sowie nach einer Mindermeinung zum deutschen Recht[36] – Ansprüche aus culpa in contrahendo grundsätzlich frei mit dem Kaufrecht konkurrieren, stellt sich ein Abgrenzungsproblem zum Gewährleistungsregime der Richtlinie: Ist die Haftung lediglich an die Erteilung einer Falschinformation über eine Beschaffenheit der Kaufsache geknüpft, so unterliegt diese dem Gebot der Vollharmonisierung und darf daher keine anderen Rechtsfolgen als die geplante Richtlinie vorsehen. Insbesondere müsste dann auch der Vorrang der Nacherfüllung gelten (Art. 9 FA-RLE). Ob der Anspruch auf Vertragsanpassung bzw. -aufhebung zusätzlichen Tatbestandsvoraussetzungen unterliegt, hängt nach hier vertretener Auffassung von der praktischen Bedeutung des Verschuldenskriteriums ab: Stellt dieses eine nennenswerte Hürde auf dem Weg zur Vertragsaufhebung dar, so kann die Haftung aus culpa in contrahendo neben dem vollharmonisierten Kaufrecht zur Anwendung kommen. Wird das Verschulden dagegen in der Praxis quasi unwider-

---

32 Näher *Riehm*, JZ 2006, 1035, 1038.

33 Dazu noch unten C.IV.2.

34 So die h. M., vgl. oben Fn. 27.

35 S. etwa *Ofner*, in: Schwimann/Kodek (Hrsg.), ABGB, 4. Aufl. 2014, § 933a ABGB Rn. 1 f.

36 *Häublein*, NJW 2003, 388, 391; BeckOK BGB/*Faust*, 40. Ed. 1.8.2014, § 437 Rn. 190 sowie MüKoBGB/*Emmerich*, 7. Aufl. 2016, § 311 Rn. 82.

legbar vermutet, so sind die Tatbestandsvoraussetzungen faktisch mit denen des Gewährleistungsrechts nach dem Richtlinienentwurf identisch,[37] so dass m.E. auch nur die dort angeordneten Rechtsfolgen (Art. 9 FA-RLE) zur Anwendung gelangen, also nicht durch die culpa in contrahendo unterlaufen werden dürfen.

2. *Anfechtung wegen Eigenschaftsirrtums (§ 119 II BGB)*

Die Anfechtung wegen Eigenschaftsirrtums ist nach herrschender, wenngleich immer wieder bestrittener Auffassung[38] durch das kaufrechtliche Gewährleistungsrecht im Konkurrenzwege verdrängt. In nahezu allen Fällen der Sachmangelhaftung irrt der Käufer bei Abgabe seiner Willenserklärung über eine verkehrswesentliche Eigenschaft der Kaufsache i.S.v. § 119 II BGB, denn er vereinbart im Kaufvertrag mit dem Verkäufer eine Beschaffenheit, die die Sache in Wahrheit nicht aufweist. Die tatbestandlichen Voraussetzungen der Irrtumsanfechtung nach § 119 II BGB sind daher praktisch identisch mit denen der kaufrechtlichen Gewährleistung. Um deren besondere Regelungen, insbesondere den in § 437 Nr. 2 i.V.m. § 323 I, II BGB festgelegten Vorrang der Nacherfüllung, nicht zu unterlaufen, muss daher die Anfechtung ausgeschlossen sein. Diese ohnehin bereits h.M. zum deutschen Recht ist im Anwendungsbereich des Richtlinienentwurfes zusätzlich unionsrechtlich vorgegeben, weil die Anwendung der Irrtumsanfechtung die Vollharmonisierung des Gewährleistungsrechts unterlaufen würde.[39]

3. *Arglistiges Verschweigen von Mängeln*

Verschweigt der Verkäufer einen Mangel der Kaufsache arglistig, so werden nach h.M. zum deutschen Recht die allgemeinen Rechtsbehelfe der culpa in contrahendo und der Arglistanfechtung nicht verdrängt. Vielmehr sollen dem Käufer gegenüber dem arglistig handelnden Verkäufer sämtliche Rechtsbehelfe zustehen[40] – neben den genannten auch Schadensersatzansprüche aus § 823 II BGB i.V.m. § 263 StGB und aus § 826 BGB. Da die Richtlinie keine speziellen Regelungen zur Arglist des Verkäufers enthält und die genannten mitgliedstaatlichen Regelungen ein zusätzliches, auch praktisch erheblich einschränkendes

[37] Nach der Entscheidung EuGH, Rs. C402/03 (Skov/Bilka), Slg. 2006, I-199 zum Produkthaftungsrecht ist allerdings unklar, ob der EuGH auch eine Haftung für faktisch unwiderlegbar vermutetes Verschulden als solche „auf anderen Grundlagen" ansieht, die nach Art. 13 der Produkthaftungsrichtlinie zulässig ist, weil im Vorlageverfahren nichts dazu vorgetragen wurde, ob die Verschuldensvermutung der fraglichen dänischen Regelung in der Praxis widerlegt werden kann.

[38] Befürwortend *Flume*, Eigenschaftsirrtum und Kauf, 1948 (Nachdruck 1975), 132ff.; *Wolf/Neuner*, Allgemeiner Teil des Bürgerlichen Rechts, 10. Aufl. 2012, § 41 Rn. 68; Soergel/*Hefermehl*, 13. Aufl. 1999, § 119 Rn. 78; BeckOK BGB/*Wendtland*, 40. Ed. 1.8.2016, § 119 Rn. 8; ablehnend *Larenz/Wolf*, Allgemeiner Teil des Bürgerlichen Rechts, 9. Aufl. 2004, § 36 Rn. 48ff.; *Schröder*, in: FS für Gerhard Kegel, 1977, 397, 405; *Wasmuth*, in: FS für Henning Piper, 1996, 1083, 1084.

[39] Offen *Zoll*, EuCML 2016, 250, 252.

[40] Vgl. die Nachweise in Fn. 29.

Tatbestandsmerkmal (die arglistige Täuschung) voraussetzen, dürften diese über Art. 1 IV FA-RLE zulässig sein.

Anders liegt es hingegen bezüglich einer anderen Folge der arglistigen Täuschung über einen Sachmangel: Nach Auffassung des BGH begründet die Arglist des Verkäufers sowohl die Entbehrlichkeit einer Nachfrist nach der allgemeinen Abwägungsregelung des §323 II Nr. 3 BGB[41] als auch die Erheblichkeit der Pflichtverletzung i. S. v. §323 V 2 BGB, so dass der Käufer im Ergebnis unabhängig von der objektiven Schwere des Mangels und ohne Fristsetzung vom Kaufvertrag zurücktreten kann. Diese Modifikation der allgemeinen Rücktrittsvoraussetzungen bei arglistiger Täuschung über den Mangel findet im Richtlinienentwurf keine Entsprechung. Sie dürfte daher dem Vollharmonisierungsansatz der geplanten Richtlinie widersprechen, die die Voraussetzungen des Rücktritts des Käufers in Art. 9 III, 13 FA-RLE abschließend regelt und dort auch im Falle der Arglist des Verkäufers keine Erleichterung vorsieht.

II. Verhältnis zum Allgemeinen Leistungsstörungsrecht

Im Zusammenspiel zwischen dem richtlinieninduzierten kaufrechtlichen Gewährleistungsrecht und dem Allgemeinen Leistungsstörungsrecht stellt sich vor allem die Frage nach der Abgrenzung der Schlechtleistung zur Nichtleistung. Während erstere dem Gewährleistungsrecht unterfällt und damit dem Vollharmonisierungsgebot der Richtlinie unterliegt, ist letztere im Allgemeinen Leistungsstörungsrecht geregelt, das nach Art. 1 IV FA-RLE von der geplanten Richtlinie unberührt bleibt. Die wesentlichen Problemfälle, die bereits aus dem deutschen Recht vor der Schuldrechtsreform bekannt sind, sind insoweit die Aliud- und die Minus-Lieferung: Sieht man diese als Schlechtleistung an, so ist auf sie bei Fernabsatzkäufen das Regime des neuen Richtlinienentwurfes anzuwenden; sieht man sie als (teilweise) Nichtleistung an, so kann es bei dem autonom nationalen Allgemeinen Leistungsstörungsrecht bleiben.

Zur Verbrauchsgüterkaufrichtlinie ist umstritten, ob die Aliud- und Minuslieferung einen Sachmangel im Sinne des Art. 2 II RL 1999/44/EG begründen.[42] In Art. 4 I lit. a) werden Quantitätsmängel dem Sachmangelbegriff zugeordnet, so dass die Minderleistung jedenfalls dem vollharmonisierten Gewährleistungsrecht unterfällt. Die Aliud-Leistung ist im Richtlinienentwurf dagegen nicht erwähnt, was beim Gattungskauf zu erheblichen Abgrenzungsschwierigkeiten führen kann.[43] Sollte der Unionsgesetzgeber hier nicht noch klarstellend tätig

[41] BGHZ 167, 19, 24; BGH NJW 2007, 835, 837; BGHZ 180, 205, 214; ausf. *Riehm*, Der Grundsatz der Naturalerfüllung, 2015, 383f.

[42] Befürwortend NK-BGB/*Pfeiffer*, 2. Aufl. 2012, Art. 2 VerbrGKRL Rn. 5; *Faber*, in: Ackermann/Arnold/Eckardt u. a. (Hrsg.), Tradition und Fortschritt im Recht (Jahrbuch Junger Zivilrechtswissenschaftler 1999), 2000, 85, 95; *Bianca*, in: Grundmann/Bianca (Hrsg.), EU-Kaufrechtsrichtlinie, 2002, Art. 2 Rn. 12; ablehnend *Ehmann/Rust*, JZ 1999, 853, 856; zumindest für die Minuslieferung auch *Kirchner*, ZRP 1997, 290, 291.

[43] Vgl. zu dem entsprechenden Problem im früheren deutschen Recht nur *Lorenz/Riehm*, Lehrbuch zum neuen Schuldrecht, 2002, Rn. 490ff.

werden, würde es sich zumindest im Rahmen der Umsetzung der zukünftigen Richtlinie empfehlen, wie im heutigen §434 III BGB Aliud und Sachmangel explizit gleichzustellen, um diese Schwierigkeiten zu vermeiden.

III. Schadensersatz bei Mängeln

Der Richtlinienentwurf enthält keinerlei Regelungen zu Schadensersatzansprüchen bei Sach- oder Rechtsmängeln – auch keine explizite Öffnungsklausel zugunsten mitgliedstaatlicher Rechtsvorschriften. Im Hinblick auf den vollharmonisierenden Charakter der Richtlinie könnte daraus der Schluss gezogen werden, dass im Anwendungsbereich der Richtlinie generell kein Raum für mangelbedingte Schadensersatzansprüche ist.[44] Bei näherer Betrachtung lässt sich dem Entwurf aber kein negativer Regelungswille entnehmen, Schadensersatzansprüche wegen Mängeln kategorisch auszuschließen. Vielmehr dürfte auch insoweit Art. 1 IV FA-RLE einschlägig sein und auf die jeweiligen allgemeinen Vorschriften der mitgliedstaatlichen Vertragsrechtsordnungen verweisen. Hier wäre eine Klarstellung in der Richtlinie allerdings wünschenswert, um Missverständnisse zu vermeiden.[45]

Freilich erfordert der Grundsatz der Vollharmonisierung wohl auch hier eine Anpassung: Unproblematisch richtlinienkonform sind zwar deliktische und vertragliche Schadensersatzansprüche „neben der Leistung", also auf Ersatz von Mangelfolgeschäden. Der Anspruch auf Schadensersatz „statt der Leistung" kommt aber in der Sache einem Rücktritt gleich, sofern der Schaden nach der Differenzmethode berechnet wird.[46] Auch bei der (praktisch seltenen) Berechnung nach der Surrogationsmethode muss das mitgliedstaatliche Schadensersatzrecht den Vorrang der Nacherfüllung berücksichtigen, wie er sich aus Art. 9 III FA-RLE ergibt. Daher sollte bei der Umsetzung der zukünftigen Richtlinie darauf geachtet werden, dass nicht nur die Rücktrittsvoraussetzungen des §323 BGB, sondern parallel auch die Voraussetzungen des Überganges auf den Schadensersatzanspruch statt der Leistung in §281 BGB an Art. 9 FA-RLE angepasst werden, um insoweit ein Unterlaufen der Richtlinie zu vermeiden.[47]

IV. Vertragsschluss und Vertragsinhalt

1. Vertragsschluss

Der Richtlinienentwurf enthält keine Regelungen zum Vertragsschluss; insoweit bleibt es gem. Art. 1 IV FA-RLE bei den allgemeinen mitgliedstaatlichen Vorschriften. Damit wird das in der Praxis immer wieder problematische Zu-

[44] Als mögliche Interpretation angedeutet bei *Zoll*, EuCML 2016, 250, 251 sowie in der Stellungnahme der Notaries of Europe (CNUE) vom 11.3.2016, http://www.notaries-of-europe.eu/files/position-papers/2016/Contract-Law-CNUE-Position-Paper-11-03-16-en.pdf, S. 4.

[45] Ebenso *Stariradeff*, MMR 2016, 715, 719.

[46] S. *Riehm*, NJW 2014, 2065, 2067.

[47] Ebenso *Stiegler/Wawryka*, BB 2016, 903, 905.

sammenspiel von Angebot und Annahme im Online-Handel nicht angeglichen (abgesehen von Art. 11 der E-Commerce-RL 2000/31/EG). Ebenfalls nicht harmonisiert werden die Rechtsfolgen von Account-Missbräuchen bzw. dem Missbrauch von Telefon- oder Internetanschlüssen. Im Hinblick auf die große praktische Bedeutung derartiger Konstellationen[48] läge hier ein relevantes Betätigungsfeld des Unionsgesetzgebers, der Klarheit schaffen könnte.

2. Vertragsinhalt: Relevanz vorvertraglicher Informationen

Auch der Vertragsinhalt bestimmt sich gem. Art. 1 IV FA-RLE nach den allgemeinen mitgliedstaatlichen Vorschriften. Fraglich ist allerdings, wie Art. 4 I lit. c FA-RLE zu verstehen ist: Nach dieser Vorschrift bestimmt sich die Sollbeschaffenheit der Kaufsache auch nach einer „vorvertraglichen Erklärung, die Bestandteil des Vertrags ist". Diese Regelung ist gemeinsam mit Art. 6 I lit. a, V RL 2011/83/EU zu lesen, wonach die Informationen, die der Unternehmer im Rahmen der Anbahnung eines Fernabsatzvertrages übermittelt (insbesondere hinsichtlich der „wesentlichen Eigenschaften der Waren"), unverrückbarer Vertragsbestandteil werden.[49] In dieser Kombination, die durch §312d I 2 BGB iVm Art. 246a §1 I 1 Nr. 1 EGBGB in das deutsche Recht umgesetzt wurde, bewirken beide Richtlinien letztlich, dass vorvertragliche Angaben des Verkäufers zu Eigenschaften der Kaufsache zwingend insoweit Vertragsinhalt werden müssen, als sie für die vertragliche Sollbeschaffenheit zugrunde zu legen sind.[50] Diese Regelung ist beizubehalten.

3. Besondere Anforderungen an negative Beschaffenheitsvereinbarungen

Besondere Regelungen enthält der Richtlinienentwurf für Beschaffenheitsvereinbarungen:[51] Zunächst wird in Art. 5 FA-RLE die Sollbeschaffenheit gegenüber Art. 2 RL 1999/44/EG objektiviert, indem nicht mehr die vertraglich definierte Beschaffenheit und die Eignung für den vertraglich vorausgesetzten Zweck in den Vordergrund gestellt werden, sondern die übliche Beschaffenheit und die Eignung für gewöhnliche Zwecke (Art. 5 lit. a, c FA-RLE). Diese Regelung wird gegenüber vertraglichen Abweichungen (durch Vereinbarung einer negativen Sollbeschaffenheit, etwa als „Bastlerauto") durch Art. 4 III FA-RLE geschützt: Nach dieser Vorschrift ist eine Vereinbarung, die die Anwendung der Art. 5, 6 FA-RLE zum Nachteil des Verbrauchers ausschließt, hiervon abweicht oder deren Wirkungen abändert, nur dann gültig, wenn dem Verbraucher die besondere Beschaffenheit der Waren zum Zeitpunkt des Vertragsschlusses be-

---

[48] Allein aus der deutschen Rechtsprechung BGHZ 189, 346, 349; OLG München NJW 2004, 1328; LG Aachen NJW-RR 2007, 565; *Müller-Brockhausen,* Haftung für den Missbrauch von Zugangsdaten im Internet, 2014, 157f.

[49] S. dazu bereits oben C.I.1. sowie *Schmidt-Kessel/Erler/Grimm/Kramme*, GPR 2016, 54, 65.

[50] Ebenso im Ergebnis *Stiegler/Wawryka*, BB 2016, 903, 906.

[51] Rechtspolitisch befürwortend *Maultzsch*, JZ 2016, 236, 239.

kannt war und er diesen besonderen Umstand bei Vertragsschluss ausdrücklich akzeptiert hat.

Darin liegt eine doppelte Abweichung gegenüber dem status quo im deutschen Recht: Zum einen kann die Sollbeschaffenheit nicht einfach durch eine unbefangene Auslegung des Vertrages unter Würdigung aller Umstände des Vertragsschlusses ermittelt werden;[52] zum anderen dürfte nach Umsetzung der Richtlinie § 442 BGB in Fernabsatzkonstellationen nicht mehr angewendet werden, weil nach dieser Vorschrift bereits allein die Kenntnis des Mangels bei Vertragsschluss die Gewährleistungsrechte ausschließt.[53] Sollte der Richtlinienentwurf unverändert verabschiedet werden, sind Änderungen des Mangelbegriffes für Fernabsatzkonstellationen insoweit unvermeidlich. Im Hinblick darauf, dass sich diese Abweichungen mit der fernabsatztypischen Sondersituation erklären lassen, dass der Kunde die Ware vor Vertragsschluss nicht in Augenschein nehmen konnte, empfiehlt sich bei negativen Beschaffenheitsvereinbarungen eine begrenzte Umsetzung nur für Fernabsatzverträge.

4. Zurechnung öffentlicher Erklärungen Dritter

Eine auf den ersten Blick sonderbare Regelung enthält schließlich Art. 5 lit. c FA-RLE für die Zurechnung öffentlicher Äußerungen Dritter: Nach dieser Regelung sind für die Sollbeschaffenheit auch öffentliche Erklärungen zu berücksichtigen, die im Vorfeld des Vertragsschlusses von (dem Verkäufer oder im Auftrag des Verkäufers oder) „einer Person einschließlich des Herstellers abgegeben wurden". Unabhängig von den Regeln des Stellvertretungsrechts wird der Verkäufer hierdurch an öffentliche Äußerungen Dritter gebunden. Die Regelung geht noch über Art. 2 II lit. d RL 1999/44/EG hinaus, indem nicht nur Äußerungen des Herstellers oder dessen Vertreters, sondern dem ersten Anschein nach solche beliebiger Dritter zu berücksichtigen sind. Indessen liegt hier ein Übersetzungsfehler der deutschen Fassung des Entwurfes vor, der im weiteren Gesetzgebungsverfahren bereinigt werden dürfte: Nach der englischen Fassung sind nur die Äußerungen von „other persons in earlier links of the chain of transactions" zu berücksichtigen, also von anderen Gliedern in der Veräußerungskette.[54] Das schränkt den Umfang der zu berücksichtigenden Äußerungen ein, ändert aber nichts daran, dass – wie schon § 434 I 3 BGB – für die Zurechnung der Äußerungen Dritter bei der Vereinbarung der vertraglichen Sollbeschaffenheit nicht (nur) auf das mitgliedstaatliche Stellvertretungsrecht abzustellen ist, sondern auch auf die Umsetzung des Art. 5 lit. c FA-RLE.

[52] Ebenso *Schmidt-Kessel/Erler/Grimm/Kramme*, GPR 2016, 54, 66.

[53] So auch *Maultzsch*, JZ 2016, 236, 241; *Schmidt-Kessel/Erler/Grimm/Kramme*, GPR 2016, 54, 66.

[54] S. auch *Maultzsch*, JZ 2016, 236, 239 f.

V. Haftung für Garantieäußerungen Dritter

Unter dem Blickwinkel des Stellvertretungsrechts erscheint auch die Regelung für die Haftung für Garantieäußerungen in Art. 15 I FA-RLE eigenartig. Nach dieser Vorschrift soll der gewerbliche Garantiegeber in dem Fall, dass die vorvertraglichen Informationen des Verkäufers oder die Werbung günstigere Aussagen über die Garantiebedingungen machen als die Garantieerklärung selbst enthält, an die Verkäuferinformationen bzw. an die Werbung gebunden sein. Damit richten sich Inhalt und Umfang der Garantie nicht mehr wie bisher nach der vertraglichen Garantieerklärung des Garantiegebers (insbesondere des Herstellers), sondern nach den Werbeaussagen Dritter, insbesondere des Verkäufers. Nimmt man diese Vorschrift ernst, so würde etwa die (unzutreffende) Aussage eines Gebrauchtwagenverkäufers, das verkaufte Auto habe „noch drei Jahre Garantie", obwohl die Herstellergarantie in Wahrheit in sechs Monaten abläuft, tatsächlich zu einer Garantieverlängerung zu Lasten des Herstellers um drei Jahre führen. Denn der Hersteller wäre als gewerblicher Garantiegeber dann an die vorvertraglichen Informationen des Verkäufers gebunden, auch wenn keinerlei rechtsgeschäftliche Beziehung zwischen beiden besteht und der Verkäufer auch keinerlei Vollmacht des Herstellers hat. Diese Regelung ist rechtspolitisch äußerst fragwürdig und sollte im Zuge des weiteren Gesetzgebungsverfahrens auf Unionsebene auf dem Garantiegeber rechtsgeschäftlich zurechenbare Aussagen beschränkt werden. Ansonsten ließe sie sich nicht in das System der allgemeinen Rechtsgeschäftslehre bzw. des Stellvertretungsrechts einfügen und führte auch zu praktisch nicht vertretbaren Ergebnissen.

VI. Mitverantwortung des Käufers

Problematisch ist die Interaktion zwischen dem Richtlinienentwurf und dem allgemeinen mitgliedstaatlichen Vertragsrecht schließlich im Hinblick auf die Berücksichtigung einer Mitverantwortung des Käufers. Die Frage stellt sich sowohl bei der Entstehung des Mangels als auch nach dessen Entdeckung.

1. Mitverantwortung bei der Entstehung des Mangels

Nach Art. 9 V FA-RLE hat der Käufer „keinen Anspruch auf Abhilfe, soweit er selbst zur Vertragswidrigkeit der Waren beigetragen hat." Hat er etwa die Kaufsache schuldhaft fehlerhaft zusammengebaut, so ist sein Abhilfeanspruch insoweit ausgeschlossen. Nicht eindeutig ist allerdings, ob das auch gelten soll, wenn ein (unteilbarer) Mangel sowohl vom Käufer als auch vom Verkäufer verursacht wurde. Das kann etwa der Fall sein, wenn der fehlerhafte Zusammenbau der Kaufsache auch auf einer fehlerhaften Montageanleitung beruht, zu welcher sich der Fehler des Käufers hinzugesellt. Sinnvoll erscheint in dieser Konstellation, den Abhilfeanspruch des Käufers nicht völlig auszuschließen, diesem aber

– nach deutschem Recht analog §254 BGB[55] – eine Kostenbeteiligung entsprechend seinem Verursachungsbeitrag aufzubürden.[56]

2. *Mitverantwortung nach Entdeckung des Mangels*

Problematisch ist ferner die Haftung des Käufers, wenn er nach Entdeckung des Mangels die Kaufsache zunächst weiternutzt, bevor er schließlich den Vertrag beendet (d. h. zurücktritt). Nach Art. 13 III FA-RLE haftet der Käufer im Falle der Vertragsbeendigung nämlich nicht für den normalen Wertverlust der Kaufsache. Zudem gilt keine Frist für die Beendigungserklärung nach Entdeckung des Mangels, so dass der Käufer nach Entdeckung bis zum Ablauf der zweijährigen Gewährleistungsfrist warten kann, bis er die Beendigung erklärt. Und schließlich sieht Art. 9 III i. V. m. Art. 13 FA-RLE (abweichend von Art. 3 VI RL 1999/44/EG) keine Erheblichkeitsschwelle für den Rücktritt vor,[57] so dass dieser auch für geringfügige Mängel erklärt werden kann – solange eine Abhilfe unmöglich ist oder vom Verkäufer nicht in angemessener Frist vorgenommen wird. Die Kombination dieser Regelungen würde es ermöglichen, dass ein Käufer eines Smartphones, der bei der Lieferung des Gerätes ein geringfügig verkratztes Display feststellt, das Telefon zwei Jahre lang benutzen und dann entweder Nachlieferung eines neuen Geräts (das zwei Jahre später vermutlich nicht mehr lieferbar sein wird) verlangen oder den Vertrag beenden kann. Im Falle der Vertragsbeendigung erhielte er den vollen Kaufpreis zurück (Art. 13 III lit. a FA-RLE) und würde selbst keine Entschädigung für die Nutzung bzw. den normalen Wertverlust des Handys während der vergangenen zwei Jahre schulden (Art. 13 III lit. d FA-RLE).

Bleibt es bei dieser – rechtspolitisch fragwürdigen[58] – Regelung der Richtlinie, so stellt sich die Frage, ob das nationale Recht hier mit dem allgemeinen Vertragsrecht gegensteuern darf. Denkbar wäre etwa, die Weiternutzung des Geräts trotz Entdeckung des Mangels als Verletzung einer Rücksichtnahmepflicht i. S. v. §241 II BGB zu werten, und den Käufer im Wege des Schadensersatzes nach §280 I BGB dazu zu verpflichten, den Wertverlust des Gerätes während der Weiternutzungsdauer zu ersetzen. Es wäre allerdings sehr fraglich, ob eine solche Lösung mit der vollharmonisierenden detaillierten Regelung der Rücktrittsfolgen in Art. 13 III FA-RLE vereinbar wäre. Daher liegt die bessere Lösung darin, die Privilegierung des Käufers hinsichtlich des Wertersatzes in Art. 13 III lit. d FA-RLE auf die Zeit bis zur Entdeckung des Mangels zu beschränken.[59]

---

55 BeckOK BGB/*Faust*, (Fn. 36), §439 Rn. 62; *Reinicke/Tiedtke* (Fn. 27), Rn. 453.

56 Ebenso *Maultzsch*, JZ 2016, 236, 245; für Analogie zu §326 II demgegenüber *Stariradeff*, MMR 2016, 715, 717.

57 Vgl. *Maultzsch*, JZ 2016, 236, 244; *Schmidt-Kessel/Erler/Grimm/Kramme*, GPR 2016, 54, 67; *Zoll*, EuCML 2016, 250, 254.

58 Befürwortend dagegen *Maultzsch*, JZ 2016, 236, 244.

59 Ähnlich die Stellungnahme des DAV (Fn. 12), S. 13 f., Ziff. 10 (b) und S. 16, Ziff. 13.

D. Fazit

Insgesamt demonstrieren die vorstehenden Ergebnisse die großen Schwierigkeiten, die stets mit einer Vollharmonisierung im Kernbereich des Schuldrechts verbunden sind.[60] Wegen der komplexen Verschränkung besonderer Vorschriften mit den Regelungen des allgemeinen Vertragsrechts und Leistungsstörungsrechts kommt auf einer ersten Stufe der Präzision der unionsrechtlichen Gesetzgebung größte Bedeutung zu: Bei allen Regelungen in der Richtlinie sollte zumindest in den Erwägungsgründen klargestellt werden, inwieweit sie ergänzenden mitgliedstaatlichen Regelungen des allgemeinen Vertragsrechts entgegenstehen. Eine allgemeine Öffnungsklausel wie Art. 1 IV FA-RLE führt hier nicht zu größerer Klarheit, sondern schafft erhebliche Unsicherheit dadurch, dass der Begriff des „allgemeinen Vertragsrechts" nicht klar abgegrenzt ist und die Öffnungsklausel im Übrigen auch nicht über den Grundsatz des *effet utile* hinweghilft.[61] Noch überzeugender wäre es, wenn die geplante Richtlinie lediglich mindestharmonisierend wäre, so dass die Mitgliedstaaten ihr bisheriges, z. T. höheres Verbraucherschutzniveau beibehalten könnten.[62]

Auf der zweiten Stufe, der Umsetzung in nationales Recht, ist größte Vorsicht bei der Koordination der neu zu schaffenden Sonderregelungen mit dem allgemeinen Vertrags- und Leistungsstörungsrecht geboten. Auch hier vermeiden klarstellende Regelungen über die Verdrängung (oder Aufrechterhaltung) der allgemeinen Vorschriften die erhebliche Rechtsunsicherheit, die ansonsten für das allgemeine Vertrags- und Leistungsstörungsrecht im Fernabsatzhandel droht.

Die Analyse der Richtlinie hat zudem einige inhaltliche und handwerkliche Mängel des Richtlinienentwurfes aufgedeckt, die im weiteren Gesetzgebungsverfahren behoben werden sollten. Hinzu kommt das Desiderat nach einer besseren Koordination des Entwurfes mit dem bestehenden *acquis communautaire*, insbesondere der Verbrauchsgüterkaufrichtlinie 1999/44/EG, der Verbraucherrechterichtlinie 2011/83/EU sowie der geplanten Richtlinie über digitale Inhalte (COM(2015) 634 final).[63] Der gegenwärtige REFIT-Prozess sollte genutzt werden, um diese Projekte zusammenzufassen und die Binnenkohärenz des Unionsrechts zu verbessern. Damit würde zugleich den Mitgliedstaaten die Umsetzung erheblich erleichtert.

---

[60] Ebenso *Zoll*, EuCML 2016, 250, 254.

[61] Krit. daher auch *Schmidt-Kessel/Erler/Grimm/Kramme*, GPR 2016, 2, 6.

[62] So auch die Stellungnahme des EWSA (Fn. 14), ABl.EU C 264 v. 20.7.2016, S. 57, Ziff. 1.4 und 1.6.

[63] Für eine Integration des Richtlinienvorschlags in eine überarbeitete Verbrauchsgüterkaufrichtlinie und eine Verbindung mit dem Vorschlag einer Richtlinie über digitale Inhalte auch die Stellungnahme des EWSA (Fn. 14), Ziff. 1.7 und 3.3.

Regelungsbereich und Harmonisierungsintensität des Richtlinienvorschlags zur Bereitstellung digitaler Inhalte*

Florian Faust

Inhaltsübersicht

Der Vorschlag der Europäischen Kommission für eine Richtlinie des Europäischen Parlaments und des Rates über bestimmte vertragsrechtliche Aspekte der Bereitstellung digitaler Inhalte[1] stammt vom 9. Dezember 2015. Am 1. Juni 2017 hat der Rat der Europäischen Kommission eine „Kompromissfassung" vorgelegt, die Grundlage weiterer Beratungen sein soll.[2] Der folgende Text bezieht sich auf den ursprünglichen Richtlinienvorschlag; auf Änderungen in der Kompromissfassung (KF) wird in den Fußnoten eingegangen.

A. Anwendungsbereich

Nach ihrem Art. 3 Abs. 1 soll die DI-RL für alle Verträge gelten, auf deren Grundlage ein Anbieter einem Verbraucher digitale Inhalte bereitstellt oder sich hierzu verpflichtet und der Verbraucher als Gegenleistung einen Preis zahlt oder aktiv eine andere Gegenleistung als Geld in Form personenbezogener[3] oder an-

---

* Vortrag gehalten auf der Tagung „Verbrauchervertragsrecht und digitaler Binnenmarkt" am 4. Juli 2016 in Berlin. Professor Dr. Florian Faust, LL.M. (Univ. Michigan) ist Inhaber des Lehrstuhls für Bürgerliches Recht, Handels- und Wirtschaftsrecht und Rechtsvergleichung an der Bucerius Law School, Hamburg.

[1] COM(2015) 634 final.

[2] Rat der Europäischen Union, Dokument 9901/17 ADD 1.

[3] In Art. 2 Nr. 6a KF werden personenbezogene Daten definiert als personenbezogene Daten i. S. v. Art. 4 Nr. 1 DS-GVO.

derer Daten erbringt.[4] „Vertrag“ wird dabei überflüssigerweise in Art. 2 Nr. 7 DI-RLE definiert als „eine Vereinbarung, die darauf abzielt, Pflichten zu begründen oder andere rechtliche Wirkungen herbeizuführen“.[5]

I. Persönlicher Anwendungsbereich

Ein „Anbieter“ ist nach Art. 2 Nr. 3 DI-RLE „jede natürliche oder juristische Person, unabhängig davon, ob letztere öffentlicher oder privater Natur ist, die für die Zwecke ihrer gewerblichen, geschäftlichen, handwerklichen oder beruflichen Tätigkeit selbst oder durch eine andere in ihrem Namen oder in ihrem Auftrag handelnde Person tätig wird“.[6] Ein Verbraucher ist nach Art. 2 Nr. 4 DI-RLE jede natürliche Person, die bei von dieser Richtlinie erfassten Verträgen nicht für die Zwecke ihrer gewerblichen, geschäftlichen, handwerklichen oder beruflichen Tätigkeit handelt.[7] Diese Definitionen entsprechen der Sache nach denen von „Verbraucher“ und „Verkäufer“ im FA-RLE und denen von „Verbraucher“ und „Unternehmer“ in der VerbrRechteRL und in den anderen Verbraucherschutzrichtlinien, wobei in der Formulierung teils erhebliche Abweichungen bestehen. Man muss sich schon fragen, warum es der Europäischen Kommission nicht gelingt, für die Definition derselben Begriffe in unterschiedlichen Richtlinien auch dieselben Formulierungen zu verwenden, und warum man – wenn man schon abweicht – dabei nicht Schwachpunkte beseitigt. So unterstellt die Definition des Verbrauchers durch die Formulierung „*ihrer* gewerblichen [etc.] Tätigkeit“ immer noch, dass die betreffende Person eine gewerbliche etc. Tätigkeit ausübt. Außerdem wäre es sinnvoll gewesen, entsprechend Erwägungsgrund 17 der VerbrRechteRL in die Definitionen mit aufzunehmen, dass jemand, der mit einem bestimmten Vertrag sowohl private als auch unternehmerische Zwecke verfolgt, als Verbraucher anzusehen ist, sofern der gewerbliche Zweck nicht überwiegt; dies wäre durch die Einfügung des Worts „überwiegend“ in beide Definitionen problemlos möglich gewesen.[8] Nach wie vor

---

[4] Die Formulierung in Art. 3 Abs. 1 KF weicht hiervon wesentlich ab. Zum einen werden neben digitalen Inhalten digitale Dienstleistungen genannt; dies beruht auf den Änderungen der Definitionen in Art. 2 Nr. 1 DI-RLE bzw. Art. 2 Nr. 1 und 1a KF. Zum anderen wird nicht mehr positiv formuliert, worin die Gegenleistung des Verbrauchers bestehen muss, sondern es werden insofern Ausschlusstatbestände statuiert.

[5] In der KF ist die Definition gestrichen.

[6] Art. 2 Nr. 3 KF: „jede natürliche oder juristische Person, unabhängig davon, ob letztere öffentlicher oder privater Natur ist, die bei von dieser Richtlinie erfassten Verträgen für die Zwecke ihrer gewerblichen, geschäftlichen, handwerklichen oder beruflichen Tätigkeit handelt“.

[7] Der Europäische Wirtschafts- und Sozialausschuss schlägt vor, selbständige Freiberufler in die Definition des Verbrauchers aufzunehmen (ABl. EU Nr. C 264, S. 57 [66]).

[8] Für weitere Verwirrung sorgt insofern die KF, wo es in Fn. 6 zu Art. 2 Nr. 4 heißt: „In den Erwägungsgründen sollte erläutert werden, dass es den Mitgliedstaaten freisteht, die Anwendung dieser Richtlinie auf ‚Verträge mit doppeltem Zweck‘ auszudehnen, die teilweise für gewerbliche und teilweise für nichtgewerbliche Zwecke einer Person abgeschlossen werden und bei denen der gewerbliche Zweck im Gesamtzusammenhang des Vertrags nicht überwiegend ist (Formulierung in Anlehnung an Erwägungsgrund 17 der Richtlinie über die Rechte der Ver-

besteht insofern eine Diskrepanz zum Wortlaut von §§ 13, 14 Abs. 1 BGB, als nach dem BGB nur derjenige kein Verbraucher ist, der in Ausübung einer *selbständigen* beruflichen Tätigkeit handelt, während die Richtlinien nur von einer beruflichen Tätigkeit sprechen. Allerdings hat hier schon die VerbrRechteRL eine – in der Literatur kaum beachtete – Präzisierung gebracht, die auch in die neuen Entwürfe übernommen wurde. Während nämlich im französischen Text der älteren Richtlinien immer von einer „activité professionelle" die Rede war, heißt es in der VerbrRechteRL und in den beiden Entwürfen „activité libérale". Dies erfasst lediglich freiberufliche Tätigkeiten etwa als Arzt oder Anwalt, nicht aber jede Erwerbstätigkeit als Arbeitnehmer. Mit der Aufzählung der gewerblichen, geschäftlichen, handwerklichen und beruflichen Tätigkeit sollen damit wohl alle Arten von beruflicher Tätigkeit, aber nur von *selbständiger* beruflicher Tätigkeit erfasst werden. Die deutschen Definitionen sind daher meiner Ansicht nach richtlinienkonform. Letztlich muss freilich der EuGH entscheiden.

Die Kommission begründet die Beschränkung des Anwendungsbereichs auf Verbraucherverträge damit, „[v]ertragsrechtlich bedingte Probleme in den Beziehungen zwischen Unternehmen … [sollten] im Rahmen anderer … Maßnahmen analysiert werden".[9] Ein Blick auf die einzelnen Vorschriften der Richtlinie zeigt, dass ganz überwiegend ihr Anliegen nicht ist, einer strukturellen Unterlegenheit von Verbrauchern beim Abschluss von Verträgen über digitale Inhalte Rechnung zu tragen, sondern die Probleme zu regeln, die sich aus der spezifischen Eigenart digitaler Inhalte ergeben. Eine auf Verbraucherverträge beschränkte Umsetzung scheint daher nicht erstrebenswert.[10] Vielmehr sollten die zur Umsetzung erlassenen Regelungen prinzipiell alle Verträge über digitale Inhalte erfassen, unabhängig davon, ob die Parteien Verbraucher oder Unternehmer sind. Nur einzelne spezifisch verbraucherschützende Normen – insbesondere diejenige über die Beweislast (Art. 9 DI-RLE[11], siehe Erwägungsgrund 32) und diejenige über die Unabdingbarkeit (Art. 19 DI-RLE[12]) – sollten auf Verbraucherverträge beschränkt werden. Dieses Verfahren hat sich schon bei der Umsetzung der VerbrGüterKRL bewährt.

---

braucher)." Wenn es den Mitgliedstaaten nur *freisteht*, die Richtlinie auf Verträge mit doppeltem Zweck auszudehnen, bedeutet das, dass sie an sich nur anwendbar ist, wenn der Verbraucher *ausschließlich* für private Zwecke handelt. Das stünde in diametralem Gegensatz zu Erwägungsgrund 17 VerbrRechteRL, nach dem die VerbrRechteRL auf Verträge mit doppeltem Zweck anwendbar ist, wenn der gewerbliche Zweck nicht überwiegt.

[9] COM(2015) 634 final, S. 13. Kritisch *Lurger*, in: Wendehorst/Zöchling-Jud (Hrsg.), Ein neues Vertragsrecht für den digitalen Binnenmarkt?, 2016, S. 19, 21.

[10] So auch Stellungnahme des Bundesrates, BR-Drucks. 168/16 (Beschluss), Zi. 3 und – für Österreich – *Zöchling-Jud*, in: Wendehorst/Zöchling-Jud (Hrsg.), Ein neues Vertragsrecht für den digitalen Binnenmarkt?, 2016, S. 1, 16.

[11] Art. 10 KF.

[12] Art. 19 KF.

II. Sachlicher Anwendungsbereich

Der sachliche Anwendungsbereich des DI-RLE wird sowohl durch Anforderungen an die Leistung des Unternehmers als auch durch Anforderungen an die Leistung des Verbrauchers konkretisiert.

1. Anforderungen an die Leistung des Unternehmers

Die Richtlinie soll für alle Verträge gelten, auf deren Grundlage der Unternehmer dem Verbraucher digitale Inhalte[13] bereitstellt oder sich hierzu verpflichtet (Abs. 3 Abs. 1 DI-RLE).

Der Begriff der digitalen Inhalte[14] wird in Art. 2 Nr. 1 DI-RLE definiert.[15]

a) Digitale Daten

aa) Grundlegende Definition

Nach Art. 2 Nr. 1 Buchst. a DI-RLE bezeichnet der Ausdruck „digitale Inhalte" zunächst „Daten, die in digitaler Form hergestellt und bereitgestellt werden, darunter Video- und Audioinhalte, Anwendungen, digitale Spiele, sonstige Software".[16] Das Erfordernis der Herstellung in digitaler Form ist dabei unglücklich. Damit Daten in digitaler Form bereitgestellt werden können, müssen sie zwangsläufig zuvor in diese Form gebracht werden. Eigenständige Bedeutung käme dem Erfordernis der Herstellung in digitaler Form daher nur zu, wenn damit gemeint wäre, dass die Daten schon *urspünglich* in digitaler Form hergestellt worden sein müssen. Erfasst wären dann etwa nur ursprünglich digital aufgenommene Fotos, nicht dagegen Fotos, die zunächst auf einen Film aufgenommen und später durch Abfotografieren digitalisiert wurden. Eine derartige Differenzierung wäre evident sinnlos. Es ist daher anzunehmen, dass es ausschließlich auf die Bereitstellung in digitaler Form ankommt; das Erfordernis der Herstellung in digitaler Form sollte gestrichen werden.

Entscheidend ist also, ob Daten einem Verbraucher in digitaler Form bereitgestellt werden. Nach der Definition in Art. 2 Nr. 10 DI-RLE ist unter einer Bereitstellung die Verschaffung des Zugangs zu oder die Zurverfügungstellung von digitalen Inhalten zu verstehen.[17] Hierdurch wird lediglich klargestellt, dass

---

[13] Art. 3 Abs. 1 KF: digitale Inhalte oder eine digitale Dienstleistung.

[14] *Druschel/Lehmann*, CR 2016, 244 plädieren dafür, den Begriff „digitale Inhalte" durch „digitale Güter" zu ersetzen.

[15] Die KF unterscheidet zwischen digitalen Inhalten, die in Art. 2 Nr. 1 KF definiert werden, und digitalen Dienstleistungen, die in Art. 2 Nr. 1a KF definiert werden.

[16] Nach Art. 2 Nr. 1 KF bezeichnet der Begriff „digitale Inhalte" ausschließlich derartige Daten. Art. 2 Nr. 1 Buchst. b und c DI-RLE werden in der KF unter dem Begriff „digitale Dienstleistung" zusammengefasst, der in Art. 2 Nr. 1a KF definiert wird.

[17] In der KF wird diese Definition gestrichen, weil sie angesichts des überarbeiteten Wortlauts von Art. 5, der die Bereitstellung regelt, überflüssig sei. Art. 5 KF ist jedoch im Hinblick auf digitale Daten sehr unklar: Der Anbieter habe die Pflicht zur Bereitstellung erfüllt, wenn „jede Vorrichtung, die für den Zugang zu den digitalen Inhalten oder deren Herunterladen geeignet ist, von dem Verbraucher oder der physischen oder virtuellen Einrichtung, die von dem

es nicht darauf ankommt, ob der Unternehmer dafür sorgt, dass der Verbraucher die digitalen Inhalte erhält (etwa indem er sie ihm per E-Mail zusendet), oder ob der Verbraucher sich die digitalen Inhalte selbst verschafft (etwa indem er sie aus dem Internet herunterlädt). Die Bereitstellung umfasst dabei sowohl die einmalige Bereitstellung im Rahmen eines Vertrags, der – wie ein Kaufvertrag – darauf gerichtet ist, dem Verbraucher die digitalen Inhalte für immer zu verschaffen, als auch die Bereitstellung zur Nutzung während eines bestimmten Zeitraums wie bei einem Mietvertrag.[18]

bb) Dauerhafte Datenträger

Nach Art. 3 Abs. 3 DI-RLE gelten die meisten Vorschriften der Richtlinie – insbesondere diejenigen über die Vertragsmäßigkeit und die Rechtsbehelfe im Fall der Vertragswidrigkeit – für alle dauerhaften Datenträger wie USB-Sticks oder CD-ROMs mit digitalen Inhalten, wenn diese Datenträger ausschließlich der Übermittlung digitaler Inhalte dienen.[19] Dementsprechend nimmt Art. 20 Abs. 1 DI-RLE[20] solche dauerhaften Datenträger aus dem Anwendungsbereich der VerbrGüterKRL aus. Eine Bereitstellung von Daten in digitaler Form liegt also auch vor, wenn dem Verbraucher ein dauerhafter Datenträger mit darauf in digitaler Form gespeicherten Daten übermittelt wird. Dauerhafte Datenträger sind dabei nach Art. 2 Nr. 11 DI-RLE alle Medien, die es dem Verbraucher oder dem Anbieter gestatten, an ihn persönlich gerichtete Informationen derart zu speichern, dass er sie in der Folge für eine für die Zwecke der Informationen angemessene Dauer einsehen kann, und die die unveränderte Wiedergabe der gespeicherten Informationen ermöglichen. Mit der Einbeziehung dauerhafter Datenträger trägt die Richtlinie dem Postulat der Medienneutralität Rechnung: Es soll keinen Unterschied machen, ob dem Verbraucher beispielsweise eine Datei auf einer CD-ROM zur Verfügung gestellt wird, ob sie ihm per E-Mail übersandt wird oder ob er sie sich selbst herunterlädt. Die Kommission hält es angesichts der schnellen technologischen Entwicklung für nicht wünschens-

---

Verbraucher zu diesem Zweck bestimmt worden war, empfangen wurde". Mit dem unglücklichen Begriff „Vorrichtung", der an eine Sache denken lässt, ist wohl einfach „Mittel" gemeint; so steht im englischen Text „means" und im französischen „moyen". Es kommt also wohl – ebenso wie nach Art. 2 Nr. 10 DI-RLE – darauf an, ob der Verbraucher auf die Daten zugreifen kann.

[18] *Lurger*, in: Wendehorst/Zöchling-Jud (Hrsg.), Ein neues Vertragsrecht für den digitalen Binnenmarkt?, 2016, S. 19, 33 nimmt an, selbst das Vorführen eines in digitaler Form hergestellten Films im Kino sei ein „Bereitstellen". Art. 3 Abs. 5 Buchst. f KF nimmt derartige Fälle ausdrücklich aus dem Anwendungsbereich der Richtlinie aus.

[19] In Abs. 3 Abs. 3 KF heißt es dagegen „physischer Datenträger" („tangible medium", „support tangible"). Die Definition in Art. 2 Nr. 11 KF bezieht sich dagegen nach wie vor auf „dauerhafte Datenträger" („durable medium", „support durable"); sie ist im Rahmen Art. 15 Abs. 1 Buchst. c KF relevant, wo es darum geht, wie dem Verbraucher Informationen zu übermitteln sind. Was der Unterschied zwischen „physischen Datenträgern" und „dauerhaften Datenträgern" ist, bleibt unklar. Überdies entsteht im deutschen und französischen (nicht im englischen) Text eine Diskrepanz zur VerbrRechteRL, die in Bezug auf digitale Inhalte von „körperlichen Datenträgern" („support matériel") spricht (z. B. Erwägungsgrund 19, Art. 5 Abs. 2, Art. 6 Abs. 2 VerbrRechteRL).

[20] Art. 20 Abs. 1 KF.

wert, zwischen unterschiedlichen Formen der Bereitstellung digitaler Daten zu differenzieren und dadurch unterschiedliche Wettbewerbsbedingungen für Anbieter zu schaffen, die digitale Inhalte in unterschiedlicher Form bereitstellen (Erwägungsgrund 11 DI-RLE). Das überzeugt.[21]

Der Wortlaut von Art. 3 Abs. 3 DI-RLE geht allerdings über dieses Ziel hinaus. Denn danach gilt die Richtlinie nicht lediglich für „digitale Inhalte, die auf einem dauerhaften Datenträger bereitgestellt werden", sondern sie gilt für die dauerhaften Datenträger selbst.[22] Dieser Wortlaut wurde bewusst gewählt[23]: „Eine Trennung der Anwendbarkeit des Richtlinienvorschlags nur auf den digitalen Inhalt selbst und eine Anwendung des parallel veröffentlichten FA-RLE auf den dauerhaften Datenträger wäre wohl die juristisch sauberste Lösung gewesen, ist aber einem juristischen Laien nicht verständlich zu machen."[24] Darum erklärt Art. 3 Abs. 3 DI-RLE auch Art. 5 und 11 DI-RLE für nicht auf dauerhafte Datenträger anwendbar; denn insofern gilt Art. 18 VerbrRechteRL.[25]

Die Richtlinie regelt also nicht nur die Voraussetzungen und Folgen der Mangelhaftigkeit der digitalen Inhalte, sondern auch die Voraussetzungen und Folgen der Mangelhaftigkeit des dauerhaften Datenträgers. Sie ist etwa einschlägig, wenn Software auf einem USB-Stick verschafft werden soll, diese Software auch einwandfrei und problemlos lesbar ist, aber die Schutzkappe des USB-Sticks zerbrochen ist. Oder wenn Audiodateien auf einer CD geliefert werden sollen, diese Audiodateien einwandfrei sind, aber die CD einen Aufdruck trägt, der sich auf ein ganz anderes Album bezieht. Die Anwendung der Richtlinie in solchen Fällen ist auf den ersten Blick nicht verfehlt. Die Definition der Vertragsmäßigkeit in Art. 6 DI-RLE[26] ist zwar auf die digitalen Inhalte selbst zugeschnitten, lässt sich jedoch ohne weiteres auf den dauerhaften Datenträger übertragen. Auch die Regelungen über die Rechtsbehelfe in Art. 12 DI-RLE[27] lassen sich im Hinblick auf dauerhafte Datenträger anwenden. Nicht hinnehmbar wäre meiner Ansicht nach allerdings die Anwendung von Art. 9 Abs. 1 DI-RLE, der die Beweislast für die Vertragsmäßigkeit der digitalen Inhalte ohne jede zeitliche Begrenzung dem Anbieter auferlegt.[28] Die Kommission rechtfertigt dies damit,

---

21 Ablehnend Stellungnahme des Bundesrates, BR-Drucks. 168/16 (Beschluss), Zi. 22.

22 Unklar Erwägungsgrund 12 DI-RLE, wo es einerseits heißt, die Richtlinie solle „für Waren wie DVDs und CDs gelten", andererseits, sie solle „für digitale Inhalte auf einem dauerhaften Datenträger gelten".

23 In Art. 3 Abs. 3 KF heißt es, die Richtlinie gelte „auch" für physische Datenträger. Diese Einfügung diene der Präzisierung, dass die Richtlinie für den Datenträger und die digitalen Inhalte gelte.

24 *Staudenmayer*, NJW 2016, S. 2719, 2720 f.

25 *Staudenmayer*, NJW 2016, S. 2719, 2721 Fn. 8.

26 Art. 6 und 6a KF.

27 Art. 12 KF.

28 In der KF ist das Problem wesentlich abgeschwächt, weil der Anbieter nach Art. 10 Abs. 1a KF die Beweislast nur im Hinblick auf Vertragswidrigkeiten trägt, die binnen eines Jahres nach der Bereitstellung offenbar werden. Trotzdem scheint es fragwürdig, ob es sinnvoll ist, im Hinblick auf Datenträger eine doppelt so lange Frist zu statuieren wie im Hinblick auf andere Sachen, für die nach Art. 5 Abs. 3 VerbrGüterKRL eine Frist von sechs Monaten gilt.

dass digitale Inhalte nicht der Abnutzung unterliegen.[29] Dies ist schon im Hinblick auf die digitalen Inhalte selbst äußerst fragwürdig[30], im Hinblick auf dauerhafte Datenträger – also Sachen – trifft es offensichtlich nicht zu, und deshalb wäre die Anwendung von Art. 9 DI-RLE insofern verfehlt.[31] Es spricht viel dafür, dauerhafte Datenträger als solche generell aus dem Anwendungsbereich der Richtlinie auszunehmen und der Richtlinie nur die auf dauerhaften Datenträgern gespeicherten digitalen Inhalte zu unterstellen, auch wenn dies zu einer etwas gekünstelten Aufspaltung führt. Dann müsste freilich abweichend von Art. 3 Abs. 6 DI-RLE[32] geregelt werden, dass die Beendigung des Vertrags im Hinblick auf die digitalen Inhalte auch zur Beendigung im Hinblick auf den dauerhaften Datenträger führt und umgekehrt.[33]

Nach Art. 3 Abs. 3 DI-RLE gilt die Richtlinie nur dann für dauerhafte Datenträger, wenn diese *ausschließlich* der Übermittlung digitaler Inhalte dienen. Nicht der Richtlinie unterliegen also beispielsweise dauerhafte Datenträger, mit denen zwar digitale Inhalte übermittelt werden, die aber darüber hinaus eine weitere Funktion erfüllen, etwa die Speicherung eigener digitaler Inhalte des Verbrauchers ermöglichen.

cc) Beiprodukte

Wenn digitale Inhalte auf einem dauerhaften Datenträger vertrieben werden, wird häufig nicht nur dieser Datenträger allein geliefert.[34] So wird eine Musik-CD üblicherweise in einer Hülle und mit einem Booklet geliefert, einer auf einer CD-ROM vertriebenen Software kann ein gedrucktes Handbuch beiliegen. Im Hinblick auf diese Beiprodukte soll die DI-RL nicht zur Anwendung kommen. Denn nach Art. 3 Abs. 6 DI-RLE[35] gilt die Richtlinie bei Verträgen, die neben der Bereitstellung digitaler Inhalte zusätzliche Elemente enthalten, nur für die Pflichten und Abhilfen der Parteien als Verbraucher und Anbieter digitaler Inhalte.[36]

dd) Integrierte digitale Inhalte

Häufig werden digitale Inhalte nicht um ihrer selbst willen erworben, sondern weil sie die Funktion einer Sache steuern, in die sie integriert sind. So enthält etwa eine Waschmaschine Software, die den Betrieb der Maschine steuert, und eine Puppe kann einen Chip mit einer Audiodatei enthalten, die die Puppe spre-

---

[29] COM(2015) 634 final, S. 14.

[30] Siehe Stellungnahme des Bundesrates, BR-Drucks. 168/16 (Beschluss), Zi. 33.

[31] Siehe auch Stellungnahme des Bundesrates, BR-Drucks. 168/16 (Beschluss), Zi. 25.

[32] Art. 3 Abs. 6 UAbs. 2 KF ordnet an, dass sich die Auswirkungen, die die Beendigung des Elements der digitalen Inhalte oder des Elements der digitalen Dienstleistung eines Paketvertrags gemäß dieser Richtlinie auf die übrigen Elemente des Paketvertrags haben können, nach nationalem Recht richten.

[33] Siehe Stellungnahme des Bundesrates, BR-Drucks. 168/16 (Beschluss), Zi. 24.

[34] Siehe auch Stellungnahme des Bundesrates, BR-Drucks. 168/16 (Beschluss), Zi. 22.

[35] Art. 3 Abs. 6 UAbs. 1 S. 1 KF.

[36] Ebenso *Schmidt-Kessel/Erler/Grimm/Kramme*, GPR 2016, 2, 5.

chen lässt. Die betreffende Sache selbst fällt eindeutig nicht unter die Richtlinie; insbesondere stellt sie keinen dauerhaften Datenträger dar, der ausschließlich der Übermittlung digitaler Inhalte dient (Art. 3 Abs. 3 DI-RLE). Wie verhält es sich aber mit den digitalen Inhalten selbst und wie mit dem Datenträger (also etwa der in die Waschmaschine eingebauten Festplatte oder dem in die Puppe integrierten Chip), auf dem sie gespeichert sind?

Erwägungsgrund 11 DI-RLE legt nahe, dass die Richtlinie für derartige integrierte digitale Inhalte nicht gelten soll. Denn dort heißt es: „Diese Richtlinie sollte jedoch nicht für digitale Inhalte gelten, die derart in einer Ware integriert sind, dass sie fester Bestandteil der Ware sind und ihre Funktionen den Hauptfunktionen der Ware untergeordnet sind."[37] Dies ist sinnvoll, denn sonst wären viele Verträge über den Kauf von Waren in einen „Waren-Teil" und einen „Digitale-Inhalte-Teil" aufzuspalten (vgl. Art. 3 Abs. 6 DI-RLE), was für erhebliche Rechtsunsicherheit gerade bei Verbrauchern sorgen würde, weil ihre Rechte davon abhingen, ob ein Defekt auf einem Mangel der Hardware oder auf einem Mangel der in diese integrierten Software beruht.

Dem Normtext der Richtlinie lässt sich freilich ein Ausschluss von integrierten digitalen Inhalten nicht entnehmen. Insbesondere ist insofern Art. 3 Abs. 3 DI-RLE nicht einschlägig, da er nur die Anwendbarkeit auf dauerhafte Datenträger betrifft, während es hier um eine Ausnahme für bestimmte digitale Inhalte geht. Es muss darum in Art. 3 DI-RLE eine Ausnahme für integrierte digitale Inhalte aufgenommen werden.[38] Auch insofern stellen sich freilich schwierige Abgrenzungsprobleme.[39] Soll die Richtlinie etwa im Hinblick auf das Betriebs-

---

[37] Vgl. COM(2015) 635 final, S. 16 f. zum Anwendungsbereich der vorgeschlagenen „Richtlinie über bestimmte vertragsrechtliche Aspekte des Online-Warenhandels und anderer Formen des Fernabsatzes von Waren": „Diese Richtlinie gilt [nicht] für Waren wie DVDs und CDs, die digitale Inhalte in einer Art und Weise enthalten, dass die Waren lediglich Träger des digitalen Inhalts sind... Allerdings gilt sie für Waren wie Haushaltsgeräte oder Spielzeug, wenn die digitalen Inhalte so eingebettet sind, dass deren Funktion den wichtigsten Funktionen der Waren untergeordnet ist und sie integraler Bestandteil der Waren sind."

[38] Eine solche Ausnahme statuiert Art. 3 Abs. 3a KF. „Integrierte digitale Inhalte" werden in Art. 2 Nr. 12 KF definiert als „digitale Inhalte, die in einer Ware vorhanden sind und deren Fehlen die Ware unbrauchbar machen würde oder verhindern würde, dass die Ware ihre wichtigsten Funktionen erfüllen kann, und zwar unabhängig davon, ob die digitalen Inhalte zum Zeitpunkt des Abschlusses des Vertrags über die Ware vorinstalliert waren oder gemäß dem Vertrag später installiert wurden". Das Abstellen auf die „wichtigsten Funktionen" ist dabei verfehlt, denn es führt zum einen zu Rechtsunsicherheit und bewirkt zum anderen, dass digitale Inhalte, die nur eine weniger wichtige Funktion eines Produkts ermöglichen, in den Anwendungsbereich der Richtlinie fallen. In Fn. 14 zu Art. 2 Nr. 12 KF wird darauf verwiesen, dass in einem derartigen Fall die Vorschriften für Paketverträge gelten sollen. Nach Art. 3 Abs. 6 KF sollen also die Regelungen der Richtlinie nur im Hinblick auf die digitalen Inhalte zur Anwendung kommen. Damit wäre die Richtlinie nur im Hinblick auf digitale Inhalte anwendbar, die im Hinblick auf das Produkt, in das sie integriert sind, unwichtig sind. Wertungsmäßig ist kaum zu rechtfertigen, die Sonderregelungen der Richtlinie auf „unwichtige", nicht dagegen auf „wichtige" digitale Inhalte anzuwenden. Siehe auch die Erklärung Österreichs (Rat der Europäischen Union, Dokument 10080/1/17 REV 1, S. 3): Das Ziel einer einfach handhabbaren Regelung werde grundlegend verfehlt.

[39] Vgl. auch *Wendehorst*, in: Wendehorst/Zöchling-Jud (Hrsg.), Ein neues Vertragsrecht für den digitalen Binnenmarkt?, 2016, S. 45, 53; *Lurger*, in: Wendehorst/Zöchling-Jud (Hrsg.),

system eines Computers anwendbar sein, das beim Kauf schon installiert ist? Erwirbt ein Verbraucher einen Computer und unabhängig davon ein Betriebssystem, so ist die Richtlinie in Bezug auf letzteres eindeutig einschlägig. Es kann aber schwerlich einen Unterschied machen, ob das Betriebssystem beim Kauf schon installiert ist oder separat erworben wird.[40] Sinnvoll – wenn auch relativ vage – wäre eine Abgrenzung danach, ob ein separater Erwerb der digitalen Inhalte durch den Verbraucher überhaupt in Betracht kommt. Danach wäre die Richtlinie auf den Erwerb eines Betriebssystems für einen Computer auch dann anwendbar, wenn das Betriebssystem schon vorinstalliert ist; nicht würde sie dagegen die Steuerungssoftware einer Waschmaschine oder eines Autos erfassen.

Wenn die Richtlinie nicht für integrierte digitale Inhalte gilt, sollte sie logischerweise auch nicht für den dauerhaften Datenträger gelten, auf dem solche Inhalte gespeichert sind. Aus Art. 3 Abs. 3 DI-RLE ergibt sich das nicht, da auch eine in eine Waschmaschine eingebaute Festplatte oder ein in eine Puppe integrierter Chip *ausschließlich* der Übermittlung der auf ihnen gespeicherten digitalen Inhalte dienen. Der noch zu schaffende Ausnahmetatbestand im Hinblick auf integrierte digitale Inhalte sollte daher auch die entsprechenden Datenträger einbeziehen.[41]

b) Digitale Dienstleistungen

Nach Art. 2 Nr. 1 Buchst. b und c DI-RLE bezeichnet der Ausdruck „digitale Inhalte" – sprachlich wenig geglückt – auch bestimmte[42] Dienstleistungen.[43] Damit geht der Richtlinienentwurf über die Definition von „digitalen Inhalten" in der VerbrRechteRL (Art. 2 Nr. 11) und im GEKR (Art. 2 Buchst. j) hinaus.

Erfasst sind zunächst Dienstleistungen, die die Erstellung, Verarbeitung oder Speicherung von Daten in digitaler Form ermöglichen, wenn diese Daten vom Verbraucher bereitgestellt werden[44].[45] Gemeint sind damit etwa die Speicherung

---

Ein neues Vertragsrecht für den digitalen Binnenmarkt?, 2016, S. 19, 28; *Schmidt-Kessel/Erler/Grimm/Kramme*, GPR 2016, 2, 5.

[40] Art. 2 Nr. 12 KF führt dazu, dass beide Fälle unterschiedlich behandelt werden. Denn das Betriebssystem ist für das Funktionieren des Computers unabdingbar. Ist es bei Vertragsschluss schon installiert oder wird es gemäß dem Vertrag später installiert, stellt es darum integrierte digitale Inhalte i. S. v. Art. 2 Nr. 12 KF dar und fällt nach Art. 3 Abs. 3a KF nicht in den Anwendungsbereich der Richtlinie.

[41] Art. 3 Abs. 3a KF sollte entsprechend ergänzt werden.

[42] *Schmidt-Kessel/Erler/Grimm/Kramme*, GPR 2016, 54, 56 halten die in den Buchstaben b und c genannten Fälle nicht für abschließend. Das lässt sich mit dem Wortlaut schwer vereinbaren.

[43] Die KF unterscheidet dagegen zwischen digitalen Inhalten, die in Art. 2 Nr. 1 KF definiert werden, und digitalen Dienstleistungen, die in Art. 2 Nr. 1a KF definiert werden. „Digitale Dienstleistungen" sind dabei im Wesentlichen die „digitalen Inhalte" i. S. v. Art. 2 Nr. 1 Buchst. b und c DI-RLE.

[44] *Schmidt-Kessel/Erler/Grimm/Kramme*, GPR 2016, 54, 57 empfehlen die Streichung des letzten Halbsatzes.

[45] Art. 2 Nr. 1a Buchst. a KF lautet: „eine Dienstleistung, die dem Verbraucher die Erstellung, Verarbeitung oder Speicherung von Daten in digitaler Form oder den Zugang zu diesen

von Daten des Verbrauchers in einer Cloud[46] oder „Software as a Service (SaaS)", bei dem der Anbieter seinen Kunden Software in der Weise zur Verfügung stellt, dass die Kunden die Programme aufrufen und für sich arbeiten lassen können, ohne sie in irgendeiner Form auf ihren Rechner zu kopieren[47].

Die Formulierung der Norm, nach der es darauf ankommt, ob die Dienstleistung die Erstellung, Verarbeitung oder Speicherung von Daten in digitaler Form *ermöglicht*, deutet darauf hin, dass lediglich Dienstleistungen gemeint sind, die den Verbraucher in den Stand versetzen, die Erstellung, Verarbeitung oder Speicherung *selbst* durchzuführen.[48] Eine Verarbeitung durch Mitarbeiter des Anbieters – etwa die manuelle Eingabe von Daten des Verbrauchers oder die digitale Bearbeitung vom Verbraucher bereitgestellter Fotos – ist damit nicht umfasst. Dies steht allerdings in einem gewissen Spannungsverhältnis zu Art. 3 Abs. 5 Buchst. a DI-RLE[49], nach dem die Richtlinie nicht für Dienstleistungen gilt, bei denen die menschliche Intervention durch den Anbieter überwiegt und die digitale Form hauptsächlich der Übermittlung dient[50]. Denn wenn die Richtlinie ohnehin nur für Dienstleistungen gilt, die dem Verbraucher ermöglichen, Daten in digitaler Form *selbst* zu erstellen, zu verarbeiten oder zu speichern, fallen Übersetzungs- und Fachberatungsleistungen, die Art. 3 Abs. 5 Buchst. a DI-RLE nach Erwägungsgrund 19 ausnehmen soll, ohnehin nicht in den Anwendungsbereich der Richtlinie. Art. 3 Abs. 5 Buchst. a DI-RLE kommt somit nur klarstellende Bedeutung zu.

Die Formulierung „ermöglichen" ist insofern zu weit, als sie auch Dienstleistungen umfasst, bei denen keinerlei Software etc. zum Einsatz kommt, wie die Reparatur des Computers des Verbrauchers.[51] Zumindest in den Erwägungsgründen muss klargestellt werden, dass rein „analoge" Dienstleistungen nicht unter die Richtlinie fallen.

Nach Art. 2 Nr. 1 Buchst. c DI-RLE gilt die Richtlinie auch für Dienstleistungen, die die gemeinsame Nutzung der von anderen Nutzern dieser Dienstleistungen in digitaler Form bereitgestellten Daten und sonstige Interaktionen mit diesen Daten ermöglichen.[52] Hierunter fallen insbesondere soziale Netzwerke und viele Online-Spiele.

Daten ermöglicht". Nicht hierunter fallen soll die Bereitstellung des Zugangs zum Internet (Fn. 2 KF).

[46] COM(2015) 634 final, S. 13.

[47] Siehe Fn. 3 zu Art. 2 Nr. 1a KF.

[48] So ausdrücklich Art. 2 Nr. 1a Buchst. a KF: „Dienstleistung, die *dem Verbraucher* … ermöglicht".

[49] Siehe hierzu auch *Lurger*, in: Wendehorst/Zöchling-Jud (Hrsg.), Ein neues Vertragsrecht für den digitalen Binnenmarkt?, 2016, S. 19, 29.

[50] Art. 3 Abs. 5 Buchst. a KF: „die Erbringung von Dienstleistungen, wenn die digitale Form vom Anbieter lediglich genutzt wird, um die Produkte derartiger Dienstleistungen an den Verbraucher zu übermitteln".

[51] So auch Stellungnahme des Bundesrates, BR-Drucks. 168/16 (Beschluss), Zi. 15. Hieran ändert sich auch in der KF nichts.

[52] Art. 2 Nr. 1a Buchst. b KF: „Dienstleistung, die die gemeinsame Nutzung von oder jede

Art. 3 Abs. 5 DI-RLE nimmt bestimmte digitale Dienstleistungen aus dem Anwendungsbereich der Richtlinie aus.[53] Neben den schon erwähnten Dienstleistungen, bei denen die menschliche Intervention durch den Anbieter überwiegt, sind das elektronische Kommunikationsdienste i. S. v. Art. 2 Buchst. c der Richtlinie über einen gemeinsamen Rechtsrahmen für elektronische Kommunikationsnetze und -dienste[54], wie etwa E-Mail-Dienste[55], Gesundheitsdienstleistungen i. S. v. Art. 3 Buchst. a Patientenrechte-RL[56], elektronisch[57] und auf individuellen Abruf eines Empfängers erbrachte Glücksspieldienstleistungen sowie Finanzdienstleistungen.[58]

c) Digitale Produkte, die nach Spezifikationen des Verbrauchers entwickelt wurden

Nach Art. 3 Abs. 2 DI-RLE[59] gilt die Richtlinie auch für alle Verträge über die Bereitstellung von digitalen Produkten, die nach Spezifikationen des Verbrauchers entwickelt wurden.[60] An dieser Regelung gibt der Begriff des „digitalen Produkts" Rätsel auf, der sich an keiner anderen Stelle des Richtlinienvorschlags findet.[61]

Man könnte den Begriff so deuten, dass damit nur digitale Daten i. S. v. Art. 2 Nr. 1 Buchst. a DI-RLE, nicht aber digitale Dienstleistungen gemeint sind. Die Richtlinie wäre dann zwar im Hinblick auf eigens für den Verbraucher programmierte oder modifizierte Software, nicht aber im Hinblick auf eigens für den Verbraucher entwickelte, nicht standardisierte Dienstleistungen anwendbar. Doch welchen Sinn sollte eine derartige Differenzierung haben? Meiner Ansicht nach handelt es sich wohl schlicht um ein Redaktionsversehen, das sich

sonstige Interaktion mit Daten in digitaler Form ermöglicht, die vom Verbraucher und von anderen Nutzern dieser Dienstleistung hochgeladen oder erstellt wurden".

53 Kritisch *Lurger*, in: Wendehorst/Zöchling-Jud (Hrsg.), Ein neues Vertragsrecht für den digitalen Binnenmarkt?, 2016, S. 19, 29 ff.

54 Richtlinie 2002/21/EG des Europäischen Parlaments und des Rates vom 7. März 2002 über einen gemeinsamen Rechtsrahmen für elektronische Kommunikationsnetze und -dienste (Rahmenrichtlinie), ABl. EG Nr. L 108, S. 33 ff.

55 Erwägungsgrund 10 RL 2002/21/EG.

56 Richtlinie 2011/24/EU des Europäischen Parlaments und des Rates vom 9 März 2011 über die Ausübung der Patientenrechte in der grenzüberschreitenden Gesundheitsversorgung, ABl. EU Nr. L 88, S. 45 ff.

57 Art. 3 Abs. 5 Buchst. d KF: „oder mit jeder anderen Technologie, die eine Kommunikation ermöglicht".

58 Art. 3 Abs. 5 KF nennt außerdem: „die Bereitstellung digitaler Inhalte, wenn die digitalen Inhalte der Öffentlichkeit auf eine andere Weise als durch Signalübermittlung als Teil einer Darbietung oder Veranstaltung wie einer digitalen Kinovorführung zur Verfügung gestellt werden" sowie „digitale Inhalte, die gemäß der Richtlinie 2003/98/EG von öffentlichen Stellen der Mitgliedstaaten bereitgestellt werden".

59 Art. 3 Abs. 2 KF: „Diese Richtlinie gilt auch, wenn die digitalen Inhalte oder die digitale Dienstleistung nach Spezifikationen des Verbrauchers entwickelt werden bzw. wird."

60 Kritisch Stellungnahme des Bundesrates, BR-Drucks. 168/16 (Beschluss), Zi. 21.

61 In Art. 3 Abs. 2 KF ist der Begriff gestrichen und durch „die digitalen Inhalte oder die digitale Dienstleistung" ersetzt.

freilich durch alle Sprachfassungen zieht, und die digitalen Produkte sind mit den digitalen Inhalten gleichzusetzen[62]. Hierfür sprechen auch die Erwägungsgründe, wo es heißt (Erwägungsgrund 16 DI-RLE): „Daher sollte die Richtlinie für Verträge für die Entwicklung maßgeschneiderter digitaler *Inhalte* gemäß den Anforderungen des Verbrauchers gelten, auch für maßgeschneiderte Software."

Das Erfordernis der *Entwicklung* der digitalen Inhalte nach Spezifikationen des Verbrauchers lässt an eine menschliche Tätigkeit denken, wie etwa die Programmierung von Individualsoftware oder die Konzeption einer besonderen, nicht standardisierten digitalen Dienstleistung. Es besteht jedoch kein Grund, die Norm auf menschliche Tätigkeiten zu beschränken. Eine Entwicklung digitaler Inhalte nach Spezifikationen des Verbrauchers liegt auch vor, wenn die Computeranlage des Anbieters automatisch die beste Route zwischen den vom Verbraucher eingegebenen Orten ermittelt oder aus den vom Verbraucher eingegebenen Daten seine Steuerschuld ermittelt.[63]

Art. 3 Abs. 2 DI-RLE dient damit vor allem der Klarstellung. Er trägt der Tatsache Rechnung, dass bei nach Spezifikationen des Verbrauchers entwickelten digitalen Inhalten eine Abgrenzung zwischen digitalen Daten i. S. v. Art. 2 Nr. 1 Buchst. a DI-RLE und digitalen Dienstleistungen i. S. v. Art. 2 Nr. 1 Buchst. b DI-RLE problematisch sein kann: Stellt man etwa bei einem Routenplaner auf das *Ergebnis*, also die erstellte Route, ab, handelt es sich um die Bereitstellung von digitalen Daten. Stellt man dagegen auf den Vorgang des Bestimmens der Route ab, liegt eine Dienstleistung in Form der Verarbeitung der vom Verbraucher eingegebenen Daten vor. Gleichzeitig wird klargestellt, dass die Entwicklung digitaler Inhalte nach Spezifikationen des Verbrauchers kein Fall ist, in dem i. S. v. Art. 3 Abs. 5 Buchst. a DI-RLE „die menschliche Intervention durch den Anbieter überwiegt und die digitale Form hauptsächlich der Übermittlung dient".

2. *Anforderungen an die Leistung des Verbrauchers*

Die Richtlinie gilt nach Art. 3 Abs. 1 DI-RLE nur für Verträge, auf deren Grundlage der Verbraucher als Gegenleistung für die digitalen Inhalte einen Preis zahlt oder aktiv eine andere Gegenleistung als Geld in Form personenbezogener oder anderer Daten erbringt.[64]

[62] So auch *Lurger*, in: Wendehorst/Zöchling-Jud (Hrsg.), Ein neues Vertragsrecht für den digitalen Binnenmarkt?, 2016, S. 19, 22.

[63] So auch *Spindler*, MMR 2016, 147, 148. Anders Stellungnahme des Bundesrates, BR-Drucks. 168/16 (Beschluss), Zi. 21.

[64] Art. 3 Abs. 1 UAbs. 2 KF lautet: „[Die Richtlinie] gilt nicht für die Bereitstellung digitaler Inhalte oder einer digitalen Dienstleistung, für die der Verbraucher keinen Preis zahlt oder sich zu keiner Zahlung eines Preises verpflichtet und dem Anbieter keine personenbezogenen Daten bereitstellt oder sich nicht zur Bereitstellung personenbezogener Daten verpflichtet." Richtigerweise müsste es jeweils „und" statt der letzten beiden „oder" heißen.

a) Preis

Ein Preis ist nach Art. 2 Nr. 6 DI-RLE Geld, das im Austausch für bereitgestellte digitale Inhalte geschuldet wird.[65]

b) Gegenleistung in Form von Daten

Dass die Richtlinie auch eine Gegenleistung in Form von Daten erfasst[66], begründet die Kommission wie folgt (Erwägungsgrund 13 DI-RLE): „In der digitalen Wirtschaft haben Informationen über Einzelpersonen für Marktteilnehmer immer mehr einen mit Geld vergleichbaren Wert. Digitale Inhalte werden häufig nicht gegen Zahlung eines Preises bereitgestellt, sondern gegen Erbringung einer anderen Leistung als Geld, d. h. durch Gewährung von Zugang zu personenbezogenen oder sonstigen Daten. Diese besonderen Geschäftsmodelle treten in verschiedenen Formen in einem erheblichen Teil des Marktes auf. Die Einführung einer Differenzierung nach Art der Gegenleistung würde zu einer diskriminierenden Unterscheidung zwischen verschiedenen Geschäftsmodellen führen und Unternehmen einen ungerechtfertigten Anreiz bieten, digitale Inhalte vermehrt gegen Daten anzubieten. Es sollten gleiche Wettbewerbsbedingungen sichergestellt werden."

Das ist plausibel.[67] Die eigentliche Herausforderung liegt darin, festzulegen, wann eine „Gewährung von Daten" ein Entgelt darstellt[68], denn häufig erlangt der Anbieter digitaler Inhalte im Zuge der Vertragsabwicklung zwangsläufig Daten des Verbrauchers, etwa dessen IP-Adresse, dessen E-Mail-Adresse, an die er digitale Daten senden soll, oder Start- und Zielpunkt einer zu berechnenden Route. Die Richtlinie sieht ausdrücklich auch eine Gegenleistung in Form von nicht-personenbezogenen Daten vor und geht damit im Ausgangspunkt sehr weit.[69] Die erforderliche Einschränkung nimmt sie anhand einer positiven Voraussetzung und eines Ausschlusstatbestands vor.

Nach Art. 3 Abs. 1 DI-RLE muss der Verbraucher eine Gegenleistung in Form von Daten „aktiv erbringen".[70] Damit ist gemeint, dass der Verbraucher dem Anbieter die Daten „beispielsweise im Wege einer individuellen Registrierung oder auf der Grundlage eines Vertrags, der den Zugang zu Fotos des Ver-

---

[65] Art. 2 Nr. 6 KF: „Geld oder eine digitale Darstellung eines Werts, einschließlich einer virtuellen Währung, das bzw. die im Austausch für die Bereitstellung von digitalen Inhalten oder einer digitalen Dienstleistung geschuldet wird". Zu den digitalen Darstellungen eines Werts gehören außer virtuellen Währungen elektronische Gutscheine und Coupons.

[66] *Staudenmayer*, NJW 2016, 2719, 2720 sieht darin den „wohl wesentlichste[n] Fortschritt" durch die Richtlinie.

[67] Kritisch dagegen *Maitz-Straßnig*, in: Wendehorst/Zöchling-Jud (Hrsg.), Ein neues Vertragsrecht für den digitalen Binnenmarkt?, 2016, S. 181, 198.

[68] Auch der Bundesrat hält eine grundlegende Klärung des Problems „Daten als Gegenleistung" für nötig (Stellungnahme des Bundesrates, BR-Drucks. 168/16 [Beschluss], Zi. 17).

[69] Anders Art. 3 Abs. 1 UAbs. 2 KF, der nur personenbezogene Daten als taugliche Gegenleistung ansieht und sie in Art. 2 Nr. 6a KF definiert als personenbezogene Daten i. S. v. Art. 4 Nr. 1 DS-GVO. Dafür verzichtet die KF auf das Erfordernis des aktiven Erbringens.

[70] Nach Art. 3 Abs. 1 UAbs. 2 KF kommt es hierauf nicht an.

brauchers gestattet, aktiv zur Verfügung stellt". Nach Erwägungsgrund 14 sollen Fälle ausgeschlossen werden, „in denen der Anbieter Informationen einschließlich personenbezogener Daten wie z. B. die IP-Adresse oder sonstige automatisch generierte Informationen wie durch Cookies gesammelte und übermittelte Informationen erhebt, ohne dass der Verbraucher diese aktiv bereitstellt, wobei das Akzeptieren von Cookies durch den Verbraucher nicht als aktives Bereitstellen von Informationen zählt".[71] Keine Gegenleistung soll auch darin liegen, dass der Verbraucher Zeit aufwenden muss, um Werbung anzusehen, bevor er auf digitale Inhalte zugreifen kann.[72] Welche Wertung die Unterscheidung zwischen aktiv vom Verbraucher bereitgestellten Daten einerseits und vom Anbieter erhobenen Daten andererseits tragen soll, ist nicht klar.[73] Der zuständige Referatsleiter bei der Europäischen Kommission verweist insofern darauf, dass der Richtlinienvorschlag „erkennbar nicht die Absicht [habe], das gesamte Internet zu regeln".[74] Jedenfalls ist der Verbraucher bei automatisch erhobenen Daten nicht weniger schutzwürdig als bei von ihm aktiv bereitgestellten – im Gegenteil weiß er bei letzteren zumindest, dass der Anbieter über die betreffenden Daten verfügt, und kann die damit verbundenen Gefahren abschätzen.

Den Ausschlusstatbestand statuiert Art. 3 Abs. 4 DI-RLE.[75] Danach gilt die Richtlinie „nicht für digitale Inhalte, die gegen eine andere Leistung als Geld bereitgestellt werden, soweit der Anbieter vom Verbraucher personenbezogene Daten verlangt, deren Verarbeitung für die Erfüllung des Vertrags oder die Erfüllung rechtlicher Anforderungen unbedingt erforderlich ist, und er diese Daten nicht in einer mit diesem Zweck nicht zu vereinbarenden Weise weiterverarbeitet. Sie gilt gleichfalls nicht für alle anderen Daten, die der Anbieter vom Verbraucher verlangt, um sicherzustellen, dass die digitalen Inhalte vertragsgemäß sind oder den rechtlichen Anforderungen entsprechen; diese Daten dürfen vom Anbieter nicht für kommerzielle Zwecke verwendet werden."[76] Dadurch wer-

---

[71] Unklar insofern Fn. 15 zu Art. 3 Abs. 1 UAbs. 2 KF: „Diese Richtlinie sollte nicht in Fällen gelten, in denen der Anbieter lediglich Metadaten, die IP-Adresse oder sonstige automatisch generierte Informationen wie durch Cookies gesammelte und übermittelte Informationen erhebt, außer wenn dies nach nationalem Recht als ein Vertrag gilt." Wie das Sammeln von Daten nach nationalem Recht „als Vertrag gelten" kann, ist nicht nachvollziehbar.

[72] Erwägungsgrund 14 DI-RLE; *Staudenmayer*, NJW 2016, 2719, 2720.

[73] Ablehnend auch Stellungnahme des Bundesrates, BR-Drucks. 168/16 (Beschluss), Zi. 20; *Graf v. Westphalen/Wendehorst*, BB 2016, 2179, 2180 f.; *Lurger*, in: Wendehorst/Zöchling-Jud (Hrsg.), Ein neues Vertragsrecht für den digitalen Binnenmarkt?, 2016, S. 19, 35; *Pirker-Hörmann*, in: Wendehorst/Zöchling-Jud (Hrsg.), Ein neues Vertragsrecht für den digitalen Binnenmarkt?, 2016, S. 175, 177; *Schmidt-Kessel/Erler/Grimm/Kramme*, GPR 2016, 54, 59; *Spindler*, MMR 2016, 147, 149 f.

[74] *Staudenmayer*, NJW 2016, 2719, 2720.

[75] Art. 3 Abs. 1 UAbs. 3 KF lautet: „[Die Richtlinie] gilt auch nicht, wenn personenbezogene Daten vom Anbieter ausschließlich für die Bereitstellung der digitalen Inhalte oder der digitalen Dienstleistung verarbeitet werden, oder damit der Anbieter rechtliche Anforderungen erfüllt, denen er unterliegt, und er die Daten nicht zu anderen Zwecken verarbeitet."

[76] Nach der Stellungnahme des Europäischen Wirtschafts- und Sozialausschusses, ABl. EU Nr. C 264, S. 57, 67 soll der Unternehmer beweisen müssen, dass die erhobenen Daten nur zur Erfüllung des Vertrags oder zur Erfüllung gesetzlicher Verpflichtungen dienen. Der deutsche

den verschiedene Kategorien vermischt[77]: Teils wird darauf abgestellt, welche Daten der Anbieter vom Verbraucher *verlangt*, teils darauf, was der Anbieter mit den Daten des Verbrauchers *tut*, und teils wird geregelt, was der Anbieter mit den Daten des Verbrauchers tun *darf*[78]. Das ist nicht sachgerecht. Es geht darum, festzulegen, für welche Verträge die Richtlinie gilt. Eine Regelung, die festlegt, was der Anbieter *darf*, liegt deswegen von vornherein neben der Sache; insofern sind die Regelungen des Datenschutzrechts einschlägig, die nach Art. 3 Abs. 8 DI-RLE von der Richtlinie unberührt bleiben. Nicht ankommen kann es auch darauf, was der Anbieter vom Verbraucher *verlangt* oder was er mit den Daten des Verbrauchers tatsächlich *tut*[79]. Ob ein Vertrag unter die Richtlinie fällt, kann sich allein nach dem *Inhalt* dieses Vertrags richten. Ausschlaggebend müssen deshalb die vertraglichen Rechte und Pflichten der Parteien sein, also welche Daten der Verbraucher dem Anbieter nach dem Vertragsinhalt zur Verfügung stellen *muss* und was der Anbieter nach dem Vertragsinhalt mit diesen Daten tun *darf*.[80] Insofern kann man durchaus die Wertungen von Art. 3 Abs. 4 DI-RLE aufnehmen: Eine Gegenleistung des Verbrauchers liegt dann *nicht* vor, wenn *erstens* der Verbraucher lediglich Daten eingeben muss, deren Verarbeitung unbedingt erforderlich ist, damit der Anbieter den Vertrag erfüllen[81], rechtlichen Anforderungen nachkommen oder sicherstellen kann, dass die digitalen Inhalte vertragsgemäß sind oder den rechtlichen Anforderungen entsprechen, und wenn *zweitens* sich der Anbieter an den von ihm gesammelten oder vom Verbraucher eingegebenen Daten nicht mehr Rechte einräumen lässt, als für die Erfüllung dieser Zwecke nötig ist. Um zu entscheiden, welche Rechte des Anbieters insofern erforderlich sind, kann man auf Wertungen des Datenschutzrechts zurückgreifen: Ein bestimmtes Recht ist dann nicht erforderlich, wenn es dem Anbieter nicht von Gesetzes wegen eingeräumt, sondern von einer datenschutzrechtlichen Einwilligung des Verbrauchers abhängig gemacht wird (siehe Art. 6 Abs. 1 UAbs. 1 Buchst. b DS-GVO).[82] Auf die von keiner plausiblen Wertung

und – in geringerem Ausmaß – der englische Text der Stellungnahme sind insofern misslungen; richtig ist die französische Fassung.

[77] Kritisch auch *Lurger*, in: Wendehorst/Zöchling-Jud (Hrsg.), Ein neues Vertragsrecht für den digitalen Binnenmarkt?, 2016, S. 19, 36 f.

[78] Letzteres ist eine Besonderheit des deutschen Texts; im englischen und französischen Text wird allein darauf abgestellt, ob der Anbieter die Daten (tatsächlich) für kommerzielle Zwecke verwendet.

[79] Dies berücksichtigt der Alternativvorschlag von *Graf v. Westphalen/Wendehorst*, BB 2016, 2179, 2184 nicht.

[80] Deshalb ist auch Art. 3 Abs. 1 UAbs. 3 KF verfehlt.

[81] Siehe zu dem Fall, dass der Anbieter sein eigenes Leistungsversprechen nur zu dem Zweck erweitert, den Ausnahmetatbestand zu eröffnen, *Graf v. Westphalen/Wendehorst*, BB 2016, 2179, 2182 f.

[82] So auch Stellungnahme des Bundesrates, BR-Drucks. 168/16 (Beschluss), Zi. 19; *Langhanke/Schmidt-Kessel*, EuCML 2015, 218, 220; *Schmidt-Kessel/Erler/Grimm/Kramme*, GPR 2016, 54, 58 f. Ablehnend *Graf v. Westphalen/Wendehorst*, BB 2016, 2179, 2181 ff.; doch soweit das Datenschutzrecht keinen ausreichenden Schutz des Verbrauchers gewährleistet, sind diese Lücken innerhalb des Datenschutzrechts zu schließen.

getragene Unterscheidung zwischen aktiv vom Verbraucher zur Verfügung gestellten und vom Anbieter erhobenen Daten kann dann verzichtet werden.[83]

Nach Art. 3 Abs. 8 DI-RLE bleibt der Schutz natürlicher Personen bei der Verarbeitung personenbezogener Daten von der Richtlinie unberührt. Wenn sich der Verbraucher zu einer Gegenleistung in Form personenbezogener Daten verpflichtet hat, kann er also trotzdem seine Einwilligung in die Verarbeitung seiner personenbezogenen Daten jederzeit gemäß Art. 7 Abs. 3 S. 1 DS-GVO widerrufen.[84] Welche Auswirkungen ein solcher Widerruf auf den Vertrag hat, regelt die Richtlinie nicht; insofern ist das nationale Recht einschlägig.[85]

c) *Unentgeltliche Verträge*

Nicht zur Anwendung kommt die Richtlinie auf unentgeltliche Verträge über digitale Inhalte, also Verträge, bei denen der Verbraucher weder einen Preis zahlt noch ein Entgelt in Form von Daten leistet. Derartige Verträge, bei denen sich der Anbieter über Werbeeinnahmen finanziert, sind häufig (vgl. Erwägungsgrund 14 DI-RLE). Ob es sachgerecht ist, sie generell aus dem Anwendungsbereich der Richtlinie auszunehmen, bezweifle ich. Natürlich lässt sich gut vertreten, es sei nicht angemessen, den Anbieter unentgeltlicher digitaler Inhalte im Fall von deren Mangelhaftigkeit zur Nacherfüllung zu verpflichten (Art. 12 Abs. 1 und 2 DI-RLE[86]). Anders sieht es dagegen schon aus, wenn die Mangelhaftigkeit unentgeltlich angebotener digitaler Inhalte dazu führt, dass die digitale Umgebung (Art. 2 Nr. 8 DI-RLE[87]) des Verbrauchers geschädigt wird, etwa durch einen Virus. Es leuchtet nicht ein, dann dem Verbraucher keinen Schadensersatzanspruch nach Maßgabe von Art. 14 DI-RLE zu gewähren.[88] Noch dringender scheint das Bedürfnis dafür, auch bei unentgeltlichen Verträgen vorzuschreiben, wie nach der Beendigung des Vertrags mit den Daten des Verbrauchers zu verfahren ist (Art. 16 Abs. 4 Buchst. a und b DI-RLE[89]). Das Argument, es bedürfe insofern keiner Regelung auf europäischer Ebene, weil die Verbraucher durch Regelungen der Mitgliedstaaten ausreichend geschützt werden könnten, verfängt nicht, da es gleichermaßen für entgeltliche Verträge gelten

---

[83] Nach dem Alternativvorschlag von *Graf v. Westphalen/Wendehorst*, BB 2016, 2179, 2184 soll es darauf ankommen, ob die Daten des Verbrauchers benutzt werden „for purposes that are in the supplier's commercial interest". Diese Abgrenzung ist viel zu vage. Nimmt man sie ernst, liegt Entgeltlichkeit auch dann vor, wenn der Anbieter die Daten lediglich verwendet, um eine – im Übrigen unentgeltliche – Leistung an den Verbraucher zu erbringen, wenn die Erbringung dieser Leistung aber zu wirtschaftlichen Zwecken erfolgt, etwa um den Verbraucher auf die Internet-Seite des Anbieters zu locken und zum Bezug entgeltlicher Leistungen des Anbieters zu veranlassen oder durch Inserate Dritter auf dieser Seite Werbeeinnahmen zu erzielen.

[84] So ausdrücklich Fn. 29 zu Art. 3 Abs. 8 KF.

[85] So auch Fn. 30 zu Art. 3 Abs. 8 KF.

[86] Art. 12 Abs. 1 und 2 KF.

[87] Art. 2 Nr. 8 KF.

[88] Die KF sieht keinen Schadensersatzanspruch vor, sondern überlässt die Regelung des Schadensersatzes dem einzelstaatlichen Recht; siehe Art. 3 Abs. 9 KF sowie Fn. 66 zu Art. 14 KF.

[89] Art. 13a Abs. 3 KF.

würde. Man sollte daher unentgeltliche Verträge nicht generell aus der Richtlinie ausklammern, sondern für sie nur – wo nötig – Sonderregeln vorsehen.[90]

B. Harmonisierungsintensität

Die Richtlinie ist vollharmonisierend (Art. 4 DI-RLE[91]), freilich nur innerhalb ihres Regelungsbereichs. Nach Art. 3 Abs. 9 DI-RLE[92] lässt sie das allgemeine nationale Vertragsrecht wie die Bestimmungen über das Zustandekommen, die Wirksamkeit oder die Wirkungen eines Vertrags unberührt, soweit diese Aspekte in der Richtlinie nicht geregelt werden. Dem nationalen Recht überlassen bleibt damit insbesondere die Entscheidung, ob überhaupt ein Vertrag vorliegt oder nur ein Gefälligkeitsverhältnis; sie kann, wenn der Verbraucher keine Gegenleistung in Geld erbringt, schwierig sein. Ferner soll das nationale Recht festlegen, ob ein Vertrag über die Bereitstellung digitaler Inhalte als Kaufvertrag, Dienstleistungsvertrag, Mietvertrag oder Vertrag *sui generis* anzusehen ist.[93] Schließlich kann das nationale Recht die Verjährung regeln (Erwägungsgrund 43 DI-RLE). Rechte und Pflichten im Rahmen des Urheberrechts und sonstiger Rechte des geistigen Eigentums werden von der Richtlinie nicht berührt (Erwägungsgrund 21 DI-RLE). Im Einzelnen stellen sich zahlreiche Abgrenzungsprobleme, die sinnvoll nur im Zusammenhang mit den entsprechenden Regelungen der Richtlinie erörtert werden können.[94] Ich will mich daher nur auf ein Beispiel beschränken: Art. 14 DI-RLE sieht vor, dass der Anbieter für eine wirtschaftliche Schädigung der digitalen Umgebung des Verbrauchers haftet, also der Hardware des Verbrauchers, seiner digitalen Inhalte und seiner Netzverbindung (Art. 2 Nr. 8 DI-RLE).[95] Regelt die Richtlinie damit Schadensersatzansprüche abschließend, so dass das nationale Recht beispielsweise keinen Schadensersatzanspruch für den Fall vorsehen darf, dass der Verbraucher einen Vermögensschaden erleidet, weil er wegen eines Fehlers des erworbenen Routenplaners einen wichtigen Termin versäumt? Wohl nicht[96] – aber eine Klarstellung wäre hilfreich.

---

90 Der Alternativvorschlag von *Graf v. Westphalen/Wendehorst*, BB 2016, 2179, 2184 sieht lediglich eine Vermutung der Entgeltlichkeit vor.

91 Art. 4 KF.

92 Art. 3 Abs. 9 KF.

93 COM(2015) 634 final, S. 7.

94 Siehe auch Erwägungsgründe 9 und 10 DI-RLE.

95 Anders die KF, siehe Fn. 88.

96 So auch *Graf v. Westphalen*, BB 2016, 1411, 1414; *Spindler*, MMR 2016, 219, 222; *Staudenmayer*, NJW 2016, 2719, 2722 f. Zweifelnd Stellungnahme des Bundesrates, BR-Drucks. 168/16 (Beschluss), Zi. 46 f.; wohl auch *Schmidt-Kessel/Erler/Grimm/Kramme*, GPR 2016, 54, 69. Kritisch auch *Maitz-Straßnig*, in: Wendehorst/Zöchling-Jud (Hrsg.), Ein neues Vertragsrecht für den digitalen Binnenmarkt?, 2016, S. 181, 197.

C. Bilanz

Die Untersuchung des Anwendungsbereichs der Richtlinie hat etliche Unklarheiten und wenig überzeugende Wertungen ergeben.

Misslungen scheint mir insbesondere die Einbeziehung von Dienstleistungen. Als einzige Begründung findet sich: „So ist beispielsweise die Definition des Begriffs ‚digitale Inhalte' bewusst weit gefasst, um zukünftige technische Weiterentwicklungen zu berücksichtigen, Wettbewerbsverzerrungen zu vermeiden und gleiche Ausgangsbedingungen zu schaffen."[97] Das ist etwas karg. Besondere Regelungen für digitale Dienstleistungen sind nur sinnvoll, wenn es insofern etwas Besonderes zu regeln gibt. Das sucht man jedoch im Richtlinienentwurf vergebens. Bei der Lektüre der Richtlinienbestimmungen zeigt sich, dass sie im Hinblick auf digitale Daten (Art. 2 Nr. 1 Buchst. a DI-RLE) formuliert wurden; es findet sich keine einzige Regelung, die speziell auf digitale Dienstleistungen zugeschnitten ist.[98] Zwar lassen sich die Regelungen ohne weiteres auf digitale Dienstleistungen anwenden, wenn man bereit ist, sich vom normalen Wortlautverständnis zu lösen und beispielsweise unter der „Bereitstellung digitaler Inhalte" auch die Erbringung einer digitalen Dienstleistung und unter der „Herstellung des vertragsgemäßen Zustands der digitalen Inhalte" auch die Nachbesserung einer Dienstleistung zu verstehen. Besondere Hilfe bei der Bewältigung von rechtlichen Problemen, die digitale Dienstleistungen aufwerfen, leisten die Vorschriften jedoch nicht. Wie wenig die Richtlinienbestimmungen auf Dienstleistungen zugeschnitten sind, zeigen insbesondere die Regelungen über die Beendigung von Verträgen. Art. 13 Abs. 4 DI-RLE[99] legt fest, dass der Verbraucher für die Nutzung der digitalen Inhalte vor Beendigung des Vertrags nicht zahlungspflichtig ist. Der Unternehmer, der nicht vertragsgemäß geleistet hat, geht also normalerweise völlig leer aus, obwohl seine Leistung – auch unter Berücksichtigung der Erheblichkeitsschwelle des Art. 12 Abs. 5 DI-RLE[100] – trotz ihrer Vertragswidrigkeit für den Verbraucher von einigem Wert gewesen sein kann. Das lässt sich im Hinblick auf digitale Daten noch rechtfertigen, weil diese unbegrenzt und praktisch kostenlos kopierbar sind und daher dem Unternehmer dadurch, dass er die Daten bis zur Beendigung des Vertrags dem Verbraucher zur Verfügung gestellt hat, keine nennenswerte Einbuße entstanden ist. In Bezug auf digitale Dienstleistungen, die Rechnerkapazität des Unternehmers beansprucht haben und mit nicht unerheblicher Arbeitsleistung verbunden gewesen sein können, ist die Regelung dagegen schwerlich angemessen.

---

[97] COM(2015) 634 final, S. 13.

[98] Das gilt ebenso für die KF. Der Begriff der „digitalen Dienstleistung" erscheint stets im Begriffspaar „digitale Inhalte oder digitale Dienstleistung". Lediglich im Rahmen von Art. 5 Abs. 2 KF wird ansatzweise zwischen beidem unterschieden.

[99] Art. 13b Abs. 3 KF.

[100] Insofern ist von Bedeutung, dass Art. 12 Abs. 5 DI-RLE nicht eine wesentliche Beeinträchtigung von Leistungsmerkmalen, sondern nur eine Beeinträchtigung wesentlicher Leistungsmerkmale verlangt. Anders Art. 12 Abs. 5 KF, der darauf abstellt, ob die Vertragswidrigkeit geringfügig ist.

Die wenig geglückte Einbeziehung von Dienstleistungen[101] exemplifiziert das zentrale Problem der Richtlinie: Sie regelt Rechtsfragen im Hinblick auf ein bestimmtes Gut, nämlich digitale Inhalte. Ein Vertrag wird aber nicht dadurch geprägt, auf welches Gut er sich bezieht, sondern dadurch, was mit diesem Gut geschehen soll.[102] Der Regelungsansatz der Richtlinie führt einerseits dazu, dass für Verträge über die dauernde und über die zeitweilige Überlassung digitaler Daten sowie Verträge über digitale Dienstleistungen im Kern dieselben Regelungen gelten, obwohl sie ganz unterschiedliche Rechtsprobleme aufwerfen. Andererseits wird dasselbe Problem verschiedenen Regelungen unterworfen, je nachdem, ob es sich in Bezug auf digitale Inhalte oder in Bezug auf andere Güter stellt.

Nun ist es für den Europäischen Gesetzgeber durchaus legitim, Sonderregelungen in Bezug auf ein bestimmtes Gut zu schaffen, wenn er in Bezug auf dieses Gut besonderen Regelungsbedarf sieht. Man kann ihm schwerlich vorwerfen, dass er Regelungen nur in Bezug auf langfristige Verträge über digitale Inhalte und nicht in Bezug auf alle Mietverträge erlässt. Bei näherem Zusehen ist allerdings doch sehr zu bezweifeln, ob der Ansatz der Kommission sinnvoll ist. Die starke Fragmentierung und fehlende Systematisierung des Unionsrechts ist schon jetzt ein großes Problem. Sie wird durch Richtlinien, die sich auf Verträge über bestimmte Güter beziehen, noch erheblich vorangetrieben. Das mag in Kauf zu nehmen sein, wenn dadurch akute Sachprobleme gelöst werden. Das ist aber bei den Regelungen des Richtlinienvorschlags ganz überwiegend nicht so. Nimmt man sie genauer unter die Lupe, so findet man nur relativ wenige Bestimmungen, die für digitale Inhalte spezifische Probleme betreffen. Die meisten Normen beschränken sich darauf, schon anderswo geregelte Fragen terminologisch auf digitale Inhalte zuzuschneiden; das gilt insbesondere für den Mangelbegriff und die Rechtsbehelfe des Verbrauchers. Da sich die Regelungen im Richtlinienvorschlag in vielen Details aber doch von denen in anderen Richtlinien unterscheiden, gewinnt die Definition des Anwendungsbereichs der einzelnen Richtlinien große Bedeutung. Sie ist im Richtlinienvorschlag nicht gelungen, weil viele Fragen nicht hinreichend präzise geregelt sind und es zu Differenzierungen kommt, die „einem juristischen Laien nicht verständlich zu machen“ sind[103]. Nur einige Beispiele: Der Kauf einer CD unterliegt anderen Regeln als der Kauf einer Langspielplatte. Ist die CD selbst fehlerhaft, gelten andere Normen, als wenn das beiliegende Booklet fehlerhaft ist. Kaufe ich ein Nachschlagewerk, das inhaltliche Fehler aufweist, so richten sich die einschlägigen Normen danach, ob ich das Werk in Buchform oder auf einer CD-ROM kaufe.[104] Die Energien derjenigen, die mit den Richtlinien umzugehen haben, werden damit

---

101 Ebenso *Schmidt-Kessel/Erler/Grimm/Kramme*, GPR 2016, 54, 55.

102 Ebenso *Schmidt-Kessel*, K & R 2014, 475, 475 u. 477 ff.; ähnlich *Stieper*, FS Helmut Köhler, 2014, 729, 742.

103 Siehe Fn. 24.

104 Kritisch auch die Stellungnahme des Bundesrates, BR-Drucks. 168/16 (Beschluss), Zi. 4 bis 8.

in eine gänzlich unproduktive Richtung gedrängt: Man beschäftigt sich nicht damit, was die angemessene Lösung für ein Problem ist, das sich im Wirtschaftsleben stellt, sondern brütet vor allem darüber nach, wie verschiedene inhaltlich ähnliche, aber eben nicht identische Regelungen voneinander abzugrenzen sind.

Sinnvoll wäre deswegen, keine Richtlinie über digitale Inhalte zu erlassen, sondern eine allgemeine Richtlinie nach Art der VerbrGüterKRL, die die dauernde und zeitweise Überlassung von beweglichen Gütern und digitalen Inhalten regelt und nur an wenigen Stellen – da, wo die Spezifika digitaler Inhalte dies erfordern – Sonderregeln für sie enthält. Digitale Dienstleistungen sollten völlig aus dem Regelungsbereich ausgenommen werden. Verträge über die Speicherung von Daten in einer Cloud oder über „Software as a Service" spielen zwar eine wichtige Rolle und können zu erheblichen Rechtsproblemen führen. Die Bestimmungen des Richtlinienvorschlags tragen aber – wie ausgeführt – zur Lösung dieser Rechtsprobleme nichts bei. Gleichzeitig führt die Einbeziehung von Dienstleistungen zu schwierigen Abgrenzungsproblemen. Der Ertrag einer Einbeziehung ist darum deutlich niedriger als der Aufwand, den sie verursacht.

Dass es europarechtlich zu einer solchen „Radikalkur" kommen wird, ist freilich mehr als unwahrscheinlich. Der deutsche Gesetzgeber wird daher gezwungen sein, die für digitale Inhalte geltende Richtlinie umzusetzen. Eine „1:1-Umsetzung", etwa in einem eigenen Titel des Besonderen Schuldrechts „Verträge über digitale Inhalte", wäre meiner Ansicht nach eine Katastrophe. Sie wäre der Einstieg in ein BGB, das nicht mehr zwischen Kauf-, Miet-, Dienst- und Werkverträgen unterscheidet, sondern zwischen Verträgen in Bezug auf Lebensmittel, Autos und Haustiere. Sollte der Vorschlag der DI-RL in Kraft treten, ist daher vom deutschen Gesetzgeber Mut zur kreativen Umsetzung gefordert, zu einer Umsetzung, bei der nicht ängstlich darauf geachtet wird, jeden Halbsatz der Richtlinie abzubilden. Vielmehr sollte man die existierenden Normen daraufhin untersuchen, ob sie der Sache nach Regelungen enthalten, die zwar nicht speziell auf digitale Inhalte bezogen sind, aber insofern zu denselben Resultaten führen wie die Normen der Richtlinie. Soweit das der Fall ist, sollte man auf eine besondere Umsetzung verzichten; ich könnte mir etwa vorstellen, dass sich besondere Regelungen zum Mangelbegriff weitestgehend erübrigen. Nur wenn sich im BGB keine entsprechenden Regelungen finden – wie etwa zur Löschung von Daten im Fall der Beendigung des Vertrags – sollte man *punktuell* und *jeweils an der entsprechenden Stelle* Sonderregeln schaffen. Wie heißt es in Art. 288 AEUV: „Die Richtlinie ... überlässt ... den innerstaatlichen Stellen die Wahl der Form und der Mittel." Möge der deutsche Gesetzgeber diese Wahlfreiheit nutzen!

Diskussionsbericht

Zu den Vorträgen von *Thomas Riehm* und *Florian Faust*

Diskussionsleitung *Thomas Pfeiffer*

I. In der von *Pfeiffer* geleiteten Diskussion stellte zunächst *Zöchling-Jud* fest, dass die in *Riehms* Beitrag problematisierte Regelung, nach der vorvertragliche Erklärungen Vertragsbestandteile würden, schlicht aus der Verbraucherrechte-Richtlinie (Richtlinie 2011/83/EU) übernommen worden sei. Sie war der Ansicht, dass dahinter keine weiteren Überlegungen stünden. Dieser Meinung war auch *Kaiser*, die in diesem Zusammenhang darauf hinwies, dass man die Verbraucherrechte-Richtlinie für die Beurteilung insgesamt mit in den Fokus einbeziehen müsse. Bereits nach Art. 6 Abs. 5 Verbraucherrechte-Richtlinie würden die dort in Art. 6 Abs. 1 genannten Informationen zu Vertragsbestandteilen erklärt und damit in den Sachmangelbegriff gehoben. *Riehm* stimmte zu, dass die Regelung bereits in der Verbraucherrechte-Richtlinie enthalten sei und erklärte, dass er eine entsprechende Regelung jedoch in beiden Richtlinien für überflüssig halte. Da die Regelung nur unnötige Unsicherheiten schaffe, plädierte *Riehm* dafür, die Regelung zu den vorvertraglichen Informationen jedenfalls aus der Online-Richtlinie zu streichen.

II. Eine weitere Anmerkung von *Zöchling-Jud* betraf die von *Riehm* angesprochene Konkurrenz zwischen Gewährleistungsrecht, Irrtumsrecht und Schadensersatzrecht. *Zöchling-Jud* wies zunächst auf die bisherige Rechtslage in Österreich hin, wo die Rechtsbehelfe – anders als in Deutschland – parallel nebeneinander stünden und man frei wählen könne, ob man sich auf den Irrtum, die Gewährleistung oder die c. i. c. stütze. Vor diesem Hintergrund, so *Zöchling-Jud*, quäle man sich in Österreich schon länger mit der Frage, wie sich diesbezüglich eine Vollharmonisierung des Gewährleistungsrechts auswirken würde. Die Abgrenzung von *Riehm*, nach der vollharmonisierende Gewährleistungsregeln zwar eine schadensersatzrechtliche Vertragsauflösung bei arglistiger Täuschung durch den Unternehmer zuließen, einen Rückgriff auf die c. i. c. jedoch sperren würde, könne sie jedoch nicht nachvollziehen. Wenn der Schadensersatz nach der Richtlinie, wie *Riehm* in Bezug auf die Arglist argumentierte, nicht geregelt sei und deshalb ein Rückgriff auf das Schadensersatzrecht bei einer arglistigen Täuschung durch den Unternehmer möglich wäre, dann müsse dies schließlich auch für die c. i. c. gelten, die ebenfalls ein Schadensersatzanspruch sei. *Zöchling-*

Jud führte aus, dass es letztlich doch immer nur auf die Frage ankäme, ob das Effektivitätsgebot verletzt worden sei. Für eine diesbezügliche Beurteilung vertrat sie die Ansicht, dass bei vollharmonisierenden Richtlinien eine Abweichung zugunsten der Verbraucher weniger streng gehandhabt werden dürfe, als Abweichungen zum Nachteil von Verbrauchern.

Zöchling-Juds Kritik an *Riehms* Differenzierung zwischen arglistiger Täuschung und c. i. c. schloss sich auch *Häublein* an. Er führte aus, dass die (verschuldensunabhängigen) Gewährleistungsrechte als Teil der Leistung des Sachleistungsschuldners zu begreifen seien. Typischer Weise könne der Gläubiger/Verbraucher die Leistung des Unternehmers nicht vor Vertragsschluss ausprobieren, um etwaige Mängel festzustellen und erhalte dafür die Mängelrechte. Demgegenüber sei die c. i. c.-Haftung vom spezifischen Unwertgehalt einer schuldhaften Pflichtverletzung getragen. Warum der Schadensersatz angesichts dessen nicht grundsätzlich parallel zu der Gewährleistung bestehen solle, erschien *Häublein* deshalb nicht plausibel. Schließlich habe die Richtlinie den Schadensersatz gerade nicht regeln wollen, wie auch die Entstehungsgeschichte zeige. *Häublein* stellte jedoch klar, dass er – anders als die in Österreich herrschende Meinung – jedenfalls der Ansicht sei, dass man auch im Rahmen der c. i. c.-Haftung an dem Recht der zweiten Andienung festhalten müsse. Im Übrigen sei es seiner Meinung nach allerdings zulässig, dem Verbraucher einen über das Gewährleistungsrecht hinausgehenden Schutz durch die Vorschriften der Schadensersatzhaftung zukommen zu lassen. Dementsprechend sei etwa die zwei-Jahres-Frist der Gewährleistung keine fixe Grenze, sondern durch die Schadensersatzregelungen käme auch ein Schutz für einen längeren Zeitraum in Betracht. Neue Argumente für die Diskussion aus dem europäischen Kontext konnte *Häublein* diesbezüglich nicht erkennen.

Auf die Kritik seiner Differenzierung zwischen Arglist und c. i. c. verwies *Riehm* auf ein Parallelproblem im Produkthaftungsrecht. Dort stelle sich die Frage, nach der Anwendung des allgemeinen Deliktsrecht im Anwendungsbereich der Produkthaftungs-Richtlinie (85/374/EWG). *Riehm* zufolge vertritt der EuGH die Auffassung, dass eine vollharmonisierende Richtlinie – falls keine Öffnungsklauseln bestünden – nur die dort vorgesehenen Rechtsfolgen zulasse, solange andere Rechtsinstitute letztlich die gleichen Tatbestandsvoraussetzungen hätten. Dies sei jedenfalls bei einer einfachen vorvertraglichen Falschinformation über die Beschaffenheit der Kaufsache in Hinblick auf die Gewährleistung der Fall. Zwar handele es sich bei der daraus resultierenden c. i. c.-Haftung formell um eine Schadensersatzhaftung, die – sollte sie auf Vertragsaufhebung gerichtet sein – jedoch nichts Anderes sei, als eine Art der Vertragsbeendigung. Deshalb müsse auch hier – und insoweit stimmte *Riehm Häublein* zu – der von der Richtlinie vorgegebene Vorrang der Nacherfüllung gewährleistet werden. Dies entspreche der Rechtsprechung des EuGH zu Art. 13 der Produkthaftungs-Richtlinie, nach der auch nur dann auf andere Rechtsinstitute zurückgegriffen werden könne, wenn diese zusätzliche Tatbestandsmerkmale voraussetzen. Hinsichtlich des Verhältnisses zwischen Gewährleistung und Schadensersatz käme es dann aber darauf an, ob die Voraussetzung des Verschuldens ein ernsthafter Filter sei. Dies verneinte *Riehm* für die Fälle der vorvertraglichen Fehlinformationen, da man von einem Verkäufer letztlich immer erwarte, dass er wisse, was er sage oder ihn jedenfalls für Antworten ins Blaue hinein verantwortlich mache. Da hier also eine direkte Konkurrenz mit der Gewährleistung bestünde, ging *Riehm* davon aus, dass die c. i. c. nicht neben einem vollharmonisierenden Gewährleistungsrecht anwendbar sei.

Auch die These von *Zöchling-Jud*, dass man den Grundsatz der Effektivität im vollharmonisierenden Bereich unter Umständen weniger streng handhaben dürfe, teilte *Riehm* nicht. Es sei, so *Riehm*, immer wieder überraschend, wo der EuGH überall den Effektivitätsgrundsatz heranziehe. Als Beispiel nannte *Riehm* wiederum die Produkthaftung, bei der der EuGH eine Gleichbehandlung von Herstellern und Zwischenhändlern hinsichtlich der Haftung mit Verweis auf den Effektivitätsgrundsatz abgelehnt habe, weil die Produkthaftungsrichtlinie die Zwischenhändler am Rande auch erwähne. Man könne also nicht mit ausreichender Gewissheit sagen, dass der EuGH eine Parallelität von c. i. c.-Haftung und Gewährleistungsrecht im vollharmonisierten Bereich mit Blick auf das Effektivitätsgebot akzeptieren würde.

III. *Wagner* stellte fest, dass die zahlreichen von *Riehm* und *Faust* aufgezeigten Mängel der besprochenen Richtlinien – sollten sie nicht im noch andauernden Gesetzgebungsprozess behoben werden – doch zumindest im Rahmen der Richtlinienanwendung in den Griff zu bekommen seien. Demensprechend habe er den Eindruck, dass die Richtlinien keine derart dramatischen Fehler hätten, die zwingend nur der Richtliniengeber beheben könne. So könne man etwa auch die von *Riehm* aufgeworfene Frage zur Abgrenzung von aliud und peius dem Mangelbegriff der Richtlinie überlassen und darauf warten, dass der EuGH entscheidet, ob eine Falschlieferung im Sinne der Richtlinie vorliege, wenn dieses oder jenes geliefert wurde und ob es sich dann bei einer solchen Falschlieferung noch um einen Mangel im Sinne der Richtlinie handele.

Hierauf entgegnete *Riehm*, dass die aufgezeigten Probleme sicherlich im Rahmen der Auslegung lösbar seien, man sich aber fragen müsse, ob man darauf vertrauen wolle, dass der EuGH die Fragen so beantworten werde, wie man es heute für sinnvoll erachte. Es sei seiner Meinung nach daher sicherer die fraglichen Richtlinien weiter zu präzisieren, solange man sich noch im Gesetzgebungsprozess befinde. Dies gelte vor allem auch mit Blick auf die nationale Umsetzung. Der nationale Gesetzgeber habe kein Vorlagerecht nach Art. 267 AEUV. Für den Fall, dass der deutsche Gesetzgeber die Vorgaben im Rahmen der Umsetzung präzisieren möchte, bestehe dementsprechend die Gefahr, dass sich – aufgrund eines EuGH-Urteils – Jahre später herausstelle, dass der deutsche Gesetzgeber die Richtlinie falsch interpretiert habe und der BGH sich daraufhin zu einer rückwirkenden richtlinienkonformen Rechtsfortbildung veranlasst sähe. Dies müsse nach Möglichkeit bereits im Rahmen des europäischen Gesetzgebungsverfahrens vermieden werden.

IV. Als grundsätzlich sehr überzeugend fand *Wagner* die Forderung von *Riehm*, die Richtlinien zusammenzufassen. So sei schließlich auch bei dem Vortrag von *Faust* deutlich herausgekommen, dass gesetzliche Regelungen, die anhand der Vertragsgegenstände differenzieren, nicht wünschenswert seien. In diesem Zusammenhang wollte *Wagner* wissen, wie eine solche Zusammenfassung der Richtlinien erfolgen könnte. Diesbezüglich sei problematisch, dass die Richtlinie über digitale Inhalte ja – anders als die Online-Richtlinie – gerade nicht nur auf Kaufverträge fokussiert sei. Man könne also den kaufrechtlichen Teil mit der Online-Richtlinie zusammenfassen, aber die anderen Elemente der Richtlinie über digitale Inhalte – etwa die Überlassung zur Nutzung und Lizenzen blieben dann übrig und man müsse sich fragen, was man mit diesen Teilen mache. Dies, so *Wagner*, möge gerade der Grund sein, weshalb es zwei separate Vorschläge gäbe.

Dieses Problem sah auch *Faust*, der eine Zusammenfassung der Richtlinien deshalb ablehnte. Stattdessen schlug er vor, die Richtlinie über digitale Inhalte radikal auszudünnen. *Faust* plädierte dafür, den größten Teil des Gewährleistungsrechts aus der Richtlinie herauszunehmen bzw. durch Verweisungen zu regeln. Man brauche keinen eigenen Mangelbegriff für digitale Inhalte, sondern allenfalls ein paar Spezialregelungen zur Klarstellung. Das gesamte Rechtsbehelfssystem solle über Verweisungen auf die Online-Richtlinie oder die Verbrauchsgüterkauf-Richtlinie geregelt werden. Nach Ansicht von *Faust* sollten in der Richtlinie über digitale Inhalte lediglich Regelungen verbleiben, die sich speziell auf Eigenheiten digitaler Inhalte beziehen. Damit wäre auch in Hinblick auf die Richtlinienumsetzung eine erhebliche Vereinfachung erreicht.

Auch *Riehm* gab diesbezüglich zu, dass es zu weit ginge, die Richtlinien vollständig zusammenzufassen. Jedoch war auch er der Ansicht, dass es keinen Bedarf für verschiedene Gewährleistungsregime gebe. Zwar gäbe es spezifische Probleme digitaler Inhalte, die man separat regeln sollte. So sollte man beispielsweise Updateverpflichtungen oder Fragen in Bezug auf Sicherheitspatches nicht im generellen Kaufrecht unterbringen. Aber ein eigener Mangelbegriff für digitale Inhalte sei beispielsweise nicht notwendig.

V. Der Auffassung *Riehms*, dass man die Online-Richtlinie überschießend auch für den stationären Handel umsetzen sollte, trat *Wagner* dezidiert entgegen. Er führte aus, dass seiner Ansicht nach niemandem damit geholfen sei. Schließlich könne der stationäre Handel die Regelungen freiwillig übernehmen. Dies, so *Wagner*, werde der stationäre Handel auch tun, soweit es im Wettbewerb als vorteilhaft erscheint. Warum man aber stationäre Händler, die den Wettbewerbsdruck des Online-Handels nicht spürten, nun von Gesetzes wegen dazu zwingen solle, diese Regelungen trotzdem einzuhalten, erschien *Wagner* nicht nachvollziehbar. Allenfalls Juristen würde hierdurch die Arbeit erleichtert, weil sie diesbezüglich keine unterschiedlichen Rechtsregime lernen müssten. Dies sei seiner Meinung nach allerdings kein tragfähiges Argument.

Zwar stimmte *Riehm* dem insoweit zu, dass auch er davon ausging, dass der stationäre Handel die Regelungen im Zweifel freiwillig übernehmen würde. Jedoch sprächen seiner Meinung nach trotzdem gute Argument für eine gesetzliche Gleichstellung von stationärem Handel mit dem Online-Handel. Dies sei zum einen die Signalwirkung, die eine auf den Online-Handel beschränkte Umsetzung in der Verbraucherwelt hätte. Dort würde nämlich zunächst wahrgenommen werden, dass es vorteilhafter sei online zu kaufen, da dort weitergehende Rechte bestünden. Eine derartige Breitenwirkung könnte ein einzelner Einzelhändler nicht erzielen, selbst wenn er freiwillig die gleichen Rechte gewähren würde. Zudem spreche aber auch die Verbrauchersicht für eine überschießende Umsetzung. *Riehm* vertrat diesbezüglich die Auffassung, dass Verbraucher nur für eine begrenzte Anzahl an Kaufrechtsregimen Platz in ihrer Laienvorstellung hätten. Die Unterschiede zwischen der Gewährleistung im stationären Handel und im Online-Handel sowie der Umstand, dass der Verbraucher im Einzelhandel jeweils fragen müsse, ob die Regelungen zum Online-Handel auch dort gelten, sei schlicht zu kompliziert für den durchschnittlichen Verbraucher, sodass eine einheitliche Regelung auch für Verbraucher von Vorteil wäre.

VI. *Wagner* griff die Kritik von *Faust* bezüglich der Regelung, wann vom Verbraucher bereitgestellte Daten ein Entgelt seien, auf und knüpfte daran die Frage, ob „kostenlose“ Online-Dienste wie Google, Facebook, YouTube etc. überhaupt von der Richtlinie über digitale Inhalte umfasst seien. Dies sei seiner Meinung nach – wenn auch in der Formulierung wenig gelungen – nach dem Regelungsziel der Richtlinie klar zu verneinen. Die Richtlinie wolle gerade die zweiseitigen Märkte – wie etwa Plattformen, die sich teilweise dadurch finanzieren, dass sie Daten über das Nutzerverhalten sammeln und an die Werbeindustrie verkaufen – aus ihrem Anwendungsbereich ausnehmen. Dies hielt *Wagner* auch für vernünftig, da derartige Plattformen zwar eine Vielzahl von Problemen aufwerfen würden, diese jedoch eher im Bereich des Datenschutzes zu verorten seien und nicht im Bereich der entgeltlichen Verträge über digitale Inhalte. Seiner Meinung nach wäre es überraschend, wenn etwa Google nunmehr für mangelhafte Trefferlisten nach der Richtlinie über digitale Inhalte haften solle.

Faust stellte fest, dass die Richtlinie die zentrale Frage, ob überhaupt ein Vertrag vorliege, nicht regele. Während dies bei Facebook wohl der Fall sein dürfte, weil in der Registrierung ein Vertragsschluss liege, sei beispielsweise die rechtliche Einordnung einer Suchanfrage bei Google fraglich. In Betracht komme neben einem konkludent geschlossenen Vertrag ein Gefälligkeitsverhältnis oder ein gesetzliches Schuldverhältnis. Liege ein Vertrag vor, dann stelle sich als nächstes die Frage, ob dieser von der Richtlinie erfasst werde. Facebook werbe beispielsweise damit, dass es kostenlos sei – ein Blick in das Kleingedruckte zeige aber, dass Facebook sich erhebliche Rechte an den Daten einräumen lasse. Selbst bei unentgeltlichen Verträgen bestehe ein ganz erhebliches Bedürfnis nach Regelungen für den Fall der Beendigung des Vertrages. So müsse geklärt werden, wie der Nutzer seine Daten zurückerlange und ob bzw. wie der Anbieter die gesammelten Daten weiterhin nutzen dürfe. Aus diesem Grund ging *Faust* davon aus, dass auch unentgeltliche Verträge von der Richtlinie erfasst werden sollten.

Die Abgrenzung, nach der nicht aktiv vom Verbraucher bereit gestellte, sondern vom Anbieter selbst gesammelte Daten keine Gegenleistung darstellen sollen, leuchtete ihm nicht ein.

VII. *Grünberger* warf die Frage auf, wie sich die Richtlinien – nachdem der Vortrag von *Riehm* sich ausführlich mit der Kohärenz auf nationaler Ebene beschäftigt habe – eigentlich in das übrige EU-Recht einfügten und richtete den Blick dabei insbesondere auf den Verbrauchergerichtsstand und den Entwurf über eine Geo-Blocking-Richtlinie vom Mai 2016.

In Bezug auf das Geo-Blocking sah *Riehm* die Online-Richtlinie als den Versuch, die Problematik ökonomisch zu lösen. Schließlich sei die hinter der Richtlinie stehende Überlegung der Kommission, dass ausgerechnet die Rechtsdivergenzen das Problem des Binnenmarktes seien. Auch wenn *Riehm* diese Grundprämisse nicht teilte, stellte er fest, dass eine derartige Sichtweise konsequenterweise zu der Überlegung der Kommission führe, dass alle Händler in alle Länder liefern wollten, sofern es keine Rechtsdivergenzen mehr gäbe. Damit hätte sich damit auch das Geo-Blocking im Warenhandel und bei grenzüberschreitenden Dienstleistungen erledigt.

VIII. *Grünberger* warf *Faust* vor, dieser habe mit seiner Schlussthese, dass die Gefahr bestehe, dass das BGB Verträge zukünftig nicht mehr nach der Art der Nutzung von Gütern, sondern nach den Gütern selbst unterscheide, sehr überspitzt. Er erklärte, dass die Richtlinie über digitale Inhalte seines Erachtens nach sehr genau zwischen verschiedenen Arten der Nutzung differenziere. So sei die Zurverfügungstellung ökonomisch betrachtet kaufrechtlich. Davon differenziere die Richtlinie einerseits Regelungen über Dienstleistungen und andererseits Regelungen über die Zugangsverschaffung, bei denen es sich um die bereits erwähnten besonderen Zugangsverträge handele.

In seiner Antwort gab *Faust* zu, dass seine Aufzählung etwas pointiert war. Er machte deutlich, dass seine Warnung sich auch nicht primär an den europäischen Gesetzgeber, sondern an den nationalen Gesetzgeber richte. Dieser möge die Richtlinie bitte nicht ein zu eins umsetzen. Aber auch der europäische Gesetzgeber müsse sich fragen, ob Richtlinien bezogen auf einzelne Güter wirklich sinnvoll und notwendig seien. So wäre etwa eine Richtlinie über vertragsrechtliche Aspekte im Zusammenhang mit Automobilen, mit Regelungen bezüglich des Autokaufs, der Automiete, der Autoreparatur und der Miete eines Parkplatzes seiner Meinung nach wenig zielführend. Hinsichtlich der Frage, ob in der Richtlinie eine Vertragstypologie enthalten sei, verwies *Faust* darauf, dass die Richtlinie selbst dies verneine, da sie die Qualifikation der Verträge ausdrücklich dem nationalen Recht überlasse. Zwar enthalte sie implizit eine Typologie, weil sie zwischen einmaligen Austauschverträgen im Sinne eines Kaufs, zwischen langfristigen Verträgen im Sinne einer Miete und zwischen Verträgen über Dienstleistungen unterscheide. Der Abgrenzung zwischen Zugangsverschaffung und Zurverfügungstellung wollte *Faust* jedoch keine tragende Bedeutung zumessen.

Diese beziehe sich nicht auf die Unterscheidung zwischen einmaligen und längerfristigen Verträgen, sondern nur auf die unterschiedlichen Formen des Verschaffens im Sinne von „zusenden" und „selbst herunterladen".

IX. Die Annahme von *Riehm*, dass im Rahmen der Online-Richtlinie nunmehr kein organisierter Fernabsatz mehr erforderlich sei, wurde von *Kaiser* in Zweifel gezogen. Sie fragte, ob Riehm zu diesem Ergebnis nur aufgrund des Umstands gekommen sei, dass im Vergleich zur Verbraucherrechte-Richtlinie das Wort organisiert nicht verwendet wurde. Insofern müsse bedacht werden, dass ja noch immer ein Fernabsatzsystem erforderlich sei, sodass die Auslegung, bereits die einmalige ausnahmsweise Verwendung des Fernabsatzes auf Seiten des Unternehmers würde genügen, ihrer Meinung nach zu weit ginge.

Dem stimmte *Riehm* zu, der aber davon ausging, dass darin durchaus eine – wenn auch geringfügige – Lockerung zu sehen sei, sodass der Kreis der erfassten Unternehmer diesbezüglich weiter sei. Eine einmalige Nutzung von Fernkommunikationsmitteln würde jedoch sicherlich nicht den Voraussetzungen eines Systems genügen.

X. An *Faust* gerichtet, frage *Kaiser* nach dessen Einschätzung, ob auch Audiodatenträger unter den Begriff des dauerhaften Datenträgers fielen, da dieser wie in allen Richtlinien auf die Möglichkeit für den Verbraucher, die bereitgestellten Informationen einzusehen, abstelle. Dies möge zwar kleinteilig sein, bereite ihr aber Kopfzerbrechen.

Faust verwies auf die englische und die französische Sprachfassung, die diesbezüglich neutral formuliert seien. Zudem halte er es nicht für angemessen Audiodatenträger aus dem Anwendungsbereich herauszunehmen.

XI. Zu guter Letzt lenkte *Ludwigkeit* den Blick nochmal auf die Umsetzung der Richtlinien. Sie nahm Bezug auf den Appell von *Faust*, der den Gesetzgeber zur kreativen Nutzung der Form und Mittel der Richtlinienumsetzung aufgefordert habe, und fragte, ob der Zusammenprall von vertikal ausgerichteten, pointilistischen Richtlinien und dem horizontal konzipierten BGB es nicht erforderlich mache, die Art der Umsetzung durch den deutschen Gesetzgeber ganz grundsätzlich zu überdenken. Diesbezüglich griff sie die Äußerungen von *Meller-Hannich* auf, die hinsichtlich der zivilprozessualen Umsetzung auf die Verfügbarkeit eines freien Buches in der ZPO hingewiesen habe, und fragte, ob dies auch für das materielle Recht eine Möglichkeit darstelle.

Neu über Grundstrukturen nachzudenken hielt *Riehm* immer für zulässig. Allerdings sei seine Erfahrung mit Blick auf Frankreich, dass es einer Rechtsordnung nicht guttue, wenn man das Verbraucherrecht separat regele. Dies würde dem BGB einen Großteil seines Anwendungsbereichs nehmen, da viele Verträge sich dann nach dem richten würden, was in Frankreich von Einigen als „code poubelle" bezeichnet würde, dem Mülleimergesetzbuch. Damit wollten sich die großen Zivilrechtler in Frankreich oftmals kaum auseinandersetzen, was zu einer geringen wissenschaftlichen Durchdringung führe. Hinzu komme, dass eine solche Entwicklung letztlich die Abwanderung in die außergerichtliche Streitbeilegung noch weiter fördere, da die einzelnen Verbraucher nicht in die Untiefen der richtlinienkonformen Auslegung eindringen würden, sondern zu einer Schlichtungsstelle gingen, um ihre Interessen günstig befriedigt zu bekommen, ohne dass dort das Verbraucherrecht angewandt und durchgesetzt würde. Mit Blick auf eine Auslagerung des Verbraucherrechts aus dem BGB prognostizierte *Riehm*, dass sich zukünftig nur noch die Abmahnindustrie um die Rechtsdurchsetzung kümmere, während für den einzelnen Verbraucher die außergerichtliche Streitbeilegung das Mittel der Wahl sei. Deshalb, so folgerte *Riehm*, sei es gesund für das BGB, auf alle Verträge Anwendung zu finden und eine Änderung der Grundstruktur des BGB folglich abzulehnen.

Universität Bielefeld Jonas Brinkmann

Vertragsmäßigkeit von Waren und digitalen Inhalten – (rechtzeitige) Bereitstellung digitaler Inhalte*

Brigitta Zöchling-Jud

Inhaltsübersicht

A. Einleitung

Am 9. Dezember 2015 hat die Europäische Kommission im Rahmen ihrer Strategie für einen digitalen Binnenmarkt[1] einen Vorschlag für eine Richtlinie über

* Der Beitrag beruht auf dem Vortrag, den die Verfasserin am 4.7.2016 in Berlin gehalten hat. Der Vortrag wurde im Hinblick auf den Vorschlag für eine Richtlinie des Europäischen Parlaments und des Rates über bestimmte vertragsrechtliche Aspekte der Bereitstellung digitaler Inhalte vom 9.12.2015, COM(2015) 634 final auf die vom Vorsitz des Rates vorgeschlagene Allgemeine Ausrichtung vom 1.6.2017, 2015/0287 (COD) 9901/17 ADD 1, welche am 8.6.2017 vom Rat beschlossen wurde, angepasst. Der am 31.10.2017 veröffentlichte geänderte Vorschlag für eine Richtlinie über bestimmte vertragsrechtliche Aspekte des Warenhandels konnte nur mehr punktuell berücksichtigt werden.

[1] Mitteilung der Kommission an das Europäische Parlament, den Rat und den Europäischen Wirtschafts- und Sozialausschuss und den Ausschuss der Regionen – Strategie für einen digitalen Binnenmarkt für Europa vom 6.5.2015, COM(2015) 192 final.

die Bereitstellung digitaler Inhalte (im Folgenden DI-RLE)[2] und einen Vorschlag für eine Richtlinie über den Fernabsatz von Waren (im Folgenden FA-RLE)[3] veröffentlicht. Beide Richtlinienentwürfe finden nur auf Verbrauchergeschäfte Anwendung[4] und sehen – ganz vereinfacht gesagt – für ihren jeweiligen Anwendungsbereich[5] ein spezifisches Gewährleistungsrecht vor, das durch die Richtlinien vollständig harmonisiert werden soll[6].

Der Entwurf der FA-RL ist zunächst auf massive Kritik gestoßen, weil sie neben die bereits bestehende Verbrauchsgüterkauf-Richtlinie (im Folgenden Verbrauchsgüterkauf-RL)[7] treten sollte und folglich zu einer Differenzierung zwischen „Platzkäufen" und Fernabsatzkaufverträgen geführt hätte. Gerade diese Differenzierung wurde als nicht überzeugend angesehen, weil die Frage, ob und unter welchen Voraussetzungen ein Verkäufer Gewähr zu leisten hat, nicht vom Vertriebsweg abhängen sollte[8]. Die logische Konsequenz dieser Kritik, nämlich die Verbrauchsgüterkauf-RL zu reformieren, war zunächst politischen Widerständen ausgesetzt, weil eine Vollharmonisierung in diesem Bereich viele Mitgliedstaaten zur Aufgabe liebgewonnener Instrumente zwingen würde, wozu die Zeit nicht reif erschien[9]. Dies hat dazu geführt, dass der Entwurf der FA-RL auf Ratsebene (vorerst) nicht weiter erörtert wurde und die Arbeiten auf den DI-RLE konzentriert wurden. Im Herbst 2017 wurde ein neuerlicher Anlauf für eine neue Warenhandelsrichtlinie unternommen, wobei die Tendenz in Richtung eines einheitlichen Regelungsregimes für im Wege des Fernabsatzes geschlossene Verträge und „Face-to-Face" Verträge ging[10]. Tatsächlich hat die Europäische Kommission am 31.10.2017 einen geänderten Vorschlag für eine

[2] Soweit nicht anders ausgewiesen, beziehen sich die Ausführungen zum DI-RLE auf COM(2015) 634 final, in der vom Rat beschlossenen Allgemeinen Ausrichtung, siehe Fn. *.

[3] Vorschlag für eine Richtlinie des Europäischen Parlaments und des Rates über bestimmte vertragsrechtliche Aspekte des Online-Warenhandels und anderer Formen des Fernabsatzes von Waren vom 9.12.2015, COM(2015) 635 final.

[4] Art. 3 Abs. 1 DI-RLE; Art. 1 Abs. 1 FA-RLE.

[5] Zum Anwendungsbereich der FA-RL *Riehm*, Fernabsatz von Waren, in diesem Band S. 73. Zum Anwendungsbereich der Digitalen Inhalte-RL *Faust*, Digitale Inhalte, in diesem Band S. 91.

[6] Art. 4 DI-RLE; Art. 3 FA-RLE. Zur Vollharmonisierung siehe *Meller-Hannich*, Vollharmonisiertes Verbraucherrecht & Verbraucherrechtsdurchsetzung, in diesem Band S. 45.

[7] Richtlinie 1999/44/EG des Europäischen Parlaments und des Rates vom 25. Mai 1999 zu bestimmten Aspekten des Verbrauchsgüterkaufs und der Garantien für Verbrauchsgüter, ABl. L 1999/171, 12 idgF.

[8] *Zöchling-Jud*, Die Richtlinienvorschläge der Kommission über digitale Inhalte und Fernabsatzkaufverträge aus österreichischer Sicht, in Wendehorst/Zöchling-Jud (Hrsg.), Ein neues Vertragsrecht für den digitalen Binnenmarkt?, 2016, S. 1, 9 u. 12; *Zöchling-Jud*, AnwBl 2017, 357, 361; kritisch auch *Cap*, Zak 2016/246, 124; *Maultzsch*, JZ 2016, 236, 238; *Stiegler/Wawryka*, BB 2016, 903, 904.

[9] Siehe auch *Schmidt-Kessel/Erler/Grimm/Kramme*, GPR 2016, 2, 3; *Zöchling-Jud* in Forgó/Zöchling-Jud (Hrsg.), Das Vertragsrecht des ABGB auf dem Prüfstand, 20. ÖJT Band II/1, 2018, S. 23.

[10] Siehe Letter of Ms Vera Jourova, Member of the European Commission for Justice, Consumers and Gender Equality, the Commission's position on the extension of scope vom 4.8.2017, 2015/0288 (COD) 11619/17; siehe auch The Services of the Commission, Final analysis of data relevant for the coherence between contract rules for goods purchased face-to-

Warenhandel-RL veröffentlicht, auf den im Folgenden aber nicht mehr eingegangen werden konnte, sodass sich die folgenden Erörterungen auf den Entwurf der FA-RL vom Dezember 2015 beziehen.

Anders verhält es sich mit dem DI-RLE, der in der Zwischenzeit in mehreren Sitzungen der Ratsarbeitsgruppe intensiv diskutiert und weiterentwickelt wurde[11], so dass am 8.6.2017 die sogenannte Allgemeine Ausrichtung beschlossen werden konnte[12]. Die folgenden Ausführungen basieren auf der Fassung des Entwurfs, wie er der Allgemeinen Ausrichtung zugrunde liegt[13].

Wie bereits erwähnt, geht es beiden Richtlinienentwürfen vor allem um das Gewährleistungsrecht, also die Haftung des Anbieters oder Unternehmers für die Vertragsmäßigkeit digitaler Inhalte oder Waren, die im Fernabsatz erworben werden. Herzstück jedes Gewährleistungsregimes sind natürlich die Rechtsbehelfe des Verbrauchers, die er bei Vertragswidrigkeit geltend machen kann.[14] Damit geht es gleichsam auf der Tatbestandsebene um die Frage, wofür der Unternehmer oder Anbieter einzustehen hat, also welche Leistungspflichten ihn treffen[15].

B. Vom subjektiven zum objektiven Fehlerbegriff

I. Das Konzept der Richtlinienentwürfe

Wie nach der Verbrauchsgüterkauf-RL hat der Unternehmer oder Anbieter auch nach den neuen Vorschlägen vor allem für die Vertragswidrigkeit der Ware oder des digitalen Inhalts einzustehen[16], wobei der Richtlinienvorschlag zu den digitalen Inhalten darüber hinaus auch eine Haftung des Anbieters für die nicht rechtzeitige Bereitstellung der digitalen Inhalte normiert[17].

Der Verbrauchsgüterkauf-RL liegt der sogenannte subjektiv-konkrete Fehlerbegriff zugrunde. Nach Art. 2 Abs. 1 ist der Verkäufer verpflichtet, dem Verbraucher dem Kaufvertrag gemäße Güter zu liefern, wobei Abs. 2 verschiedene

---

face and those proposed for distance contracts vom 17.10.2017, 2015/0288 (COD) 13266/16 LIMITE 3, 36.

[11] Zum Entwicklungsprozess siehe Sachbestandsbericht des Vorsitzes vom 20.3.2017, 2015/0287 (COD) 7429/17.

[12] Siehe http://www.consilium.europa.eu/de/press/press-releases/2017/06/08-contracts-for-digital-content-supply/ [zuletzt abgerufen am 25.3.2017].

[13] Siehe Fn. *.

[14] Dazu *Gsell*, System & Hierarchie der Rechtsbehelfe – zeitliche Grenzen, in diesem Band S. 143. Siehe auch *Koch*, Rechtsbehelfe des Verbrauchers bei Verträgen über digitale Inhalte, in Wendehorst/Zöchling-Jud (Hrsg.), Ein neues Vertragsrecht für den digitalen Binnenmarkt?, 2016, S. 131.

[15] Dazu *Faber*, Bereitstellungspflicht, Mangelbegriff und Beweislast im Richtlinienvorschlag zur Bereitstellung digitaler Inhalte, in Wendehorst/Zöchling-Jud (Hrsg.), Ein neues Vertragsrecht für den digitalen Binnenmarkt?, 2016, S. 89.

[16] Art. 9 FA-RLE; Art. 9, 12 DI-RLE.

[17] Art. 11 DI-RLE.

Kriterien nennt, bei deren Vorliegen die Vertragsmäßigkeit vermutet wird[18]. Ob es sich dabei um objektive Kriterien handelt, die völlig losgelöst von der vertraglichen Vereinbarung zu erfüllen sind oder letztlich doch um Kriterien, die nur zur Vertragsauslegung heranzuziehen sind, wird in Deutschland[19] und in Österreich[20] mitunter verschieden gesehen, insgesamt ist aber doch unstrittig, dass der konkrete Vertrag das entscheidende Kriterium für die Vertragsmäßigkeit der Ware ist[21].

Der Entwurf der FA-RL sieht demgegenüber eine viel stärkere Betonung des objektiven Fehlerbegriffs vor[22]: Art. 4 Abs. 1 FA-RLE normiert – jedenfalls implizit –, dass die Ware dem Vertrag entsprechen muss, Art. 5 nennt die objektiven Kriterien, welche die Ware erfüllen muss. Art. 4 Abs. 2 stellt sodann klar, dass die Ware nicht nur der vertraglichen Vereinbarung i. S. d. Art. 4 Abs. 1, sondern auch („überdies") den Anforderungen des Art. 5 entsprechen, also auch die objektiven Kriterien erfüllen muss. Von den objektiven Kriterien kann zwar vertraglich abgewichen werden, allerdings sieht Art. 4 Abs. 3 hiefür eine besondere Regelung vor: Jede Vereinbarung, die die Anwendung von Art. 5 zum Nachteil des Verbrauchers ausschließt, davon abweicht oder deren Wirkungen abändert, ist nur dann gültig, wenn dem Verbraucher der besondere Umstand der Waren zum Zeitpunkt des Vertragsschlusses bekannt war und er diesen besonderen Umstand ausdrücklich akzeptiert hat.

Der ursprüngliche Kommissionsentwurf der DI-RL hat demgegenüber jedenfalls im Grundsatz am früheren Konzept der Verbrauchsgüterkauf-RL festgehalten. Nach Art. 6 Abs. 1 mussten digitale Inhalte – vereinfacht gesagt – dem Vertrag entsprechen, Art. 6 Abs. 2 sah objektive Anforderungen vor, die erfüllt sein mussten, *„soweit der Vertrag nicht klar und umfassend die Anforderungen an diese Inhalte gemäß Absatz 1 bestimmt"*.

In der Fassung der Allgemeinen Ausrichtung des DI-RLE wird demgegenüber ein ähnliches Konzept verfolgt, wie im Entwurf der FA-RL:

Der DI-RLE widmet nun der Beurteilung der Vertragsgemäßheit digitaler Inhalte gleich vier Artikel und kombiniert in Art. 6 und Art. 6a subjektive und objektive Elemente. Art. 6 hält zunächst als allgemeinen Grundsatz fest, dass digitale Inhalte dem Vertrag entsprechen müssen und konkretisiert diesen Grundsatz durch vier weitere Kriterien. Art. 6a enthält demgegenüber objektive Anforderungen an die Vertragsgemäßheit digitaler Inhalte, die nach Abs. 1 „zusätzlich" zur Einhaltung der vertraglich verankerten Anforderungen erfüllt sein müssen und nach Abs. 2 nur dann keine Vertragswidrigkeit bilden, *„wenn*

---

[18] Dazu ausführlich *Welser/Jud*, Zur Reform des Gewährleistungsrechts, 14. ÖJT Band II/1 (2000), S. 42 ff.

[19] Dazu *Matusche-Beckmann* in StaudingerBGB[Neubearbeitung 2013], § 434 Rn. 44; *Faust* in BeckOK[43], § 434 Rn. 52 ff.; *Westermann* in MüKoBGB[7], § 434 Rn. 24.

[20] Dazu *Zöchling-Jud* in Kletečka/Schauer (Hrsg.), ABGB-ON[1.02], § 923 Rz. 21 mwN.

[21] Vgl. nur *Welser/Zöchling-Jud*, Bürgerliches Recht II[14] Rz. 315, 324; *Matusche-Beckmann* in Staudinger BGB[Neubearbeitung 2013], § 434 Rn. 40; *Westermann* in MüKoBGB[7], § 434 Rn. 6; *Faust* in BeckOK BGB[73], § 434 Rn. 2.

[22] Vgl. *Wendland*, EuZW 2016, 126, 130.

der Verbraucher zum Zeitpunkt des Vertragsschlusses eigens darüber in Kenntnis gesetzt wurde" und er die Abweichung „ausdrücklich und gesondert akzeptiert hat".

II. Regelungsanliegen der Kombination von objektiven und subjektiven Kriterien

Das hinter dieser Kombination von objektiven und subjektiven Kriterien stehende Regelungsanliegen liegt auf der Hand[23]: Es soll verhindern, dass Unternehmer in ihren Allgemeinen Geschäftsbedingungen (AGB) die Leistung detailliert umschreiben, dadurch den Vertragsinhalt konkretisieren und letztlich Verbraucher in ihren berechtigten Erwartungen an die Beschaffenheit der Ware oder der digitalen Inhalte enttäuschen, weil diese die AGB ja bekanntermaßen nicht lesen. Die konkrete Beschreibung der Abweichungen vom gewöhnlich Vorausgesetzten soll nicht in seitenlangen AGB erfolgen, sondern dem Verbraucher bekannt gemacht werden. Er muss darauf hingewiesen werden und die Abweichungen ausdrücklich akzeptieren. Dass dies bei Vertragsabschlüssen im Fernabsatz zumindest formal per Mausklick schnell herbeigeführt werden kann[24], ist ein Wehrmutstropfen, der nach dem Motto „besser als nichts" hingenommen wird. Wesentlich ist aber, dass damit die konkrete Vereinbarung hinsichtlich der Beschaffenheit der Ware oder des digitalen Inhalts nur dann Vorrang genießt, wenn die besonderen Anforderungen an eine entsprechende Vereinbarung erfüllt werden.

III. Stellungnahme

Obwohl das Regelungsanliegen dieses Konzepts im Grundsatz gut nachvollziehbar ist, gibt es m. E. einige Bedenken, welche einer uneingeschränkten Befürwortung entgegenstehen.

1. Regelungsort

Zunächst einmal stellt sich die grundsätzliche Frage, ob die beiden „Gewährleistungsrichtlinien" der passende Regelungsort für dieses Anliegen ist. Ausgangspunkt ist doch die Erkenntnis, dass AGB in der Regel nicht tatsächlich gelesen werden. Damit kann in AGB alles Mögliche stehen, sofern es der Geltungs- und Inhaltskontrolle Bestand hält. Warum diesem grundsätzlichen Problem jetzt nur punktuell bei der Vertragswidrigkeit von Waren, die im Fernabsatz erworben werden, und bei digitalen Inhalten begegnet werden soll, ist m. E. nicht ganz ersichtlich.

---

[23] Siehe Statement of the European Law Institute on the European Commission's proposed Directive on the Supply of Digital Content to Consumers COM (2015) 634 final (2016) 4.

[24] *Faber* in Wendehorst/Zöchling-Jud (Hrsg.), Ein neues Vertragsrecht für den digitalen Binnenmarkt?, 2016, S. 89, 108.

Man kann natürlich argumentieren, dass die Problematik bei Online-Verträgen besonders groß ist. Zwar soll die DI-RL nicht nur auf den Online-Erwerb digitaler Inhalte Anwendung finden (vgl. Art. 3 Abs. 3)[25], doch werden in der Regel die meisten digitalen Inhalte online erworben. Objektiven Qualitätskriterien könnte deshalb eine viel stärkere Bedeutung zukommen, weil es anders als beim herkömmlichen Kauf von Waren im Geschäft keine individuelle Kommunikation gibt und weil man die Waren auch nicht in Augenschein nehmen kann. Dasselbe gilt naturgemäß auch für digitale Inhalte. Hinzu kommt, dass es im Fernabsatz besonders leicht möglich ist, besonders umfangreiche AGB zu formulieren, weil für die Leistungsbeschreibung ausreichend „Platz" zur Verfügung steht.

Gerade diesem Problem wird nun aber bereits durch die Verbraucherrechte-Richtlinie (im Folgenden Verbraucherrechte-RL)[26] Rechnung getragen, zum einen durch das Widerrufsrecht[27], zum anderen aber auch durch die spezifischen Informationspflichten des Unternehmers. So bestimmt Art. 6 Abs. 1 lit. a) Verbraucherrechte-RL, dass der Unternehmer den Verbraucher bereits im vorvertraglichen Stadium über die wesentlichen Eigenschaften der Waren oder Dienstleistungen in klarer und verständlicher Weise und in angemessenem Umfang zu informieren hat und Art. 8 Abs. 2 Verbraucherrechte-RL wiederholt diese Informationspflicht unmittelbar bevor der Verbraucher „zahlungspflichtig bestellt". Auch wenn im Detail strittig ist, ob bei dieser wiederholten Information sämtliche Eigenschaften der Ware oder Dienstleistung anzuführen sind[28] oder ob es hier nur um die wesentlichsten Punkte geht[29], kann doch nicht zweifelhaft sein, dass gerade diese Informationspflicht dem im Fernabsatz besonders großen Informationsdefizit Rechnung tragen soll[30].

Was rechtfertigt also die (geplante) Sonderregelung für vertragliche Abweichungen von objektiven Qualitätsanforderungen? Warum müssen solche Ab-

[25] Dazu *Lurger*, Anwendungsbereich und kaufvertragliche Ausrichtung der DIRL- und FWRL-Entwürfe, in Wendehorst/Zöchling-Jud (Hrsg.), Ein neues Vertragsrecht für den digitalen Binnenmarkt?, 2016, S. 19, 28; *Zöchling-Jud* in Forgó/Zöchling-Jud (Hrsg.), Das Vertragsrecht des ABGB auf dem Prüfstand, 20. ÖJT Band II/1, 2018, S. 139ff.

[26] Richtlinie 2011/83/EU des Europäischen Parlaments und des Rates vom 25. Oktober 2011 über die Rechte der Verbraucher, zur Abänderung der Richtlinie 93/13/EWG des Rates und der Richtlinie 1999/44/EG des Europäischen Parlaments und des Rates sowie zur Aufhebung der Richtlinie 85/577/EWG des Rates und der Richtlinie 97/7/EG des Europäischen Parlaments und des Rates, ABl. L 2011/304, 64, idgF.

[27] Art. 9 Verbraucherrechte-RL. Siehe dazu auch *Lurger*, Widerrufsrechte, in P. Bydlinski/Lurger (Hrsg.), Die Richtlinie über die Rechte der Verbraucher, 2012, S. 53; *Wendehorst*, NJW 2014, 577, 582f.

[28] OLG Hamburg MMR 2014, 818; siehe auch *Dehn* in Schwimann/Kodek[4] (Hrsg.), § 8 FAGG Rz. 10.

[29] *Wendehorst* in MüKoBGB[7], § 312j Rn. 19f.; *Föhlisch*, MMR 2017, 447. Siehe auch *Kolba/Leupold*, Das neue Verbraucherrecht, 2014, § 8 Rz. 229, die nur in gewissen Fällen von einer Verdopplung der Information ausgehen. Vgl. auch ErläutRV 89 BlgNR 25. GP 31.

[30] Siehe *Schwarzenegger*, Informationspflichten, in P. Bydlinski/Lurger (Hrsg.), Die Richtlinie über die Rechte der Verbraucher, 2012, S. 25, 41; *Dehn* in Schwimann/Kodek[4] (Hrsg.), § 8 FAGG Rz. 6. Vgl. auch *Wendehorst* in MükoBGB[7], § 312j Rn. 1ff.; *Föhlisch*, MMR 2017, 447, 449f.

weichungen dem Verbraucher gesondert zur Kenntnis gebracht und von diesem akzeptiert werden, andere Abweichungen vom dispositiven Recht aber nicht? Ist ein in AGB enthaltener Eigentumsvorbehalt z.B. weniger „wichtig" als die Leistungsbeschreibung? Oder soll hier überhaupt ein verallgemeinerungsfähiger Lösungsansatz für die AGB-Problematik etabliert werden, nachdem alle, oder zumindest alle wichtigen (?) Bestimmungen in AGB vom Verbraucher explizit akzeptiert werden müssen, um Vertragsinhalt zu werden?

Solche Überlegungen müssten freilich berücksichtigen, dass das formelle Einverständnis des Verbrauchers zumindest formal schnell herbeigeführt werden kann[31], und dass viele einzelne „Klicks" möglicherweise nicht zur gewünschten Transparenz für den Verbraucher führen. Die Problematik ist im Zusammenhang mit den vorvertraglichen Informationspflichten ausreichend bekannt[32]. Es wäre also Vorsicht geboten. Jedenfalls sollte die Diskussion nicht aus Anlass der beiden „Gewährleistungsrichtlinien", sondern dort geführt werden, wo sie dogmatisch zu verorten ist, nämlich bei der (Einbeziehungs-)Kontrolle von AGB und damit im Zusammenhang mit der Klausel-Richtlinie[33].

2. *Negative Beschaffenheitsvereinbarungen*

Für das vorgeschlagene Konzept spricht allerdings, dass es das *de lege lata* bestehende Spannungsverhältnis zwischen negativen Beschaffenheitsvereinbarungen einerseits und unzulässigen Gewährleistungsausschlüssen andererseits[34] verringern wird. Diesbezüglich herrscht wohl Übereinstimmung, dass ein Verkäufer von Waren nicht durch Klauseln wie „Ware möglicherweise defekt" seiner zwingenden Haftung entgehen kann[35]. Ähnliches muss für Anbieter digitaler Inhalte gelten. Eine Klausel, nach der „digitale Inhalte mit herkömmlicher Software möglicherweise nicht kompatibel" sind, wäre wohl als unzulässiger Haftungsausschluss zu qualifizieren und daher nichtig. Gefordert wird daher zu Recht eine konkrete Beschreibung der Abweichungen vom gewöhnlich Vorausgesetzten[36], die nach dem neuen Konzept nicht mehr in AGB „versteckt" werden darf. Es bleibt aber die Frage, wie detailliert der Verbraucher auf die

---

[31] *Faber* in Wendehorst/Zöchling-Jud (Hrsg.), Ein neues Vertragsrecht für den digitalen Binnenmarkt?, 2016, S. 89, 108.

[32] Vgl. *Zöchling-Jud*, AcP 212 (2012), 550, 559.

[33] Richtlinie 93/13/EWG des Rates vom 5. April 1993 über mißbräuchliche Klauseln in Verbraucherverträgen, ABl. L 1993/95, 29 idgF.

[34] Siehe dazu *Welser/Jud*, Die neue Gewährleistung, 2001, § 9 KSchG Rz. 2; *Zöchling-Jud* in Kletečka/Schauer (Hrsg.), ABGB-ON[1.02], § 929 Rz 5 ff.; *Matusche-Beckmann* in Staudinger BGB[Neubearbeitung 2013], § 475 Rn. 58 ff.; *Lorenz* in MüKoBGB[7], § 475 Rn. 10; *Faust* in BeckOK[43], § 475 Rn. 13; *Weidenkaff* in Palandt[76], § 475 Rn. 3a. Vgl. auch *Klever*, ÖJZ 2017/62, 441 ff.; *Zöchling-Jud* in Forgó/Zöchling-Jud (Hrsg.), Das Vertragsrecht des ABGB auf dem Prüfstand, 20. ÖJT Band II/1, 2018, S. 199; *Schmitt*, Gewährleistung bei Verträgen über digitale Inhalte, 2018, S. 217 ff.

[35] Siehe *Zöchling-Jud* in Kletečka/Schauer (Hrsg.), ABGB-ON[1.02], § 929 Rz. 7; *Lorenz* in MüKoBGB[7], § 475 Rn. 10.

[36] Siehe *Welser/Jud*, Die neue Gewährleistung, 2001, § 9 KSchG Rz. 2; *Zöchling-Jud* in Kletečka/Schauer (Hrsg.), ABGB-ON[1.02], § 929 Rz. 6. Vgl. auch *Matusche-Beckmann* in Stau-

Abweichungen von den objektiven Kriterien hingewiesen werden muss, die er dann explizit akzeptieren muss.

3. Spannungsverhältnis zwischen subjektiven und objektiven Anforderungen

Das Hauptproblem besteht m.E. aber darin, dass mangels gesonderter In-Kenntnis-Setzung des Verbrauchers und entsprechender ausdrücklicher Akzeptanz die Waren oder digitalen Inhalte sowohl die vertraglichen (subjektiven) Anforderungen als auch die objektiven Anforderungen erfüllen müssen. Dies kommt in Art. 4 Abs. 2 FA-RLE durch die Formulierung „überdies“ und in Art. 6a Abs. 1 des DI-RLE durch die Formulierung „zusätzlich“ klar zum Ausdruck. Damit sind Spannungen vorprogrammiert[37].

Kann jemand, der ein Lexikon von A bis H kauft, tatsächlich unter Berufung darauf, dass Lexika gewöhnlich vollständig sind, Gewährleistungsrecht geltend machen, sofern er nicht ausdrücklich die Unvollständigkeit akzeptiert hat? Was ist beim Kauf eines (zugegebenermaßen ein antiquiertes Beispiel) Schwarz-Weiß-Fernsehers? Oder eines Geschirrs, das auf der Startseite mit dem Vermerk beschrieben wird „Spülmaschinenfest bei Temperaturen bis 40°“? Muss hier der Verbraucher wirklich nochmals ausdrücklich akzeptieren, dass der Fernseher keine Farbe und das Geschirr nicht bei jeder Temperatur spülmaschinenfest ist?

Bei digitalen Inhalten kommt hinzu, dass es häufig aufgrund der innovativen Natur der digitalen Inhalte keine gleichartigen Produkte gibt oder der Vergleichsmaßstab fraglich ist. Muss ich etwa zur Prüfung der Vertragsgemäßheit des von Apple angebotenen Betriebssystems Mac OS X prüfen, ob es dieselben Funktionen hat, wie das „gleichartige“ Windows oder Linux Betriebssystem? Und besteht nur dann keine Gewährleistungspflicht, wenn der Anbieter des einen Systems dem Verbraucher die Unterschiede zu den anderen Systemen eigens zur Kenntnis bringt und der Verbraucher das ausdrücklich und gesondert akzeptiert? Oder muss das neue Microsoft Office Paket zumindest dieselben Funktionen enthalten, wie das Vorgängerpaket oder das Paket eines anderen Anbieters (iwork, Open Office)? Offenbar ist es ja nicht damit getan, dass der jeweilige Anbieter seine Leistung genau beschreibt – das fällt in die subjektiven Anforderungen – sondern die Leistung muss zusätzlich die objektiven Kriterien erfüllen, sofern sie nicht explizit ausgeschlossen werden.

Hinzu kommt, dass viele Eigenschaften von digitalen Inhalten zueinander in einer gewissen Wechselbeziehung stehen. So steht der Funktionsumfang einer

dinger BGB[Neubearbeitung 2013], § 475 Rn. 60; *Lorenz* in MüKoBGB[7], § 475 Rn. 10; *Faust* in Beck-OK[43], § 475 Rn. 13.

[37] *Stariradeff*, MMR 2016, 715, 716, weist daraufhin, dass die Anwendungsbereiche des Art. 4 Abs. 1 lit. b und Art. 5 lit. a FA-RLE in diesem Fall kaum voneinander abzugrenzen wären. In diesem Sinne auch kritisch die Stellungnahme des DAV 13/2016, 12; *Zöchling-Jud* in Forgó/Zöchling-Jud (Hrsg.), Das Vertragsrecht des ABGB auf dem Prüfstand, 20. ÖJT Band II/1, 2018, S. 195 ff.

Software i. d. R. in direkten Zusammenhang mit der erforderlichen Speicherkapazität. Welche Eigenschaft entscheidet nun über die objektive Vertragsmäßigkeit?

Durch den im geltenden Recht verankerten Vorrang der vertraglichen Vereinbarung lassen sich diese Probleme jedenfalls theoretisch leicht bewältigen[38]. Das neue Regime, das zusätzlich zu den vertraglich vereinbarten Eigenschaften auch – quasi zwingend – auf die objektiven Eigenschaften abstellt, vernachlässigt den Umstand, dass sich die jeweiligen Anforderungen widersprechen können.

Es wäre daher – trotz allem Verständnis für das Regelungsanliegen – vorzugswürdiger, eine gewisse Rangordnung für die subjektiven und objektiven Kriterien aufzustellen, dass also die objektiven Kriterien nur maßgebend sind, wenn die Vertragspartner nichts anderes vereinbart haben. Art. 99 Abs. 2 CESL-E, der den Richtlinienentwürfen im Übrigen als Vorbild gedient hat[39], bestimmt ausdrücklich, dass die Ware den objektiven Kriterien der Art. 100, 101 und 102 CESL-E nur dann genügen muss, wenn die Parteien nichts anderes vereinbart haben[40]. Dies sieht der DI-RLE im Übrigen selbst vor, allerdings nur für die Frage, welche Version geschuldet ist: Nach Art. 6a Abs. 3 müssen digitale Inhalte der neuesten zum Zeitpunkt des Vertragsschlusses verfügbaren Version entsprechen, sofern nichts anderes vereinbart wurde. Eine Vereinbarung i. S. d. Art. 6a Abs. 2 DI-RLE ist offenbar nicht erforderlich, warum, ist nicht ersichtlich. Gewöhnlich vorausgesetzte Eigenschaften können doch nur subsidiär vorhanden sein müssen, also dann, wenn der Vertrag über ein bestimmtes Leistungsmerkmal schweigt[41]. Sieht man das anders, greifen die Richtlinienentwürfe ganz massiv in die allgemeinen Grundsätze der Vertragsauslegung ein, die eigentlich unberührt bleiben sollten (vgl. Art. 1 Abs. 4 FA-RLE, Art. 3 Abs. 9 DI-RLE).

4. „Button-Lösung"

Während im Entwurf der FA-RL die Frage, wie der Verbraucher Abweichungen von den objektiven Qualitätsanforderungen ausdrücklich akzeptieren soll, noch

---

[38] Vgl. wiederum *Welser/Zöchling-Jud*, Bürgerliches Recht II[14], Rz. 315, 324; *Faust* in BeckOK BGB[73], § 434 Rn. 2.

[39] Vgl. *Schmidt-Kessel/Erler/Grimm/Kramme*, GPR 2016, 2, 65.

[40] Dazu näher *Gsell*, Fehlerbegriff und (negative) Beschaffenheitsvereinbarungen im Vorschlag für ein Gemeinsames Europäisches Kaufrecht, in Schulte-Nölke/Zoll/Jansen/Schulze (Hrsg.), Der Entwurf für ein optionales europäisches Kaufrecht, 2012, S. 229, 233; *Remien* in Schmidt-Kessel (Hrsg.), Der Entwurf für ein Gemeinsames Europäisches Kaufrecht, 2014, Art. 99 Rn. 4; *Druschel*, Die Behandlung digitaler Inhalte im Gemeinsamen Europäischen Kaufrecht, 2014, 272 f. Vgl. auch *Schopper*, Verpflichtungen und Abhilfen der Parteien eines Kaufvertrages oder eines Vertrages über die Bereitstellung digitaler Inhalte (Teil IV CESL-Entwurf), in Wendehorst/Zöchling-Jud (Hrsg.), Am Vorabend eines gemeinsamen Europäischen Kaufrechts, 2012, S. 107, 119.

[41] Für einen Vorrang der subjektiven Kriterien auch *Stariradeff*, MMR 2016, 715, 716.

offen gelassen wurde[42], sieht ein geplanter Erwägungsgrund (25a)[43] zur DI-RL nun in der Fassung der Allgemeinen Ausrichtung folgendes vor:

„Eine Abweichung von den objektiven Anforderungen an die Vertragsmäßigkeit sollte nur dann möglich sein, wenn der Verbraucher eigens darüber in Kenntnis gesetzt wurde und daher Kenntnis von der Abweichung hatte oder vernünftigerweise nicht in Unkenntnis darüber sein konnte und der Verbraucher sie gesondert von anderen Erklärungen oder Vereinbarungen und durch sein aktives und eindeutiges Verhalten akzeptiert hat. Beide Bedingungen könnten beispielsweise durch Anklicken eines Kästchens oder Aktivierung einer Schaltfläche oder eine ähnliche Funktion erfüllt werden.“

Dem europäischen Gesetzgeber schwebt also erneut eine Art „Button-Lösung“[44] vor, wie sie aus der Verbraucherrechte-RL bekannt ist (Art. 8 Abs. 2 Verbraucherrechte-RL „zahlungspflichtig bestellen“). In diesem Zusammenhang ist aber zu berücksichtigen, dass die Verbraucherrechte-RL den Unternehmer nicht nur dazu verpflichtet, dafür zu sorgen, dass der Verbraucher bei der Bestellung ausdrücklich bestätigt, dass die Bestellung mit einer Zahlungspflicht verbunden ist, sondern auch, dass er unmittelbar davor klar und in hervorgehobener Weise u. a. auf die wesentlichen Eigenschaften seiner Leistung hinzuweisen hat[45]. Künftig muss also der Unternehmer zunächst auf die wesentlichen Eigenschaften seiner digitalen Leistung hinweisen, dann – mit Button-Lösung – darauf, was seine Leistung nicht kann, bis schließlich der Verbraucher das Kästchen „zahlungspflichtig bestellen“ anklicken darf.

C. Vertragsmäßigkeit im Entwurf der Fernabsatz-RL

I. Die maßgebenden Kriterien

Nach Art. 4 Abs. 1 FA-RLE muss die Ware hinsichtlich Quantität, Qualität und Beschreibung den vertraglichen Anforderungen entsprechen, wobei hier auch eine dem Verbraucher vorgelegte Probe oder ein Muster relevant sind (lit. a),

[42] Dazu *Stiegler/Wawryka*, BB 2016, 903, 906, nach denen für eine ausdrückliche Zustimmung eine konkrete Regelung in den AGB des Verkäufers, die durch Anklicken als zur Kenntnisnahme und Einwilligung begriffen werden, nicht ausreichen soll. Siehe auch *Schmidt-Kessel/Erler/Grimm/Kramme*, GPR 2016, 2, 66 („kaum handhabbare Regelung“). Nach *Stariradeff*, MMR 2016, 715, 716 dürfte die Betätigung des Bestellbuttons die Anforderungen des Art. 4 Abs. 4 FA-RLE nicht erfüllen.

[43] Siehe Erwägungsgründe der Maltesischen Präsidentschaft und der künftigen Estnischen Präsidentschaft vom 29.6.2017, 2015/0287 (COD) 10471/17. Soweit nicht anders ausgewiesen beziehen sich die Erwägungsgründe auf das soeben genannte Ratsdokument.

[44] Dazu *Schwarzenegger* in P. Bydlinski/Lurger (Hrsg.), Die Richtlinie über die Rechte der Verbraucher, 2012, S. 25, 42; *Kolba/Leupold*, Das neue Verbraucherrecht, § 8 Rz. 231 ff.; *Dehn* in Schwimann/Kodek[4], § 8 FAGG Rz. 12 f. Siehe auch *Wendehorst*, NJW 2014, 577, 579 f.; *Brönneke* in Tamm/Tonner (Hrsg.), Verbraucherrecht[2], 2016, § 10 Rn. 35d ff.; *Wendehorst* in MükoBGB[7], § 312j Rn. 22 ff.; *Zöchling-Jud* in Forgó/Zöchling-Jud (Hrsg.), Das Vertragsrecht des ABGB auf dem Prüfstand, 20. ÖJT Band II/1, 2018, S. 197 f.

[45] Zur Diskussion siehe Fn. 29, 30.

sich für den vom Verbraucher angestrebten Zweck eignen, den der Verbraucher dem Verkäufer vor Vertragsabschluss zur Kenntnis gebracht hat und dem der Verkäufer zugestimmt hat (lit. b), und diejenigen Eigenschaften und diejenige Tauglichkeit besitzen, die in einer vorvertraglichen Erklärung angegeben sind, die Bestandteil des Vertrages ist (lit. c)[46].

Art. 5 FA-RLE nennt die objektiven Kriterien, welche die Ware erfüllen muss: Sie muss sich für Zwecke eigenen, für die Waren der gleichen Art gewöhnlich gebraucht werden (lit. a), sie muss mit Zubehör einschließlich Verpackung, Montageanleitung und anderen Anleitungen geliefert werden, deren Erhalt der Verbraucher erwarten kann (lit. b) und eine Qualität und Tauglichkeit aufweisen, die bei Waren der gleichen Art üblich sind und die der Verbraucher unter Berücksichtigung öffentlicher Erklärungen erwarten kann (lit. c)[47], wobei der Verkäufer wie schon nach der Verbrauchsgüterkauf-RL nachweisen kann, dass er die betreffende Erklärung nicht kannte und vernünftigerweise nicht kennen konnte, die Erklärung im Zeitpunkt des Vertragsabschlusses berichtigt war oder die Kaufentscheidung nicht durch die Erklärung beeinflusst worden sein konnte[48].

Art. 6 FA-RLE befasst sich mit der unsachgemäßen Montage oder Installierung: Werden Waren unsachgemäß montiert oder installiert, ist jede hierdurch verursachte Vertragswidrigkeit als Vertragswidrigkeit der Ware anzusehen, wenn die Ware vom Verkäufer oder unter seiner Verantwortung montiert oder installiert wurde (lit. a) oder die Ware zur Montage oder Installierung durch den Verbraucher bestimmt war und die unsachgemäße Montage oder Installation auf einen Mangel in der Anleitung zurückzuführen ist (lit. b).

Schließlich behandelt Art. 7 FA-RLE die Rechtsmängel: Damit Waren vertragsgemäß genutzt werden können, müssen sie frei von Rechten Dritter – einschließlich frei von geistigem Eigentum – sein.

II. Stellungnahme

1. Unklare Formulierungen

Die in dem FA-RLE gewählten Formulierungen werfen z. T. erhebliche Fragen auf, insbesondere, weil sie z. T. von der Verbrauchsgüterkauf-RL abweichen und nicht immer klar ersichtlich ist, ob tatsächlich inhaltlich Neues bezweckt ist[49]. Auch wenn man einzelnen Formulierungen auf Grund des Umstandes, dass

---

[46] Dazu *Stiegler/Wawryka*, BB 2016, 903, 905 f., nach denen jegliche Informationen, die sich auf eine vertragswesentliche Eigenschaft der Ware beziehen und vom jeweiligen Verkäufer stammen, von einer etwaigen Gewährleistung erfasst sind. Nach *Stariradeff*, MMR 2016, 715, 716 sei eine Differenzierung zwischen vertraglichen und vorvertraglichen Erklärungen gar nicht geboten.

[47] Siehe dazu *Maultzsch*, JZ 2016, 236, 239.

[48] Siehe dazu *Maultzsch*, JZ 2016, 236, 240.

[49] Kritisch auch *Schmidt-Kessel*, Stellungnahme zu den Richtlinienvorschlägen der Kommission zum Online-Handel und zu den digitalen Inhalten, 2016, S. 8, abrufbar unter https://www.bundestag.de/blob/422258/c3ecca9b7286f38bda7e060f7b420c06/schmidt_kessel-data.pdf [zuletzt abgerufen am 27.9.2017].

es sich lediglich um einen Entwurf handelt, nicht zu viel Bedeutung beimessen sollte, weil zu erwarten ist, dass der Text noch erheblich überarbeitet wird, soll doch auf einige Punkte hingewiesen werden.

2. *Verkäufer hat für Vertragsmäßigkeit der Ware „zu sorgen"*

Zunächst einmal fällt auf, dass der Unternehmer nicht wie nach der Verbrauchsgüterkauf-RL verpflichtet ist, dem Verbraucher dem Vertrag gemäße Waren zu liefern (Art. 2 Abs. 1 Verbrauchsgüterkauf-RL), sondern „dafür zu sorgen hat", dass die Waren vertragsgemäß sind (Art. 4 Abs. 1 lit. a) FA-RLE). Das liefert neues Argumentationsmaterial für die Frage der Herstellungspflicht des Verkäufers und damit verbunden für seine Haftung für den Hersteller als Erfüllungsgehilfen[50].

3. *„Soweit relevant"*

Unklar ist, warum die in Art. 4 Abs. 1 genannten subjektiven Kriterien und auch die objektiven Kriterien des Art. 5 nur zum Tragen kommen, „soweit dies relevant ist". Gemeint ist offenbar, dass eine vertragliche Beschreibung oder ein Muster nur maßgebend sind, wenn es solche gegeben hat, doch versteht sich das von selbst, so dass letztlich offen bleibt, welchen Zweck diese Einschränkung tatsächlich verfolgt.

4. *Unsachgemäße Montage*

Im Zusammenhang mit der unsachgemäßen Montage dürfte der Kommission ein Fehler unterlaufen sein. Wie erwähnt, bestimmt Art. 6 FA-RLE ähnlich wie Art. 2 Abs. 5 Verbrauchsgüterkauf-RL, dass eine durch eine unsachgemäße Montage verursachte Vertragswidrigkeit als Vertragswidrigkeit der Ware anzusehen ist, wenn die Ware vom Verkäufer oder unter seiner Verantwortung montiert wurde oder die Ware zur Montage durch den Verbraucher bestimmt ist und die unsachgemäße Montage auf einen Mangel in der Anleitung zurückzuführen ist. Allerdings kann davon nach Art. 4 Abs. 3 FA-RLE durch Vereinbarung abgewichen werden, sofern dem Verbraucher der besondere Umstand bekannt war und er ihn ausdrücklich akzeptiert hat. Das kann für die fehlerhafte Montageanleitung vielleicht einen theoretischen Anwendungsbereich haben. Für die vom Verkäufer vorzunehmende Montage ist der Verweis schlicht unrichtig. Oder soll damit die zwingende Haftung des Verkäufers durch besondere Vereinbarung dispositiv werden[51]?

---

[50] Zu dieser Frage näher *Schacherreiter* in Kletečka/Schauer (Hrsg.), ABGB-ON$^{1.04}$, § 1313a Rz. 46; *Wagner* in Schwimann/Kodek^{4} (Hrsg.), § 1313a Rz. 8a ff.; *Grundmann* in MükoBGB^{7}, § 278 Rn. 31; *Lorenz* in BeckOK^{43}, § 278 Rn. 27 ff.

[51] Art. 99 Abs. 3 CESL-E verweist gerade nicht auf Art. 101 CESL-E, der dort die unsachgemäße Montage regelt.

5. *Rechtsmängel*

Klarstellung bringt der Richtlinienentwurf für Rechtsmängel: Damit die Waren vertragsgemäß genutzt werden können, müssen sie nach Art. 7 FA-RLE frei von Rechten Dritter sein, einschließlich frei von Rechten an geistigem Eigentum[52]. Die Formulierung, dass Waren „frei von Rechten Dritter sein" müssen, entspricht Art. 41 UN-Kaufrecht[53] und Art. 102 CESL-E und ist daher im internationalen Einheitsprivatrecht etabliert[54].

Dennoch ist darauf hinweisen, dass diese Formulierung nur dann unproblematisch ist, wenn man sie dahingehend versteht, dass erstens Waren nur frei von Rechten Dritter sein müssen, die gegen den Erwerber geltend gemacht werden können, also nicht gänzlich frei von Rechten sein müssen, insbesondere nicht von Rechten an geistigem Eigentum[55], und zweitens mit der Rechtsposition unvereinbar sein müssen, die dem Erwerber nach dem Vertrag verschafft werden muss, um z. B. Eigentumsvorbehaltsabreden zu ermöglichen[56]. Art. 7 FA-RLE erfasst seinem Wortlaut nach nur „Rechte Dritter" und nicht wie seine Vorbildbestimmungen des Art. 102 CESL-E auch „Ansprüche Dritter", sofern sie nicht offensichtlich unbegründet sind[57]. Das bedeutet ein Minus an Käuferschutz, weil ein Rechtsmangel eben nur dann vorliegt, wenn das Recht des Dritten tatsächlich besteht, nicht aber bereits dann, wenn ein nicht offensichtlich unbegründeter Anspruch geltend gemacht wird, der letztlich nicht besteht[58].

III. Maßgebender Zeitpunkt für die Vertragswidrigkeit und Beweislast

1. Gefahrenübergang

Art. 8 FA-RLE regelt den maßgebenden Zeitpunkt für die Feststellung der Vertragswidrigkeit. Der Verkäufer haftet vereinfacht gesagt nur für Vertragswid-

[52] Kritisch *Ostendorf*, ZRP 2016, 69, 70, der eine für internationale Geschäfte sinnvolle Differenzierung wie in Art. 42 UN-Kaufrecht und Art. 102 Abs. 2 und 4 CESL-E vermisst. Siehe auch *Maultzsch*, JZ 2016, 236, 240.

[53] Dazu *Schwenzer* in Schlechtriem/Schwenzer (Hrsg.), Kommentar zum Einheitlichen UN-Kaufrecht[6], Art. 41 CISG; *Posch* in Schwimann/Kodek[4] (Hrsg.), Art. 41 CISG.

[54] *Faber* in Wendehorst/Zöchling-Jud (Hrsg.), Ein neues Vertragsrecht für den digitalen Binnenmarkt?, 2016, S. 89, 116.

[55] Nach *Schmidt-Kessel/Erler/Grimm/Kramme*, GPR 2016, 2, 60 differenzieren sowohl der DI-RLE (in seiner Ursprungsfassung) als auch der FA-RLE für die Rechtsmängelhaftung anders als das UN-Kaufrecht nicht zwischen Rechten aus geistigem Eigentum und anderen Rechten Dritter. *Stariradeff*, MMR 2016, 715, 716 spricht sich deswegen dafür aus, den Wortlaut des Erwägungsgrundes (21) Satz 3 FA-RLE im Gesetzestext zu übernehmen.

[56] Vgl. auch *Smits*, The new proposal for harmonized rules for the online sales of tangible goods: conformity, lack of conformity and remedies, Europäisches Parlament Rechtsausschuss 2016 PE 536.492, 9.

[57] Zu Art. 102 CESL-E *Remien* in Schmidt-Kessel (Hrsg.), Der Entwurf für ein Gemeinsames Europäisches Kaufrecht, Art. 102 Rn. 2; *Druschel*, Die Behandlung digitaler Inhalte im Gemeinsamen Europäischen Kaufrecht, 2014, S. 287 ff.

[58] Vgl. auch *Faber* in Wendehorst/Zöchling-Jud (Hrsg.), Ein neues Vertragsrecht für den digitalen Binnenmarkt?, 2016, S. 89, 117.

rigkeiten, die im Zeitpunkt des Gefahrenübergangs bestehen. Dieser Zeitpunkt wird in Art. 8 Abs. 1 FA-RLE im Anschluss an Art. 20 Verbraucherrechte-RL für den Versendungskauf näher geregelt und in Abs. 2 für die unsachgemäße Montage. Wird die Ware vom Verkäufer montiert, ist der Zeitpunkt des Abschlusses der Montage maßgebend. Bei Montage durch den Verbraucher kommt es auf den Zeitpunkt an, zu dem der Verbraucher die Montage innerhalb angemessener Zeit, jedoch nicht später als 30 Tage nach Übergabe (Abs. 1) abgeschlossen hat[59]. Ein Verbraucher, der sein online erworbenes Möbelstück erst nach 30 Tagen zusammenschraubt und dabei wegen der fehlerhaften Anleitung beschädigt, verliert offenbar jegliche Ansprüche.

2. *Beweislast*

Art. 8 Abs. 3 FA-RLE regelt schließlich die Beweislast für das Vorliegen der Vertragswidrigkeit im Zeitpunkt des Gefahrenübergangs: Dieses wird vermutet, wenn die Vertragswidrigkeit binnen 2 Jahren nach Gefahrenübergang offenbar wird.

Der Aufschrei der Wirtschaft ist groß – es ist daran zu erinnern, dass an diesem Punkt schon die Pläne zu einer umfassenden, auch das Gewährleistungsrecht einschließenden Verbraucherrechte-RL gescheitert sind[60]. Es ist also damit zu rechnen, dass die Länge der Beweislastumkehr noch Gegenstand heftiger rechtspolitischer Diskussionen sein wird.

Interessant erscheint in diesem Zusammenhang ein weiterer Aspekt: Wie bereits erwähnt, hat der Verkäufer nach Art. 4 Abs. 1 lit. a) FA-RLE dafür zu sorgen, dass die Ware auch hinsichtlich der Quantität den vertraglichen Anforderungen entspricht und nach Art. 5 lit. b) FA-RLE muss die Ware auch mit solchem Zubehör geliefert werden, deren Erhalt der Verbraucher erwarten kann. Der Entwurf erfasst damit unstrittig auch jegliche Art von Minderlieferung, seien es echte Quantitätsabweichungen, sei es das Fehlen von Zubehör, wie z. B. Ladekabel für Elektrogeräte o. ä. Auf solche Quantitätsabweichungen die Beweislastumkehr zu erstrecken, noch dazu für zwei Jahre, birgt natürlich schon ein gewisses Missbrauchspotential in sich, weil der Unternehmer den Gegenbeweis wohl praktisch nicht erbringen kann[61].

---

[59] Dazu kritisch *Maultzsch*, JZ 2016, 236, 241 f.; *Stiegler/Wawryka*, BB 2016, 903, 907.

[60] Zum Vorschlag für eine Richtlinie des Europäischen Parlaments und des Rates über Rechte der Verbraucher vom 8.10.2008, KOM(2008) 614 endg. siehe Jud/Wendehorst (Hrsg.), Neuordnung des Verbraucherprivatrechts in Europa? Zum Vorschlag einer Richtlinie über Rechte der Verbraucher, 2009. Siehe auch *Wendehorst*, Die neue Richtlinie über die Rechte der Verbraucher, in Schenk/Lovrek/Musger/Neumayr (Hrsg.), Festschrift für Irmgard Griss, 2011, S. 717; Bydlinski/Lurger (Hrsg.), Die Richtlinie über die Rechte der Verbraucher, 2012; *Kolba/Leupold*, Das neue Verbraucherrecht, 2014.

[61] Kritisch zur Regelung des Art. 8 Abs. 3 FA-RLE *Cap/Stabenheiner*, wbl 2016, 177, 243; *Smits*, ZEuP 2016, 319, 321; *Stiegler/Wawryka*, BB 2016, 903, 907, mit Hinweis auf die Rsp des EuGH (C-497/13 NJW 2015, 2237 [*Hübner*]), wonach die Vermutung auch dann besteht, wenn die Kausalität in Bezug auf den Eintritt des Mangels ungeklärt ist; in diesem Sinn ebenfalls kritisch *Maultzsch*, JZ 2016, 236, 242; *Ostendorf*, ZRP 2016, 69, 70.

D. Bereitstellung und Vertragsmäßigkeit im Entwurf der Digitale Inhalte-RL

Die Bestimmungen über die Leistungspflichten des Anbieters von digitalen Inhalten unterscheiden sich von jenen des Entwurfs der FA-RL in zwei wesentlichen Punkten und in zahlreichen Detailfragen. Zu den wesentlichen Unterschieden gehört, dass der Anbieter nicht nur für jede Vertragswidrigkeit im Zeitpunkt der Bereitstellung der digitalen Inhalte haftet (Art. 9 lit. b) i) DI-RLE), sondern – soweit die Bereitstellung für einen längeren Zeitraum geschuldet ist – für jede Vertragswidrigkeit, die im Laufe dieses Zeitraums eintritt (Art. 9 lit. b) ii) DI-RLE), sowie dass der Anbieter auch für die nicht erfolgte Bereitstellung haftet (Art. 9 lit. a) DI-RLE), also – in bisheriger Terminologie – für die Nichterfüllung.

I. Bereitstellung digitaler Inhalte

Art. 5 DI-RLE regelt die Verpflichtung des Anbieters zur Bereitstellung digitaler Inhalte und damit seine primäre Leistungspflicht. Er bestimmt, zu welchem Zeitpunkt die Bereitstellung zu erfolgen hat und wodurch der Anbieter seiner Bereitstellungspflicht nachkommen kann.

1. Zeitpunkt der Bereitstellung

Nach Art. 5 Abs. 1 Satz 2 DI-RLE hat der Anbieter die digitalen Inhalte oder die digitale Dienstleistung mangels anderer Vereinbarung *„ohne ungebührliche Verzögerung nach Vertragsschluss"* bereitzustellen. Damit wird die Fälligkeit der Leistungspflicht geregelt, die für die Nichterfüllungsfolgen des Art. 11 DI-RLE von Bedeutung ist.

Verletzt der Anbieter seine Bereitstellungspflicht in zeitlicher Hinsicht, muss der Verbraucher nach Art. 11 Abs. 1 DI-RLE den Anbieter zunächst auffordern, den digitalen Inhalt (oder die digitale Dienstleistung) bereitzustellen. Erst wenn es der Anbieter versäumt, den digitalen Inhalt ohne ungebührliche Verzögerung oder innerhalb einer ausdrücklich zwischen den Vertragsparteien vereinbarten zusätzlichen Frist bereitzustellen, ist der Verbraucher zur Vertragsbeendigung berechtigt. Zur sofortigen Vertragsbeendigung ist der Verbraucher nach Abs. 2 nur dann berechtigt, wenn sie der Verbraucher und der Anbieter vereinbart haben oder aus den Vertragsschluss begleitenden Umständen eindeutig hervorgeht, dass für den Verbraucher ein bestimmter Zeitpunkt für die Bereitstellung von grundlegender Bedeutung ist, und der Anbieter es versäumt, die digitalen Inhalte oder die digitale Dienstleistung bis zu oder zu diesem Zeitpunkt bereitzustellen (lit. a), oder der Anbieter erklärt hat oder aus den Umständen eindeutig hervorgeht, dass er die digitalen Inhalte oder die digitale Dienstleistung nicht bereitstellen wird (lit. b). Es wird also – im Gegensatz zum ursprünglichen

Entwurf der Kommission[62] – das Recht des Anbieters zur zweiten Andienung verankert.

Fraglich ist nun, wie die beiden Kriterien, die mangels vertraglicher Vereinbarung zur Bestimmung der Fälligkeit heranzuziehen sind, auszulegen sind. Was bedeutet „ohne ungebührliche Verzögerung“ und was bedeutet „Vertragsschluss“?

Der ursprüngliche Vorschlag der Kommission hat im Gegensatz zur Allgemeinen Ausrichtung noch vorgesehen, dass digitale Inhalte „sofort nach Vertragsschluss“ bereitzustellen sind[63]. Die Wendung „ohne ungebührliche Verzögerung“ scheint dem Anbieter einen längeren Zeitraum zu gewähren. Allerdings wird die „ungebührliche Verzögerung“ auch in Art. 11 DI-RLE verwendet und dort durch Erwägungsgrund (35) näher erklärt:

„Wird ein Anbieter nach einer nicht erfolgten Bereitstellung vom Verbraucher aufgefordert, die digitalen Inhalte [...] ohne ungebührliche Verzögerung bereitzustellen, sollte der Anbieter so rasch wie möglich handeln. Da digitale Inhalte [...] in digitaler Form bereitgestellt werden [...], ist bei der Bereitstellung in den meisten Fällen keine zusätzliche Zeit erforderlich, um dem Verbraucher die digitalen Inhalte [...] zur Verfügung zu stellen. Daher sollte der Anbieter in einigen Fällen die digitalen Inhalte [...] unverzüglich bereitstellen.“

Ohne ungebührliche Verzögerung heißt also im Zusammenhang mit der Nachfristsetzung nach Art. 11 DI-RLE in der Regel „sofort“ und es kann m. E. nichts anderes für die ursprüngliche Leistungsfrist gelten. Das entspricht auch der Realität.

Schwieriger verhält es sich m. E. mit der Frage des Vertragsabschlusses. Wann und wodurch erfolgt denn beim Erwerb digitaler Inhalte über eine Online-Bestellmaske der Vertragsschluss[64]? Diese Frage ist dem nationalen Recht vorbehalten. In Deutschland[65] und Österreich[66] wird im Allgemeinen vertreten, dass das Angebot auf der Website des Anbieters regelmäßig nur eine *invitatio ad offerendum* und kein bindendes Angebot darstellt, so dass erst der Verbraucher das Angebot legt, das der Anbieter (konkludent) annehmen oder auch ablehnen kann. Diesbezüglich sind freilich auch die Vorgaben des Art. 18 Verbraucherrechte-RL zu berücksichtigen. Ob diese Ansicht auch bei digitalen Inhalten zutrifft, ist freilich fraglich und im Detail strittig[67]. Immerhin besteht die

---

[62] Art. 11 DI-RLE idF COM(2015) 634 final: *„Hat der Anbieter die digitalen Inhalte nicht gemäß Artikel 5 bereitgestellt, ist der Verbraucher nach Artikel 13 zur sofortigen Beendigung des Vertrags berechtigt.“*

[63] Art. 5 DI-RLE idF COM(2015) 634 final.

[64] *Faber* in Wendehorst/Zöchling-Jud (Hrsg.), Ein neues Vertragsrecht für den digitalen Binnenmarkt?, 2016, S. 89, 93; *Zöchling-Jud* in Forgó/Zöchling-Jud (Hrsg.), Das Vertragsrecht des ABGB auf dem Prüfstand, 20. ÖJT Band II/1, 2018, S. 185.

[65] Dazu *Spindler* in Spindler/Schuster (Hrsg.), Recht der eletkronischen Medien³, Vorbemerkung zu § 145 Rn. 4; *Busche* in MükoBGB⁷, § 145 Rn. 13; *Eckert* in Beck-OK⁴³, § 145 Rn. 41.

[66] *Wiebe* in Kletečka/Schauer (Hrsg.), ABGB-ON$^{1.02}$, § 861 Rz. 19.

[67] Siehe nur *Wiebe* in Kletečka/Schauer (Hrsg.), ABGB-ON$^{1.02}$, § 861 Rz. 19; *Spindler* in Spindler/Schuster (Hrsg.), Recht der eletkronischen Medien³, Vorbemerkung zu § 145 Rn. 4; *Faber* in Wendehorst/Zöchling-Jud (Hrsg.), Ein neues Vertragsrecht für den digitalen Binnen-

Besonderheit digitaler Inhalte ja in ihrer unbeschränkten Vervielfältigbarkeit[68], so dass die Begründung, warum Angebote auf einer Website nur eine *invitatio ad offerendum* darstellen[69], eigentlich nicht trägt. Jedenfalls besteht hier ein beträchtliches Maß an Unsicherheit, so dass Anbieter gut beraten sein werden, über den Leistungszeitpunkt eine vertragliche Regelung zu treffen.

2. *Art der Bereitstellung*

Nach Art. 5 Abs. 2 DI-RLE hat der Anbieter seine Verpflichtung zur Bereitstellung erfüllt, sobald die digitale Dienstleistung oder jede Vorrichtung, die für den Zugang zu den digitalen Inhalten oder deren Herunterladen geeignet ist, von dem Verbraucher oder der physischen oder virtuellen Einrichtung, die von dem Verbraucher zu diesem Zweck bestimmt worden war, empfangen wurde (lit. a), oder die digitale Dienstleistung dem Verbraucher oder der von ihm zu diesem Zweck bestimmten physischen oder virtuellen Einrichtung zugänglich gemacht worden ist (lit. b). Dass es ausweislich des geplanten Erwägungsgrundes (23) *„angezeigt [ist], einfache und klare Vorschriften in Bezug auf die Art und Weise der Erfüllung der wichtigsten Vertragspflicht des Anbieters, d. h. der Bereitstellung digitaler Inhalte für den Kunden, festzulegen"*, ist angesichts der nahezu unverständlichen Formulierung des Art. 5 Abs. 2 DI-RLE paradox.

Der ursprüngliche Entwurf der Kommission sah demgegenüber in Art. 5 Abs. 1 noch vor, dass der Anbieter die digitalen Inhalte bereitstellt, und zwar für den Verbraucher (lit. a) oder einen vom Verbraucher für den Empfang der digitalen Inhalte bestimmten Dritten, der eine physische oder virtuelle Plattform betreibt, über die die digitalen Inhalte dem Verbraucher bereit gestellt werden oder dem Verbraucher Zugang zu den digitalen Inhalten verschafft wird (lit. b). Bereitstellung war in Art. 2 Abs. 10 des Kommissionsentwurfs definiert als *„Verschaffung des Zugangs zu oder die Zurverfügungstellung von digitalen Inhalten"*. Diese Bestimmung galt nach der ursprünglichen Konzeption für alle Arten von digitalen Inhalten, weil Art. 2 Abs. 1 „digitale Inhalte" als Überbegriff definierte und darunter Daten, die in digitaler Form hergestellt werden (lit. a), Dienstleistungen, die die Erstellung, Verarbeitung oder Speicherung von Daten in digitaler Form ermöglichen, wenn diese Daten vom Verbraucher bereitgestellt werden (lit. b), und Dienstleistungen, die die gemeinsame Nutzung ermöglichen (lit. c), zu verstehen waren.

In der Fassung der Allgemeinen Ausrichtung wird demgegenüber zwischen digitalen Inhalten einerseits und digitalen Dienstleistungen andererseits differenziert: Digitale Inhalte sind Daten, die in digitaler Form hergestellt und bereitgestellt werden, wie Videodateien, Audiodateien, Anwendungen, digitale

markt?, 2016, S. 89, 94; für das Vorliegen einer *invitatio ad offerendum Busche* in MükoBGB[7], § 145 Rn. 13; *Eckert* in Beck-OK[43], § 145 Rn. 41.

[68] So auch *Spindler* in Spindler/Schuster (Hrsg.), Recht der eletkronischen Medien[3], Vorbemerkung zu § 145 Rn. 4 mwN.

[69] Dazu *Koziol – Welser/Kletečka*, Bürgerliches Recht I[14], 2014, Rz. 402; *Wiebe* in Kletečka/Schauer (Hrsg.), ABGB-ON[1.02], § 861 Rz 18 f.; *Eckert* in Beck-OK[43], § 145 Rn. 41.

spiele und sonstige Software (Art. 2 Abs. 1 DI-RLE); digitale Dienstleistungen sind nach Art. 2 Abs. 1a DI-RLE Dienstleistungen, die dem Verbraucher die Erstellung, Verarbeitung oder Speicherung von Daten in digitaler Form oder den Zugang zu diesen Daten ermöglichen (lit. a) sowie Dienstleistungen, die die gemeinsame Nutzung von oder sonstige Interaktion mit Daten in digitaler Form ermöglichen (lit. b).

Betrachtet man nun Art. 5 Abs. 2 in der Fassung der Allgemeinen Ausrichtung näher, dann fällt auf, dass hier nur noch von „digitalen Dienstleistungen" und nicht mehr von „digitalen Inhalten" gesprochen wird. Da darunter nur die in Art. 2 Abs. 1a DI-RLE beschriebenen Dienstleistungen zu subsummieren sind, findet Art. 5 Abs. 2 DI-RLE auf „digitale Inhalte" i. S. d. Art. 2 Abs. 1 DI-RLE keine Anwendung. Damit fehlt aber eine Regelung, wie ein Anbieter digitale Inhalte i. S. d. Art. 2 Abs. 1 bereit zu stellen hat, weil die ursprüngliche Definition in Art. 2 Abs. 10 im Hinblick auf die Neufassung des Art. 5 in der Allgemeinen Ausrichtung entfallen ist[70].

Allerdings bezieht sich der zu Art. 5 Abs. 2 formulierte Erwägungsgrund (23) sowohl auf digitale Inhalte als auch auf digitale Dienstleistungen, doch lässt er letztlich offen, wie bereitzustellen ist. Es werden die Bereitstellung *„in Übereinstimmung mit den marktüblichen Praktiken und technischen Möglichkeiten"*, der Empfang der digitalen Inhalte oder digitalen Dienstleistungen aber auch der „Zugang" erwähnt, womit letztlich alles offen ist.

Klarheit bringt der Erwägungsgrund aber immerhin insoweit, als der Grundsatz gelten soll, dass der Anbieter nicht für Handlungen oder Unterlassungen einer anderen Stelle, die eine physische oder elektronische Einrichtung betreibt (z. B. Plattformen, Cloud-Speicherung), die der Verbraucher für den Empfang oder die Speicherung der digitalen Inhalte gewählt hat, haftbar sein soll. Es soll vielmehr genügen, wenn der Anbieter die digitalen Inhalte dieser Stelle bereitstellt[71]. Damit ergibt sich aber aufgrund eines Größenschlusses, dass der Anbieter auch dann nicht haftet, wenn die nicht erfolgte Bereitstellung dem Verbraucher anzulasten ist, etwa wenn sie auf die Internetverbindung des Verbrauchers zurückzuführen ist[72]. Daraus folgt m. E., dass – wie nach dem ursprünglichen Kommissionsentwurf – Erfüllung nicht etwa die erfolgreiche Speicherung oder Installation des digitalen Inhalts durch den Verbraucher voraussetzt, sondern es vielmehr genügt, dass die digitalen Inhalte zugänglich gemacht werden und vom Verbraucher abrufbar sind. Die Parallele zur Holschuld drängt sich auf[73].

---

[70] Vgl. Fn. 11 der Allgemeinen Ausrichtung 2015/0287(COD) 9901/17 ADD 1 zum entfallenen Art. 2 Abs. 10.

[71] Wesentlich ist, dass der Verbraucher diese Stelle bestimmt hat, was ausweislich des Erwägungsgrundes (23) dann nicht der Fall ist, wenn diese Stelle vom Anbieter kontrolliert wird oder diese Stelle die einzige ist, die der Anbieter anbietet, um die digitalen Inhalte zu empfangen; *Zöchling-Jud* in Forgó/Zöchling-Jud (Hrsg.), Das Vertragsrecht des ABGB auf dem Prüfstand, 20. ÖJT Band II/1, 2018, S. 187.

[72] Vgl. Fn. 33 zur Allgemeinen Ausrichtung 2015/0287(COD) 9901/17 ADD 1.

[73] *Spindler*, MMR 2016, 147, 151; *Faber* in Wendehorst/Zöchling-Jud (Hrsg.), Ein neues Vertragsrecht für den digitalen Binnenmarkt?, 2016, S. 89, 96.

Dieses Bereitstellungskonzept wird für den Regelfall, also z. B. den Download von Video- oder Audiodateien, digitalen Spielen oder sonstiger Software durchaus sachgerecht sein. Fraglich ist aber, ob angesichts der umfassenden Definition von digitalen Inhalten in Art. 2 Abs. 1 und 1a DI-RLE, die ja auch verschiedene Dienstleistungen erfasst, sowie des Umstands, dass die Richtlinie nicht nur auf Online-Verträge Anwendung findet, nicht doch Konstellationen denkbar sind, in denen sich die Leistungspflicht des Anbieters nicht in der Bereitstellung erschöpft. Jedenfalls muss eine davon abweichende (auch konkludente) Vereinbarung möglich sein, worauf der derzeitige Entwurf rein wörtlich keine Rücksicht nimmt und der Umsetzungsgesetzgeber wegen des Vollharmonisierungskonzepts wohl keine Rücksicht nehmen kann.

3. Dauer der Bereitstellung

Nicht geregelt wird, wie lange der Anbieter die digitalen Inhalte bereitzustellen hat. Dies ist vor allem bei einmaligen Leistungspflichten, etwa einem Video, das der Verbraucher einmalig downloaden soll, problematisch. Wie lange hat er hiefür nach Vertragsschluss Zeit? Der Anbieter muss „ohne ungebührliche Verzögerung" bereitstellen, aber muss auch der Verbraucher die Leistung sofort „abholen"? Und was gilt, wenn der Download aus Gründen misslingt, die in der Risikosphäre des Verbrauchers liegen, beispielsweise einer Störung der Internetverbindung oder des eigenen Rechners? Der Anbieter soll dafür nicht verantwortlich sein (Erwägungsgrund [23]). Aber heißt das wirklich, dass der Verbraucher nach Behebung der Störung keinen neuen Versuch starten darf oder falls doch, in welchem Zeitraum[74]? Das Schweigen des RL-Entwurfs zu dieser zentralen Frage muss wohl als Verweis auf das nationale Recht verstanden werden, was das Regelungsanliegen der Richtlinie freilich konterkariert.

II. Vertragsmäßigkeit nach dem Richtlinienentwurf über digitale Inhalte

1. Überblick

Der Vertragsmäßigkeit digitaler Inhalte und digitaler Dienstleistungen sind in der Allgemeinen Ausrichtung des DI-RLE vier Artikel gewidmet. Art. 6 umschreibt die subjektiven Anforderungen, Art. 6a die objektiven Anforderungen, Art. 7 befasst sich mit der Integration der digitalen Inhalte oder der digitalen Dienstleistung in die Umgebung des Verbrauchers und Art. 8 regelt die Rechtsmängel.

Nach Art. 6 Abs. 1 ist der digitale Inhalt oder die digitale Dienstleistung dann vertragsgemäß, wenn sie insbesondere hinsichtlich der Beschreibung, der Menge und der Qualität, des Funktionsumfangs, der Kompatibilität, der Interoperabili-

[74] Siehe dazu auch *Faber* in Wendehorst/Zöchling-Jud (Hrsg.), Ein neues Vertragsrecht für den digitalen Binnenmarkt?, 2016, S. 89, 95; *Zöchling-Jud* in Forgó/Zöchling-Jud (Hrsg.), Das Vertragsrecht des ABGB auf dem Prüfstand, 20. ÖJT Band II/1, 2018, S. 188.

tät und sonstiger Merkmale den Anforderungen entsprechen bzw. entspricht, die sich aus dem Vertrag ergeben (lit. a), sich für einen bestimmten vom Verbraucher angestrebten Zweck eignen bzw. eignet, den der Verbraucher dem Anbieter bei Vertragsschluss zur Kenntnis gebracht hat und dem der Anbieter zugestimmt hat (lit. b), den Anforderungen des Vertrags entsprechend mit Zubehör, Anleitungen und Kundendienst bereitgestellt werden bzw. wird (lit. c) und den Anforderungen des Vertrags entsprechend aktualisiert werden bzw. wird (lit. d).

Nach Art. 6a Abs. 1 müssen digitale Inhalte oder digitale Dienstleistungen für die Zwecke geeignet sein, für die gleichartige digitale Inhalte oder eine gleichartige digitale Dienstleistung gewöhnlich genutzt werden bzw. wird, gegebenenfalls unter Berücksichtigung der geltenden nationalen Vorschriften und Unionsvorschriften, technischer Normen oder in Ermangelung solcher technischer Normen anwendbarer sektorspezifischer Verhaltenskodizes (lit. a), über einen Umfang und eine Qualität, Funktionalität, Kompatibilität und andere Merkmale wie Leistung, Zugänglichkeit, Kontinuität oder Sicherheit einschließlich Sicherheitsaktualisierungen verfügen, die für die Nutzung gleichartiger digitaler Inhalte oder einer gleichartigen digitalen Dienstleistung üblich sind und die der Verbraucher unter Berücksichtigung öffentlicher Erklärungen, die im Vorfeld des Vertragsschlusses von dem Anbieter oder anderen Personen abgegeben wurden, vernünftigerweise erwarten kann (lit. b)[75], mit dem Zubehör und den Anleitungen bereitgestellt werden, deren Erhalt der Verbraucher vernünftigerweise erwarten kann (lit. c), der durch den Anbieter vor Vertragsschluss bereitgestellten Testversion oder Voranzeige der digitalen Inhalte oder der digitalen Dienstleistung entsprechen (lit. d), für das sichere Funktionieren der digitalen Inhalte oder der digitalen Dienstleistung erforderlichenfalls aktualisiert werden (lit. e), wobei es auf die berechtigten Verbrauchererwartungen ankommt[76].

Wie bereits erwähnt, sind die objektiven Anforderungen zusätzlich zu den subjektiven Anforderungen zu erfüllen, sofern die Abweichung von den objektiven Anforderungen dem Verbraucher nicht eigens zur Kenntnis gebracht wurden und er diese akzeptiert hat (Art. 6a Abs. 2 DI-RLE)[77].

Im Folgenden sollen einige Einzelaspekte der Vertragsmäßigkeit digitaler Inhalte herausgegriffen werden:

2. Einmaliges, mehrmaliges oder kontinuierliches Bereitstellen

Art. 9 lit. b) befasst sich mit der Frage, zu welchem Zeitpunkt die Vertragswidrigkeit zu prüfen ist. Sieht der Vertrag eine einmalige Bereitstellung vor oder eine Reihe einzelner Bereitstellungen, ist der Zeitpunkt der Bereitstellung maßgebend (i); sieht der Vertrag hingegen eine kontinuierliche Bereitstellung vor,

---

[75] Zu den Ausnahmen siehe Art. 6a Abs. 1 lit. b i)–iii).

[76] Vgl. demgegenüber noch zur ursprünglichen Fassung des Kommissionsentwurfs Art. 6 Abs. 2. Dazu *Faber* in Wendehorst/Zöchling-Jud (Hrsg.), Ein neues Vertragsrecht für den digitalen Binnenmarkt?, 2016, S. 89, 109 ff.

[77] Siehe oben B. I.

dann haftet der Anbieter für jede Vertragswidrigkeit, die während der Vertragslaufzeit eintritt (ii).

Diese Regelung ist grundsätzlich zu begrüßen und entspricht in der analogen Welt dem Kauf- und Mietrecht. Problematisch könnte allenfalls die Abgrenzung zwischen mehrmaliger und kontinuierlicher Bereitstellung sein. Erwägungsgrund (34b) führt dazu aus, dass Fälle, in denen bestimmte Elemente der digitalen Inhalte während eines bestimmten Zeitraums regelmäßig oder wiederholt bereitgestellt werden (z. B. monatliche Aktualisierung eines Antivirenprogramms), als kontinuierliche Bereitstellung anzusehen sind[78].

3. *Maßgeblichkeit des Entgelts*

Nach der ursprünglichen Fassung des Kommissionsentwurfs war bei Beurteilung der Frage, welche Leistungsmerkmale in Bezug auf Funktionsumfang, Interoperabilität, Zugänglichkeit, Kontinuität und Sicherheit ein digitaler Inhalt mangels Vereinbarung gewöhnlich zu erfüllen hat, nach Art. 6 Abs. 2 lit. a) auch zu berücksichtigen, ob die digitalen Inhalte gegen Zahlung eines Preises oder gegen eine andere Leistung als Geld bereitgestellt werden. Dahinter steckte der grundsätzlich richtige Gedanke, dass der Wert der Gegenleistung im Allgemeinen den geschuldeten Leistungsstandard beeinflussen kann. Gemeint war aber offensichtlich, dass „andere Gegenleistungen" die personenbezogenen Daten sind[79] und dass diese grundsätzlich als geringwertiger anzusehen sind, als ein monetäres Entgelt. Dieses Kriterium ist in der Fassung der Allgemeinen Ausrichtung zu Recht nicht mehr enthalten[80], zum einen, weil es das Grundkonzept des Richtlinienentwurfs, personenbezogene Daten grundsätzlich als werthaltige Gegenleistung anzusehen, konterkariert hätte, und zum anderen, weil die Bestimmung des Werts personenbezogener Daten mit erheblichen Schwierigkeiten verbunden ist[81].

4. *Updates und Patches*

Nach Art. 6 Abs. 1 lit. d) DI-RLE müssen digitale Inhalte und digitale Dienstleistungen den Anforderungen des Vertrages entsprechend aktualisiert werden. Die Einordnung der Aktualisierungspflicht unter die subjektiven Anforderungen stellt zunächst einmal klar, dass der Verbraucher nur dann Anspruch auf Updates hat, wenn dies im Vertrag vereinbart wurde[82]. Erwägungsgrund (24b)

---

[78] *Zöchling-Jud* in Forgó/Zöchling-Jud (Hrsg.), Das Vertragsrecht des ABGB auf dem Prüfstand, 20. ÖJT Band II/1, 2018, S. 208 f.

[79] Zu Daten als Entgelt *Schmitt*, Gewährleistung bei Verträgen über digitale Inhalte, 2018, S. 177 ff.; *Langhanke*, Daten als Leistung, in Druck 2018, S. 95 ff.

[80] Siehe die Kritik bei *Cap/Stabenheiner*, wbl 2016, 177, 185; *Spindler*, MMR 2016, 152; *Faber* in Wendehorst/Zöchling-Jud (Hrsg.), Ein neues Vertragsrecht für den digitalen Binnenmarkt?, 2016, S. 89, 111 f.; *Stürner*, JURA 2017, 171, 174.

[81] Vgl. auch *Härting*, CR 2016, 735; *Zöchling-Jud* in Forgó/Zöchling-Jud (Hrsg.), Das Vertragsrecht des ABGB auf dem Prüfstand, 20. ÖJT Band II/1, 2018, S. 200.

[82] Vgl. auch *Stürner*, JURA 2017, 171, 174.

macht dies deutlich und stellt überdies klar, dass fehlende, fehlerhafte und unvollständige Aktualisierungen als Vertragswidrigkeit anzusehen sind.

Davon machen Art. 6a Abs. 1 lit. b) und lit. e) – zumindest auf den ersten Blick – eine Ausnahme für Sicherheitsaktualisierungen: Zusätzlich zu den vertraglich vereinbarten Anforderungen müssen digitale Inhalte und digitale Dienstleistungen über Sicherheitsaktualisierungen verfügen, die für die Nutzung gleichartiger digitaler Inhalte üblich sind und die der Verbraucher vernünftigerweise erwarten kann (lit. b). Digitale Inhalte und digitale Dienstleistungen müssen also für das sichere Funktionieren aktualisiert werden (lit. e), auch wenn es keine entsprechende vertragliche Vereinbarung gibt. Die diesbezügliche Aktualisierungspflicht kann nur in der besonderen Form des Art. 6a Abs. 2 DI-RLE ausgeschlossen werden.

Werden digitale Inhalte oder Dienstleistungen für einen längeren Zeitraum (kontinuierlich) bereitgestellt, versteht sich die Verpflichtung, Sicherheitsaktualisierungen vorzunehmen, m. E. von selbst[83]. Nach Art. 9 lit. b) ii) hat der Anbieter die Vertragsgemäßheit ja während der ganzen Vertragslaufzeit zu gewährleisten, was bei nachträglich auftretenden Sicherheitslücken nur durch entsprechende Patches bewerkstelligt werden kann. Dasselbe gilt, wenn der gelieferte digitale Inhalt oder die digitale Dienstleistung von vornherein vertragswidrig war.

Offen bleibt aber die Frage, ob Anbieter für Updates oder Patches haften, wenn sie diese nachträglich freiwillig zur Verfügung stellen und hiefür keine wie immer geartete Gegenleistung verlangen. Diesfalls dürfte die Haftung nach der Richtlinie wohl ausscheiden[84].

5. Integration der digitalen Inhalte in die Umgebung des Verbrauchers

Werden digitale Inhalte unsachgemäß in die digitale Umgebung des Verbrauchers integriert, haftet der Anbieter nach Art. 7 DI-RLE nur dann, wenn die Integration durch ihn oder unter seiner Verantwortung vorgenommen wurde oder die unsachgemäße Integration auf eine mangelhafte Anleitung zurückzuführen ist. Diese Regelung ist zu befürworten und entspricht in der analogen Welt der Haftung des Unternehmers für mangelhafte Montagen und Montageanleitungen[85].

---

[83] Vgl. auch *Andréewitch/Amlacher*, JusIT 2015/53, 133, 137; *Faust*, Digitale Wirtschaft – Analoges Recht: Braucht das BGB ein Update? Gutachten zum 71. Deutschen Juristentag, 2016, S. 34; *Riehm*, Updates, Patches & CO. – Schutz nachwirkender Qualitätserwartungen, in Schmidt-Kessel/Kramme (Hrsg.), Geschäftsmodelle in der digitalen Welt, 2017, S. 201, 211.

[84] Vgl. dazu *Spindler*, MMR 2016, 219, 220; *Faber* in Wendehorst/Zöchling-Jud (Hrsg.), Ein neues Vertragsrecht für den digitalen Binnenmarkt?, 2016, S. 89, 115. Zum Problem der unfreiwilligen Updates *Wendehorst*, Hybride Produkte und hybrider Vertrieb, in Wendehorst/Zöchling-Jud (Hrsg.), Ein neues Vertragsrecht für den digitalen Binnenmarkt?, 2016, S. 45, 79 u. 83; *Riehm* in Schmidt-Kessel/Kramme (Hrsg.), Geschäftsmodelle in der digitalen Welt, 2017, S. 201, 219; *Zöchling-Jud* in Forgó/Zöchling-Jud (Hrsg.), Das Vertragsrecht des ABGB auf dem Prüfstand, 20. ÖJT Band II/1, 2018, S. 201.

[85] Vgl. § 9a KSchG und § 434 Abs. 2 BGB.

6. Rechtsmängel

Bei digitalen Inhalten dürfen nach Art. 8 Abs. 1 DI-RLE keine Verstöße gegen Rechte Dritter vorliegen, insbesondere gegen Rechte des geistigen Eigentums, welche die Nutzung der digitalen Inhalte gemäß Art. 6 und Art. 6a verhindern.

Damit wird dem Umstand Rechnung getragen, dass digitale Inhalte in der Regel Rechten des geistigen Eigentums von Dritten unterliegen, welche die Nutzung durch den Verbraucher beeinträchtigen können. Vor diesem Hintergrund muss beim Erwerb digitaler Inhalte häufig – meist im Zuge der Installation – mit einem Dritten, dem Rechteinhaber ein Enduser License Ageement geschlossen werden, das seinerseits gewisse Nutzungsbeschränkungen enthält[86]. Fraglich ist, ob der Anbieter der digitalen Inhalte dafür gewährleistungsrechtlich einzustehen hat, was m. E. zu bejahen ist, wenn er nicht bereits im Vertrag auf diese Nutzungsbeschränkungen hingewiesen hat[87].

III. Beweislast

Art. 10 DI-RLE regelt die Beweislast. Zunächst einmal trägt der Anbieter die Beweislast dafür, dass die digitalen Inhalte und Dienstleistungen i. S. d. Art. 5 bereitgestellt wurden, also die Beweislast für die Bereitstellung.

Hinsichtlich des nach Art. 9 maßgebenden Zeitpunkts des Vorliegens der Vertragswidrigkeit differenziert Art. 10 Abs. 1a und Abs. 1b zwischen der einmaligen und mehrfachen Bereitstellung einerseits und der kontinuierlichen Bereitstellung andererseits. Der Anbieter hat die Vertragsmäßigkeit der digitalen Inhalte im maßgebenden Zeitpunkt, also bei Bereitstellung der digitalen Inhalte oder während des vereinbarten Leistungszeitraums, zu beweisen. Dies gilt bei der einmaligen und der mehrfachen Bereitstellung aber nur dann, wenn die Vertragswidrigkeit binnen einen Jahres ab Bereitstellung offenbar wird – ein politischer Kompromiss zwischen der Regelung der Verbrauchsgüterkauf-RL und dem ursprünglichen Kommissionsvorschlag, der noch eine unbefristete Beweislastumkehr vorsah[88].

---

[86] Vgl. *Wendehorst* in Wendehorst/Zöchling-Jud (Hrsg.), Ein neues Vertragsrecht für den digitalen Binnenmarkt?, 2016, S. 45, 71; *Riehm* in Schmidt-Kessel/Kramme (Hrsg.), Geschäftsmodelle in der digitalen Welt, 2017, S. 201, 206 ff.

[87] Vgl. *Wendehorst* in Wendehorst/Zöchling-Jud (Hrsg.), Ein neues Vertragsrecht für den digitalen Binnenmarkt?, 2016, S. 45, 76 f. Siehe auch *Schmidt-Kessel*, Stellungnahme zu den Richtlinienvorschlägen der Kommission zum Online-Handel und zu den digitalen Inhalten, 2016, S. 19, abrufbar unter https://www.bundestag.de/blob/422258/c3ecca9b7286f38bda7e060f7b420c06/schmidt_kessel-data.pdf [zuletzt abgerufen am 27.9.2017]; *Zöchling-Jud* in Forgó/Zöchling-Jud (Hrsg.), Das Vertragsrecht des ABGB auf dem Prüfstand, 20. ÖJT Band II/1, 2018, S. 202 ff.

[88] Art. 9 Abs. 1 DI-RLE idF COM(2015) 634 final, was nach dem entsprechenden Erwägungsgrund (32) noch damit gerechtfertigt wurde, dass aufgrund *„des besonderen Charakters hochkomplexer digitaler Inhalte und des Umstands, dass der Anbieter über bessere Fachkenntnisse verfügt und Zugang zu Know-how, technischen Informationen und High-Tech-Unterstützung hat, […] der Anbieter besser als der Verbraucher beurteilen [kann], warum digitale Inhalte vertragswidrig sind.*"

Weist der Anbieter nach, dass die digitale Umgebung des Verbrauchers in Bezug auf die Interoperabilität und andere technische Anforderungen nicht kompatibel ist und er den Verbraucher vor Vertragsschluss von diesen Anforderungen in Kenntnis gesetzt hat, „finden die Absätze 1a und 1b" nach Art. 10 Abs. 2 keine Anwendung. In Wirklichkeit wird hier aber nicht die Beweislastumkehr für den Zeitpunkt der Vertragswidrigkeit aufgehoben, sondern eine eigene Beweislastregelung für die Vertragsgemäßheit etabliert, was m. E. auch im Wortlaut besser zum Ausdruck kommen könnte.

Art. 10 Abs. 3 DI-RLE normiert schließlich eine Pflicht des Verbrauchers zur Zusammenarbeit für die Feststellung, ob die Ursache für die Vertragswidrigkeit in seiner digitalen Umgebung liegt, andernfalls der Verbraucher die Beweislast für die Vertragswidrigkeit trägt[89].

E. Bewertung und Ausblick

Eine abschließende Bewertung der beiden Richtlinienentwürfe im Hinblick auf die Bestimmungen über die Vertragsgemäßheit der Waren oder digitalen Inhalte fällt schwer. Dies gilt im Besonderen für den Entwurf der DI-RL. Defizite des ursprünglichen Kommissionsentwurfs konnten beseitigt werden, allerdings zum Preis einer ausgesprochen komplizierten und viele Fragen offenlassenden Regelung. Es bleibt zu hoffen, dass die Richtlinie in ihrer endgültigen Fassung mehr Klarheit bringen wird.

---

[89] Zur Ursprungsfassung schon kritisch *Cap/Stabenheiner*, wbl 2016, 177, 186; *Zöchling-Jud* in Forgó/Zöchling-Jud (Hrsg.), Das Vertragsrecht des ABGB auf dem Prüfstand, 20. ÖJT Band II/1, 2018, S. 189.

Rechtsbehelfe bei Vertragswidrigkeit in den Richtlinienvorschlägen zum Fernabsatz von Waren und zur Bereitstellung digitaler Inhalte*

Beate Gsell

Inhaltsübersicht

A. Einleitung – doppelter Fokus der Betrachtung

Mit den beiden europäischen Richtlinien-Vorschlägen zum Fernabsatz von Waren[1] (im Folgenden: FA-RLE) und zur Bereitstellung digitaler Inhalte[2] (im Folgenden: DI-RLE) vom Dezember 2015 sind die Bemühungen um eine Harmonisierung des Europäischen Vertragsrechts in eine weitere Runde gegangen,

* Prof. Dr. Beate Gsell, maître en droit (Aix-en-Provence) ist Inhaberin des Lehrstuhls für Bürgerliches Recht, Zivilverfahrensrecht, Europäisches Privat- und Verfahrensrecht an der Ludwig-Maximilians-Universität München.

[1] Vorschlag der Europäischen Kommission für eine Richtlinie des Europäischen Parlaments und des Rates über bestimmte vertragsrechtliche Aspekte des Online-Warenhandels und anderer Formen des Fernabsatzes von Waren vom 9.12.2015, COM(2015) 635 final.

[2] Vorschlag der Europäischen Kommission für eine Richtlinie des Europäischen Parlaments und des Rates über bestimmte vertragsrechtliche Aspekte der Bereitstellung digitaler Inhalte vom 9.12.2015, COM(2015) 634 final.

nachdem das ambitionierte Projekt eines Gemeinsamen Europäischen Kaufrechts von der politischen Agenda genommen wurde.[3] Im vorliegenden Beitrag werden System und Hierarchie der in beiden Richtlinien-Vorschlägen vorgesehenen Rechtsbehelfe[4] einschließlich deren zeitlicher Grenzen analysiert. Für den DI-RLE hat der Vorsitz des Rates im Juni 2016 „Politische Leitlinien"[5] und im Juni 2017 eine „Kompromissfassung"[6] als Grundlage weiterer Beratungen vorgelegt. Nachfolgend wird von der ursprünglichen Fassung des DI-RLE ausgegangen, es werden jedoch die in der jüngsten „Kompromissfassung" enthaltenen Änderungen in den Fußnoten in Bezug genommen. Der Anwendungsbereich des FA-RLE wird in einem modifizierten Kommissionsentwurf vom 31.10.2017 nun doch auf den stationären Handel ausgeweitet, so dass die Richtlinie bei Verabschiedung an die Stelle der bisherigen Verbrauchsgüterkauf-RL 1999/44/EG treten würde.[7] Auf diese jüngste Entwicklung kann vorliegend leider nicht mehr eingegangen werden.

I. Inhaltliche und rechtstechnische Qualität sowie rechtspolitische Angemessenheit der Rechtsbehelfsregime

Die beiden Richtlinien-Vorschläge lassen sich zunächst einmal isoliert danach begutachten, ob es sich jeweils um zweckmäßige, rechtstechnisch gelungene Regime handelt, die ein angemessenes Verbraucherschutzniveau vorsehen, aber auch für die Unternehmen einen akzeptablen wie praktikablen und rechtssicheren Handlungsrahmen bereitstellen.

II. Kohärenz der Rechtsbehelfsregime untereinander und im Verhältnis zur Verbrauchsgüterkauf-RL 1999/44/EG

Allerdings bilden beide Vorhaben keine vertragsrechtlichen Solitäre, sondern nehmen für sich in Anspruch, im Verbund vertragsrechtliche Hürden beim Ausbau eines digitalen Binnenmarktes zu beseitigen sowie die Komplexität der

[3] S. den als „Liste der zurückzuziehenden oder zu ändernden Vorschläge" überschriebenen Annex 2 zur Mitteilung der Kommission an das Europäische Parlament, den Rat, den Europäischen Wirtschafts- und Sozialausschuss und den Ausschuss der Regionen – Arbeitsprogramm der Kommission für 2015 – Ein neuer Start vom 16.12.2014, COM(2014) 910 final, wo es unter Ziffer 60 zur Begründung heißt: „Der Vorschlag wird geändert, um das Potenzial des elektronischen Handels im digitalen Binnenmarkt voll zur Entfaltung zu bringen."

[4] Dagegen wird auf die Rechtsfolgen der Vertragsbeendigung, die einem eigenen Referat vorbehalten waren, nicht näher eingegangen; s. dazu näher *Koch*, in: Wendehorst/Zöchling-Jud (Hrsg.), Ein neues Vertragsrecht für den digitalen Binnenmarkt, 2016, S. 131, 142ff.; *Maultzsch*, JZ 2016, 236, 244; *Spindler*, MMR 2016, 219, 221f.; *Druschel/Lehmann*, CR 2016, 244, 249; *Staudenmayer*, NJW 2016, 2719, 2723f.

[5] Rat der Europäischen Union, Dok. 9768/16 vom 2.6.2016.

[6] Rat der Europäischen Union, Dok. 9901/17 ADD 1 vom 1.6.2017.

[7] Vgl. geänderter Vorschlag der Europäischen Kommission für eine Richtlinie über bestimmte vertragsrechtliche Aspekte des Warenhandels vom 31.10.2017, COM(2017) 637 final.

einschlägigen vertragsrechtlichen Rechtsvorschriften zu vermindern.[8] System und Hierarchie der in beiden RL-Vorschlägen vorgesehenen Rechtsbehelfe und deren zeitliche Grenzen sollen deshalb nachfolgend auch an diesem gesetzgeberischen Anspruch gemessen werden. Über die inhaltlich-rechtstechnische Würdigung der Regelungen und ihrer rechtspolitischen Angemessenheit hinaus sollen diese unter dem Blickwinkel der Kohärenz bzw. drohenden weiteren Fragmentierung des Europäischen Vertragsrechts insgesamt betrachtet werden. Insbesondere drängt sich die Prüfung auf, inwieweit inhaltliche Abweichungen im Rechtsbehelfssystem der beiden Vorschläge voneinander durch Sachgründe gerechtfertigt sind.[9]

Zu prüfen ist aber auch, welche Abweichungen von der Verbrauchsgüterkauf-RL 1999/44/EG vorgesehen sind, die weiterhin für den stationären Warenhandel gelten soll und inwieweit diese Abweichungen eine sachliche Legitimation finden. Mit Blick auf die zunehmende Bedeutung eines „Vertriebs über alle Kanäle" erkennt auch die Europäische Kommission durchaus ein Bedürfnis an, die Vorschriften für den Online- und den Offline-Warenhandel anzugleichen.[10]

B. System und Hierarchie der Rechtsbehelfe bei Vertragswidrigkeit

I. Fernabsatzkaufverträge über Waren

Der FA-RLE regelt in Übereinstimmung mit der Verbrauchsgüterkauf-RL 1999/44/EG in Art. 9ff. ausschließlich Rechtsbehelfe bei Vertragswidrigkeit einschließlich unsachgemäßer Montage oder Installierung (Art. 6 FA-RLE) sowie Rechtsmängeln (Art. 7 FA-RLE).

---

[8] S. jeweils die Begründung der Vorschläge unter 1., S. 2.

[9] Tatsächlich hält es auch die Europäische Kommission für einen „wichtige[n] Trend […], dass alle Vorschriften für digitale Inhalte soweit wie möglich an Vorschriften für den Verkauf von Sachgütern angelehnt sein sollten" und Abweichungen „nur gerechtfertigt [sind], um den spezifischen Eigenschaften digitaler Inhalte Rechnung zu tragen", s. Mitteilung der Kommission an das Europäische Parlament, den Rat und den Europäischen Wirtschafts- und Sozialausschuss – Ein modernes Vertragsrecht für Europa – Das Potenzial des elektronischen Handels freisetzen vom 9.12.2015, COM(2015) 633 final unter 4., S. 9.

[10] S. nur Mitteilung der Kommission an das Europäische Parlament, den Rat und den Europäischen Wirtschafts- und Sozialausschuss – Ein modernes Vertragsrecht für Europa – Das Potenzial des elektronischen Handels freisetzen vom 9.12.2015, COM(2015) 633 final unter 4., S. 9; kritisch gegenüber einer Differenzierung nach Vertriebsformen etwa *Stiegler/Wawryka*, BB 2016, 903, 907; *Maultzsch*, JZ 2016, 236, 238; *Zöchling-Jud*, in: Wendehorst/Zöchling-Jud (Hrsg.), Ein neues Vertragsrecht für den digitalen Binnenmarkt, 2016, S. 1, 12; *Lorenz*, FS Krüger, 2017, S. 277, 283; vgl. auch *Staudenmayer*, ZEuP 2016, 801, 825: „natürlich keine ideale Lösung".

1. Vorrang der Nacherfüllung

a) Weitgehend Parallelität zur Verbrauchsgüterkauf-RL 1999/44/EG

Der FA-RLE folgt in Art. 9 bis 11 im Gegensatz zum CESL[11] dem bereits in der Verbrauchsgüterkauf-RL 1999/44/EG vorgesehenen Modell eines Vorrangs der Nacherfüllung in Gestalt von Nachbesserung oder Ersatzlieferung gegenüber den beiden anderen Rechtsbehelfen Minderung des Kaufpreises oder Vertragsbeendigung. Anders als in der Verbrauchsgüterkauf-RL 1999/44/EG ist der Vorrang aber gemäß Art. 3 FA-RLE voll harmonisiert. Das halbe Dutzend Mitgliedstaaten[12], das derzeit keine Hierarchie der Rechtsbehelfe vorsieht, sondern dem Verbraucher sogleich die Wahl lässt, alternativ zur Nacherfüllung den Vertrag zu beenden oder den Kaufpreis zu mindern, müsste also künftig seine Gesetzgebung für den Waren-Fernabsatz anpassen. Der Vorrang der Nacherfüllung wird damit begründet, dass er bereits in 20 und damit der großen Mehrzahl der Mitgliedstaaten in Kraft sei und er nach einer jüngsten von der Europäischen Kommission in Auftrag gegebenen Studie von 77 % der EU-Verbraucher für vernünftig gehalten werde.[13] Außerdem wird daran erinnert, dass der Verzicht auf einen Vorrang der Nacherfüllung im CESL sich als einer der kontroversesten Punkte des Vorschlags erwiesen hat.[14]

Der Vorrang der Nacherfüllung ist gewiss nicht über jeden Zweifel erhaben. Dies vor allem deshalb nicht, weil er dem Verbraucher – den insbesondere bei verdeckten Mängeln in der Regel die Prozesslast trifft, weil er das Verbrauchsgut typischerweise schon bezahlt haben wird, wenn er Mängelrechte geltend macht – das schneidige Verhandlungspfund einer drohenden Vertragsbeendigung aus der Hand schlägt.[15] Gleichwohl erscheint es jedenfalls aus Gründen der Kohärenz vernünftig, dass der europäische Gesetzgeber sich am Vorbild der weiterhin für den stationären Handel geltenden Verbrauchsgüterkauf-RL 1999/44/EG und ihrer mehrheitlichen Umsetzung orientiert.

Für Umfang und Modalitäten der Nacherfüllung sowie hinsichtlich der Voraussetzungen des Übergangs auf Minderung und Vertragsbeendigung bleibt

---

[11] S. Art. 114 Abs. 2 CESL, wonach die Vertragswidrigkeit den Verbraucher bei einem b2c-Geschäft stets zur Vertragsbeendigung berechtigt, es sei denn, die Vertragswidrigkeit der Ware ist unerheblich. Siehe ferner Art. 120 CESL zum Preisminderungsrecht des Käufers, das ebenfalls nicht an eine vorherige erfolglose Nachfristsetzung geknüpft ist.

[12] S. dazu das Impact Assessment SWD (2015) 274 final/2, S. 48 und 113, wonach in Griechenland, Zypern, Kroatien, Litauen, Portugal und Slowenien kein Vorrang der Nacherfüllung gilt; das Vereinigte Königreich und Irland gewähren dem Verbraucher ein auf 30 Tage beschränktes „right to reject".

[13] S. Impact Assessment SWD (2015) 274 final/2, S. 48, 113; s. ferner die im Auftrag der Europäischen Kommission erstellte Consumer market study on the functioning of legal and commercial guarantees for consumers in the EU, Final report, 2015, unter 7.2.2, S. 197.

[14] S. Impact Assessment SWD (2015) 274 final/2, S. 48; *Lorenz*, FS Krüger, 2017, S. 277, 284 spricht denn auch von der Korrektur eines Fehlers des CESL; ähnl. in Bezug auf Art. 12 DI-RLE *Wendland*, GPR 2016, 8, 16.

[15] Kritisch gegenüber der Versagung eines Rechts zur sofortigen Vertragsbeendigung denn auch *Zoll*, EuCML 2016, 250, 252 f.

es ebenfalls weitgehend bei dem, was bereits in der Verbrauchsgüterkauf-RL 1999/44/EG angeordnet ist. Insbesondere steht das Wahlrecht zwischen Nachbesserung und Ersatzlieferung auch nach Art. 11 FA-RLE dem Verbraucher zu und muss die Nacherfüllung auch nach Art. 9 Abs. 1 FA-RLE unentgeltlich sowie nach Abs. 2 binnen angemessener Frist und ohne erhebliche Unannehmlichkeiten für den Verbraucher erfolgen.[16]

b) Nur relative Unverhältnismäßigkeit Grenze der Nacherfüllung

Wiederum parallel zur Verbrauchsgüterkauf-RL 1999/44/EG schuldet der Verkäufer auch nach Art. 11 FA-RLE keine unmögliche oder unverhältnismäßige Nacherfüllung.[17] Ärgerlich ist dabei, dass der Gleichlauf zur Verbrauchsgüterkauf-RL 1999/44/EG auch insoweit beibehalten wird, als erneut nur die so genannte relative Unverhältnismäßigkeit, also die Unverhältnismäßigkeit einer Nacherfüllungsvariante im Verhältnis zur anderen Variante als Ausschlussgrund für die Nacherfüllung genannt wird.[18] Schon die bisherige Rechtslage unter der Verbrauchsgüterkauf-RL 1999/44/EG ist sachlich unangemessen. Dem Käufer einen Anspruch auf eine Nacherfüllung zu geben, die außer Verhältnis steht zu seinem Leistungsinteresse, ist und bleibt ökonomisch unsinnig. Besonderes Gewicht gewinnt die mangelnde Nennung der absoluten Unverhältnismäßigkeit als Leistungsgrenze im FA-RLE aus folgenden Gründen: Neben der Quelle-Rspr.[19] zur Unzulässigkeit einer Nutzungsentschädigung bei Ersatzlieferung hat man auch die Weber/Putz-Rspr.[20] des EuGH zum mangelnden Ausschluss des Nacherfüllungsrechts bei absoluter Unverhältnismäßigkeit und zur Erstreckung der Ersatzlieferung auf den Ausbau der mangelhaften Sache und den Einbau der Ersatzsache explizit in den Text des FA-RLE überführt.[21] Dabei fehlt al-

[16] Dabei ist parallel zu Art. 3 Abs. 3 S. 3 Verbrauchsgüterkauf-RL 1999/44/EG die Art der Waren sowie der Zweck zu berücksichtigen, für den der Verbraucher die Waren benötigt.

[17] Dabei wurde im Vergleich zur Verbrauchsgüterkauf-RL 1999/44/EG ergänzend die Rechtswidrigkeit der Nacherfüllung als Ausschlusstatbestand für den Nacherfüllungsanspruch aufgenommen. Erfasst man die rechtswidrige Leistung als rechtliche Unmöglichkeit, ist dies überflüssig, mag aber der Klarstellung dienen.

[18] Kritisch insoweit auch *Stariradeff*, MMR 2016, 715, 718; *Lorenz*, FS Krüger, 2017, S. 277, 284.

[19] Vgl. EuGH, Urt. v. 17.4.2008 – C 404/06 (Quelle), Leitsatz zit. nach juris: „Artikel 3 der Richtlinie 1999/44/EG des Europäischen Parlaments und des Rates vom 25.5.1999 zu bestimmten Aspekten des Verbrauchsgüterkaufs und der Garantien für Verbrauchsgüter ist dahin auszulegen, dass er einer nationalen Regelung entgegensteht, die dem Verkäufer, wenn er ein vertragswidriges Verbrauchsgut geliefert hat, gestattet, vom Verbraucher Wertersatz für die Nutzung des vertragswidrigen Verbrauchsguts bis zu dessen Austausch durch ein neues Verbrauchsgut zu verlangen."; dazu *Gsell*, JZ 2009, 522 ff.

[20] S. EuGH, Urt. v. 16.6.2011, verbundene Rechtssachen C-65/09 (Gebr. Weber GmbH gegen Jürgen Wittmer) und C-87/09 (Ingrid Putz gegen Medianess Electronics GmbH), zit. nach juris.

[21] S. Art. 10 Abs. 3 FA-RLE, wonach der Verbraucher nicht auf Wertersatz für die Nutzung der ersetzten Waren in der Zeit vor der Ersatzlieferung haftet, sowie Art. 10 Abs. 2 FA-RLE, wonach die Rücknahmepflicht den Ausbau der nicht vertragsgemäßen Waren und die Montage oder Installierung der Ersatzwaren oder die Übernahme der Kosten hierfür umfasst, sofern

lerdings die vom EuGH getroffene Einschränkung, dass es den Mitgliedstaaten erlaubt sei, den Kostenerstattungsanspruch des Käufers für Aus- und Einbau auf einen angemessenen Betrag zu begrenzen.[22] Legt man die FA-RLE wortlautgetreu aus, so kann der Verbraucher danach auch eine aufgrund horrender Aus- und Einbaukosten absolut unverhältnismäßige Ersatzlieferung verlangen.

Ärgerlich ist das Versäumnis der Regelung der absoluten Unverhältnismäßigkeit schließlich aber auch insofern, als die absolute Unverhältnismäßigkeit im DI-RLE gerade geregelt ist. Dies hat seinen Grund darin, dass Art. 12 Abs. 1 DI-RLE aufgrund der Vielgestaltigkeit digitaler Inhalte die geschuldete Abhilfe nicht in Ersatzlieferung und Nachbesserung ausdifferenziert, sondern dem Verbraucher nur allgemein einen Anspruch auf unentgeltliche Herstellung des vertragsgemäßen Zustands digitaler Inhalte einräumt. Auf welchem Weg der Anbieter dann diesen Zustand herstellt, bleibt anders als nach der Verbrauchsgüterkauf-RL 1999/44/EG und dem FA-RLE dem Anbieter überlassen. Folglich kann mit Unverhältnismäßigkeit in Art. 12 Abs. 1 S. 2, Abs. 3 lit. a DI-RLE mangels alternativer Nacherfüllungsvariante nur die absolute Unverhältnismäßigkeit gemeint sein.[23]

Der europäische Gesetzgeber würde gut daran tun, die FA-RLE insoweit an den DI-RLE anzupassen.

c) Übergang auf die Sekundärrechte bei Erfüllungsverweigerung und antizipiertem Scheitern der Nacherfüllung

Neu wird im FA-RLE ferner das Recht zum sofortigen Übergang auf die Sekundärrechte Minderung oder Vertragsbeendigung geregelt bei Erfüllungsverweigerung und antizipiertem Scheitern der Nacherfüllung: So sind nach Art. 9 Abs. 3 lit. d FA-RLE die Minderung bzw. alternativ die Vertragsbeendigung eröffnet, wenn der Verkäufer entweder erklärt hat, dass er den vertragsgemäßen Zustand nicht innerhalb einer angemessenen Frist herstellen wird oder dies klar aus den Umständen zu erkennen ist.

---

der Verbraucher die Waren entsprechend ihre Beschaffenheit und ihrem Zweck montiert oder installiert hatte, bevor die Vertragswidrigkeit offenbar wurde; kritisch *Zoll*, EuCML 2016, 250, 253 mit Blick auf die besonderen Belastungen, die eine solche Erstreckung der Haftung bei grenzüberschreitenden Geschäften mit sich bringt.

[22] Vgl. EuGH, Urt. v. 16.6.2011, verbundene Rechtssachen C-65/09 (Gebr. Weber GmbH gegen Jürgen Wittmer) und C-87/09 (Ingrid Putz gegen Medianess Electronics GmbH), zit. nach juris Rn. 51, Ziffer 2 des Tenors und Rn. 74, vgl. ferner Rn. 77, wo der EuGH im Kontext der Voraussetzungen der erheblichen Unannehmlichkeit ergänzt, dass „der Verbraucher die Herstellung des vertragsgemäßen Zustands des mangelhaften Verbrauchsguts nur erlangen kann, indem er einen Teil der Kosten selber trägt", was nahelegt, dass nicht nur der Kostenerstattungsanspruch, sondern bereits der Nacherfüllungsanspruch entsprechend beschränkt ist; kritisch insoweit auch *Maultzsch*, JZ 2016, 236, 243; *Ostendorf*, ZRP 2016, 69, 70; *Stürner*, JA 2016, 884, 891; *Zoll*, EuCML 2016, 250, 253; *Lorenz*, FS Krüger, 2017, S. 277, 285.

[23] I. E. ebenso wohl *Staudenmayer*, NJW 2016, 2719, 2722: „absolute Verhältnismäßigkeitsklausel"; abw. *Druschel/Lehmann*, CR 2016, 244, 249, die annehmen, es sei relative Unverhältnismäßigkeit gemeint.

d) Kein lückenloser Übergang auf die Sekundärrechte bei Unzumutbarkeit der Nacherfüllung

Dagegen fehlt es im FA-RLE an einer allgemeinen Generalklausel, die generell bei Unzumutbarkeit der Nacherfüllung für den Verbraucher das Recht des Verkäufers auf zweite Andienung beseitigt.[24] Auch wenn die meisten Fälle einer Unzumutbarkeit gewiss bereits über Art. 9 Abs. 3 lit. d FA-RLE sowie über den Ausschluss der Nacherfüllung bei Verursachung erheblicher Unannehmlichkeiten für den Verbraucher nach Art. 9 Abs. 3 lit. c FA-RLE abgedeckt sind, so kann man sich doch fragen, ob nicht gewisse Schutzlücken bleiben, so etwa dann, wenn der Verbraucher aufgrund besonderer Umstände berechtigterweise das Vertrauen in den Verkäufer verloren hat, dieser jedoch die Nacherfüllung möglicherweise ohne Unannehmlichkeiten für den Verbraucher erbringen wird. Die Aufnahme einer entsprechenden Generalklausel in den FA-RLE wäre deshalb mit Rücksicht auf den beabsichtigten vollharmonisierenden Charakter unbedingt empfehlenswert.[25]

2. Rücknahmepflicht, aber keine Rückgabe- und Wertersatzpflicht bei Ersatzlieferung

Neu geregelt findet sich in Art. 10 Abs. 1 FA-RLE für den Fall der Ersatzlieferung eine Pflicht des Verkäufers zur Rücknahme der ersetzten Waren auf seine Kosten.[26] Dagegen ist eine Pflicht des Käufers zur Rückgabe oder wenigstens ein Zurückbehaltungsrecht des Verkäufers bis zur Rückgabe der zu ersetzenden Kaufsache nicht vorgesehen. Dies ist misslich, denn es gibt selbstverständlich grundsätzlich keine sachliche Rechtfertigung dafür, dass der Käufer die mangelhafte Sache behalten darf und auf diese Weise bereichert bleibt. Anders als für den Rechtsbehelf der Vertragsbeendigung fehlt hier außerdem eine Regelung des Wertersatzes für Verschlechterung.[27] Es ist deshalb unklar, ob den Käufer überhaupt keine Rückgabe- und Wertersatzpflichten treffen sollen oder ob man hier analog die für die Vertragsbeendigung vorgesehenen Regelungen heranzuziehen hätte[28] oder aber die Regelung des Schicksals der empfangenen mangelhaften

---

[24] Ebenso wenig enthält die Verbrauchsgüterkauf-RL 1999/44/EG eine solche Generalklausel. Aufgrund ihres – im Gegensatz zu Art. 3 FA-RLE und zu Art. 4 DI-RLE – in Art. 8 Abs. 2 festgelegten mindestharmonisierenden Ansatzes gestattet sie den Mitgliedstaaten aber gleichwohl einen verbraucherfreundlicheren Übergang auf die Sekundärrechte Preisminderung und Vertragsbeendigung.

[25] Vgl. zu Art. 12 Abs. 3 lit. c DI-RLE in der „Kompromissfassung“, s. Rat der Europäischen Union, Dok. 9901/17 ADD 1 vom 1.6.2017, wonach die sofortige Preisminderung bzw. Vertragsbeendigung eröffnet sind, wenn die Vertragswidrigkeit derart schwerwiegend ist, dass eine sofortige Preisminderung oder Beendigung des Vertrags gerechtfertigt ist, noch unten unter II.1.f.

[26] Danach darf Abweichendes nur vereinbart werden, nachdem der Verbraucher den Verkäufer über die Vertragswidrigkeit in Kenntnis gesetzt hat.

[27] Dazu bereits *Maultzsch*, JZ 2016, 236, 243; *Stariradeff*, MMR 2016, 715, 718.

[28] S. Art. 13 Abs. 3 lit. b FA-RLE, wonach der Käufer dem Verkäufer die Waren auf dessen Kosten unverzüglich, spätestens aber innerhalb von vierzehn Tagen nach Absendung der Mit-

Leistung hinsichtlich der Pflichten des Käufers nach Art. 1 Abs. 4 FA-RLE dem nationalen Gesetzgeber überlassen bleiben soll.

3. Zurückbehaltungsrecht des Käufers

Anders als in der Verbrauchsgüterkauf-RL 1999/44/EG wird in Art. 9 Abs. 4 FA-RLE das Recht des Verbrauchers geregelt, die Kaufpreiszahlung bis zur Herstellung des vertragsmäßigen Zustandes zurückzuhalten. Die Regelung ist allerdings in systematischer Hinsicht ein wenig verunglückt, weil sie nicht im unmittelbaren Zusammenhang mit dem Recht auf Nacherfüllung steht, sondern sich als Folgeabsatz zu dem Absatz findet, der das Recht des Käufers zu Minderung und Beendigung des Vertrages anordnet. Dadurch wird der unzutreffende Eindruck erweckt, der Käufer habe stets ein Zurückbehaltungsrecht bis zur Herstellung des vertragsgemäßen Zustandes, auch dann, wenn etwa wegen Unmöglichkeit ein Nacherfüllungsrecht gar nicht besteht.

Außerdem fällt auf, dass es keinerlei Differenzierung nach dem Umfang der Vertragswidrigkeit gibt. Danach kann der Verbraucher wohl also stets den ganzen Kaufpreis zurückhalten, was bei kleineren Mängeln sehr hochpreisiger Güter unter Umständen zu weitgehend erscheint.

Von diesen technischen Defiziten der Regelung abgesehen gibt es aber keine grundsätzlichen Bedenken dagegen, das Zurückbehaltungsrecht als Rechtsbehelf des Käufers ebenfalls zu harmonisieren.[29]

4. Kein Ausschluss der Vertragsbeendigung bei Unerheblichkeit der Vertragswidrigkeit

Der bislang in der Verbrauchsgüterkauf-RL 1999/44/EG[30] geregelte Ausschluss der Vertragsbeendigung bei einer nur geringfügigen Vertragswidrigkeit findet im FA-RLE kein Pendant. Damit soll ein „starker Anreiz gesetzt“ werden, „in allen Fällen einer Vertragswidrigkeit frühzeitig Abhilfe zu schaffen“.[31] Darüber hinaus würde sicherlich die Rechtsanwendung vereinfacht, weil die Festlegung der Erheblichkeitsschwelle entbehrlich würde. Insbesondere bei unbehebbaren minimalen Mängeln oder bei einem unverhältnismäßigen Mängelbeseitigungsaufwand ist das Abschreckungsargument aber kaum überzeugend. Denn hier wird der Verkäufer der einschneidenden Sanktion der Vertragsauflösung ausgesetzt, ohne dass er diese durch Nacherfüllung abwenden kann. Und dies, obwohl der Käufer aufgrund der mangelnden Erheblichkeit des Mangels kein legi-

---

teilung über die Vertragsbeendigung zurückzugeben hat sowie Art. 13 Abs. 3 lit. c und d FA-RLE, die im Gegensatz zu § 346 Abs. 3 S. 1 Nr. 3 BGB auch für zufällige Verschlechterungen eine – der Höhe nach durch den Kaufpreis – begrenzte grundsätzliche Wertersatzpflicht des Verbrauchers anordnen.

[29] Prinzipiell zustimmend auch *Stariradeff*, MMR 2016, 715, 717; *Maultzsch*, JZ 2016, 236, 238, 242.

[30] Art. 3 Abs. 6 Verbrauchsgüterkauf-RL 1999/44/EG.

[31] S. Erwägungsgrund Nr. 29.

times Interesse an einer Vertragsbeendigung hat. Der Grundsatz des *pacta sunt servanda* wird damit unnötig weitgehend preisgegeben.[32]

Im Übrigen wird dadurch auch das Ziel einer Kohärenz zwischen DI-RLE und FA-RLE verfehlt, verlangt doch Art. 12 Abs. 5 DI-RLE die Beeinträchtigung eines wesentlichen Leistungsmerkmals der digitalen Inhalte als Voraussetzung für die Vertragsbeendigung.[33]

5. Bei teilweise vertragsgemäßer Lieferung nur Teilrücktritt

Erscheint also der FA-RLE insofern zu großzügig, als er eine Vertragsbeendigung selbst bei geringfügigsten Mängeln ermöglicht, so ist der Richtlinienvorschlag umgekehrt insofern zu streng, als er in Fällen, in denen sich die Vertragswidrigkeit nur auf einen Teil der gelieferten Waren bezieht, nach Art. 13 Abs. 2 FA-RLE stets nur einen Teilrücktritt gestattet.[34] Dies erscheint in Fällen, in denen der Käufer aufgrund der teilweisen Vertragswidrigkeit sein Leistungsinteresse an den – isoliert betrachtet – einwandfreien Teilen verloren hat, zu engherzig.[35]

6. Ausschluss von Mängelrechten bei Verantwortlichkeit des Verbrauchers

Abweichend zur Verbrauchsgüterkauf-RL 1999/44/EG ist in Art. 9 Abs. 5 FA-RLE außerdem ein Ausschluss der Mängelrechte für den Fall vorgesehen, dass der Verbraucher „selbst zur Vertragswidrigkeit der Waren beigetragen hat". Dieser Ausschluss ist offensichtlich zu weit formuliert und lässt nicht erkennen, welche Verursachungsbeiträge eine entsprechende Verantwortlichkeit des Verbraucher-Käufers begründen.[36]

7. Ausklammerung des Schadensersatzes

Parallel zur Verbrauchsgüterkauf-RL 1999/44/EG liegt der Schadensersatz jenseits des Anwendungsbereichs des FA-RLE. Dies wird damit begründet, dass aus den unterschiedlichen Schadensersatzregimen keine Barrieren für den internen Markt erwüchsen, die nationalen Schadensersatzregelungen gut funktio-

---

[32] Kritisch auch *Maultzsch*, JZ 2016, 236, 244; *Stariradeff*, MMR 2016, 715, 718 f.; *Stürner*, JA 2016, 884, 889; *Lorenz*, FS Krüger, 2017, S. 277, 285; befürwortend hingegen *Wendland*, EuZW 2016, 126, 131; *Zoll*, EuCML 2016, 250 ff., 254.

[33] Dazu noch unter II.4.

[34] Nach Erwägungsgrund 29 soll allerdings bei Vertragswidrigkeit der Hauptware eine Vertragsbeendigung auch hinsichtlich des Zubehörs zulässig sein.

[35] Kritisch auch *Maultzsch*, JZ 2016, 236, 244; *Stariradeff*, MMR 2016, 715, 718; *Stürner*, JA 2016, 884, 892; überzeugender deshalb nicht nur § 323 Abs. 5 S. 1 BGB, sondern beispielsweise auch Art. 51 Abs. 2 CISG, wonach der Käufer dann, wenn nur ein Teil der Ware geliefert wird oder nur ein Teil der gelieferten Ware vertragsgemäß ist, die Aufhebung des gesamten Vertrages erklären kann, wenn die unvollständige oder nicht vertragsgemäße Lieferung eine wesentliche Vertragsverletzung darstellt.

[36] Kritik auch bei *Maultzsch*, JZ 2016, 236, 245; *Stariradeff*, MMR 2016, 715, 717; *Stiegler/Wawryka*, BB 2016, 903, 908; *Stürner*, JA 2016, 884, 889.

nierten und deshalb eine europäische Intervention nicht nötig sei.[37] Dabei bleibt allerdings dunkel, warum gerade die Fragmentierung des Schadensersatzrechtes unerheblich sein soll für den Binnenmarkt.

Würde damit auch für den Waren-Fernabsatz die schadensersatzrechtliche Regelungsautonomie grundsätzlich weiterhin beim nationalen Gesetzgeber verbleiben, so wäre allerdings wegen des vollharmonisierenden Ansatzes des FA-RLE anders als bislang unter der Verbrauchsgüterkauf-RL 1999/44/EG gleichwohl zweifelhaft, ob der national geregelte Schadensersatz dieselben Rechtsfolgen, wie sie vom FA-RLE angeordnet werden, unter großzügigeren Voraussetzungen herbeiführen dürfte. Fraglich wäre insbesondere, ob die nach §281 Abs. 1 S. 2 BGB vorgesehene Berechnung des Schadensersatzes als sogenannter großer Schadensersatz, die funktionell einer Vertragsbeendigung gleichkommt, großzügiger, so etwa innerhalb weniger strenger zeitlicher Grenzen zugelassen werden dürfte als die in Art. 13 Abs. 2 FA-RLE vorgesehene Vertragsbeendigung. Dies würde ich eher verneinen. Die Frage, unter welchen Voraussetzungen der gegenseitige Leistungsaustausch bei Vertragswidrigkeit storniert wird, ist im FA-RLE abschließend geregelt. Der nationale Gesetzgeber dürfte sich darüber nicht durch Etikettierung entsprechender Rechtsbehelfe als Schadensersatz hinwegsetzen.

II. Verträge über die Bereitstellung digitaler Inhalte

Ich komme nun zum DI-RLE, wobei ich mich auf die Abhilfen bei Vertragswidrigkeit beschränken und auch auf die in Art. 6 bis 8 DI-RLE näher konturierten Voraussetzungen der Vertragswidrigkeit nicht weiter eingehen möchte. Nicht näher behandelt werden soll insbesondere das vorgesehene Recht zur sofortigen Beendigung des Vertrages bei nicht erfolgter Bereitstellung der digitalen Inhalte nach Art. 11 i. V. m. Art. 13 DI-RLE. Dazu nur so viel: Dass der Verbraucher sich im Falle einer Leistungsverzögerung ohne jede weitere Hürde vom Vertrag lösen können soll, ist sachlich unangemessen und verträgt sich schlecht mit dem sowohl in Art. 18 Abs. 2 Verbraucherrechte-RL 2011/83/EU für die Nichtleistung als auch im DI-RLE[38] und im FA-RLE[39] für den Fall der Vertragswidrigkeit favorisierten Vorrang der Nacherfüllung.[40]

Nicht weiter eingegangen werden kann außerdem auf die eigenständige Problematik des Rechts auf Beendigung langfristiger Verträge nach Art. 16 DI-RLE.

---

[37] S. Impact Assessment SWD (2015) 274 final/2, S. 119.

[38] Dazu sogleich unter 1.

[39] Dazu bereits oben unter I. 1.

[40] Vgl. denn auch die begrüßenswerte Modifikation von Art. 11 DI-RLE in der „Kompromissfassung", s. Rat der Europäischen Union, Dok. 9901/17 ADD 1 vom 1.6.2017, nach dessen Abs. 1 der Verbraucher grundsätzlich erst dann zur Vertragsbeendigung berechtigt sein soll, nachdem er dem Anbieter eine zweite Chance zur Bereitstellung der digitalen Inhalte oder der digitalen Dienstleistung eingeräumt hat, indem er ihn zur Bereitstellung aufgefordert hat, diese aber nicht „ohne ungebührliche Verzögerung oder innerhalb einer ausdrücklich zwischen den Vertragsparteien vereinbarten zusätzlichen Frist" erfolgt ist.

1. Vorrang der Nacherfüllung

a) Grundsätzlich Parallelität zum FA-RLE

Auch der DI-RLE ist dem Vorrang der Nacherfüllung verpflichtet und gewährt dem Verbraucher nach Art. 12 Abs. 1 und 2 in einem ersten Schritt grundsätzlich noch kein Recht auf Minderung[41] oder Beendigung des Vertrages, sondern nur das Recht auf eine unentgeltliche Herstellung des vertragsgemäßen Zustands der digitalen Inhalte. Parallel zum FA-RLE braucht der Anbieter jedoch auch hier nach Art. 12 Abs. 1 DI-RLE einerseits keine unmögliche, unverhältnismäßige oder rechtswidrige[42] Nacherfüllung zu erbringen und muss andererseits nach Art. 12 Abs. 2 DI-RLE die Nacherfüllung binnen angemessener Frist und ohne erhebliche Unannehmlichkeiten für den Verbraucher erfolgen.[43]

b) Teilweiser sofortiger Übergang auf die Rechtsbehelfe der zweiten Hierarchiestufe bei teilweise nicht nachholbarer Leistung

Bei Verträgen über digitale Inhalte kommt der Fallgruppe der Unmöglichkeit der Nacherfüllung insofern besondere Bedeutung zu, als häufig eine Bereitstellung während eines bestimmten Zeitraumes vereinbart ist. Soweit dieser Zeitraum nicht nur als Zeitspanne („zwei Monate", „drei Wochen") vereinbart ist, sondern mit einem fixen Anfangs- und Enddatum („ein Jahr ab dem 1.1.2017"), liegt auch bei Vertragswidrigkeiten, die für die Zukunft behebbar sind, immer insofern eine teilweise qualitative Unmöglichkeit vor, als sich die einwandfreie Leistung für die Vergangenheit nicht mehr nachholen lässt. In diesen Fällen muss man den Verbraucher folgerichtig nach Art. 12 Abs. 3 lit. a DI-RLE hin-

[41] Für die Berechnung der Preisminderung wird in Art. 12 Abs. 4 DI-RLE in der „Kompromissfassung", s. Rat der Europäischen Union, Dok. 9901/17 ADD 1 vom 1.6.2017, in einem neuen zweiten Unterabsatz präzisiert, dass die Preisminderung nur für den Zeitraum gilt, „innerhalb dessen die digitalen Inhalte oder die digitale Dienstleistung nicht in vertragsgemäßem Zustand waren bzw. war". Diese zeitliche Beschränkung der Preisminderung ist zwar grundsätzlich richtig, erscheint jedoch zu pauschal. Denn es sind Fälle denkbar, in denen die – bezogen auf einen bestimmten Zeitraum – einwandfreie Qualität der digitalen Inhalte oder Dienstleistungen für den Verbraucher nur von eingeschränktem Nutzen bzw. Wert sind, weil die versprochene digitale Leistung in der vorausgehenden oder nachfolgenden Zeitspanne nur in mangelhafter Qualität erbracht wird. Wer beispielsweise für sechs Monate ein Sprachlernprogramm bestellt hat, bei dem der persönliche Vokabeltrainer in den ersten drei Monaten nicht funktioniert, kann diesen auch im zweiten Quartal nur eingeschränkt vernünftig nutzen, weil er die zuvor bereits erlernten Vokabeln seinerzeit nicht eingeben konnte, so dass der Vokabeltrainer auch später nur ein unvollständiges Bild des Lernfortschritts liefert.

[42] Parallel zu Art. 11 FA-RLE wurde auch in Art. 12 Abs. 1 DI-RLE die Rechtswidrigkeit der Nacherfüllung als Ausschlusstatbestand für den Nacherfüllungsanspruch ausdrücklich geregelt. In Art. 12 Abs. 1 DI-RLE in der „Kompromissfassung", s. Rat der Europäischen Union, Dok. 9901/17 ADD 1 vom 1.6.2017, wird der Fall der Rechtswidrigkeit nicht mehr ausdrücklich erwähnt und in Fn. 56 überzeugend klargestellt, dass der Begriff der Unmöglichkeit auch rechtliche Hindernisse erfasst, s. dazu bereits oben Fn. 17.

[43] Dabei sind parallel zu Art. 9 Abs. 2 FA-RLE die Art der digitalen Inhalte und der Zweck, für den der Verbraucher diese digitalen Inhalte benötigt, zu berücksichtigen.

sichtlich der bereits verstrichenen Zeitspanne[44] für berechtigt halten, sofort die Sekundärrechte der zweiten Hierarchiestufe geltend zu machen, also den Preis zu mindern bzw. alternativ den Vertrag zu beenden.[45]

c) Kein Wahlrecht des Verbrauchers zwischen Ersatzlieferung und Nachbesserung

Wie schon erwähnt[46] ist im DI-RLE anders als im FA-RLE für die Nacherfüllung keine Ausdifferenzierung in Ersatzlieferung und Nachbesserung vorgesehen, sondern bleiben die Modalitäten der Herstellung des vertragsgemäßen Zustandes grundsätzlich dem Anbieter überlassen. Dies ist in der Sache sinnvoll, zumal sich bei digitalen Inhalten als unkörperlichen Gegenständen Ersatzlieferung und Nachbesserung vielfach gar nicht zuverlässig voneinander abgrenzen lassen.

d) Unverhältnismäßigkeit Grenze des Nacherfüllungsrechts

Oben[47] wurde ebenfalls bereits erwähnt, dass die im DI-RLE fehlende weitere Unterteilung der Abhilfe bei Vertragswidrigkeit in Ersatzlieferung und Nachbesserung dazu führt, dass die Unverhältnismäßigkeit der Nacherfüllung nicht als relative Unverhältnismäßigkeit, sondern als absolute Unverhältnismäßigkeit ausgestaltet ist. Als für die Feststellung der Unangemessenheit der Kosten maßgebliche Kriterien werden in Art. 12 Abs. 1 Unterabs. 2 S. 2 lit. a und b DI-RLE aufgezählt der Wert, den die digitalen Inhalte hätten, wenn sie in vertragsgemäßen Zustand wären und die Bedeutung der Vertragswidrigkeit für die Erreichung des Zwecks, für den digitale Inhalte derselben Art gewöhnlich genutzt werden.[48] Wie schon angedeutet,[49] verdient es Zustimmung, dass hiernach die Unverhältnismäßigkeit nicht notwendig von den Kosten einer alternativen Nacherfüllungsvariante abhängt. Kritikwürdig ist allerdings die objektive Orientierung des Leistungsinteresses des Verbrauchers an dem Zweck, für den digitale Inhalte derselben Art gewöhnlich genutzt werden. Denn wenn Anbieter und Verbraucher sich auf einen individuellen Vertragszweck geeinigt haben,

---

[44] Vgl. dagegen, dass hier nach Art. 13 Abs. 5 DI-RLE ausnahmslos nur ein Teilrücktritt in Betracht kommt, unten unter 5. Ähnlich präzisiert Art. 12 Abs. 4 DI-RLE in der „Kompromissfassung", s. Rat der Europäischen Union, Dok. 9901/17 ADD 1 vom 1.6.2017, in einem neuen zweiten Unterabsatz, dass die Preisminderung nur für den Zeitraum gilt, „innerhalb dessen die digitalen Inhalte oder die digitale Dienstleistung nicht in vertragsgemäßem Zustand waren bzw. war". Dazu kritisch bereits Fn. 41.

[45] Eine Vertragsbeendigung ist jedoch nach Art. 12 Abs. 5 DI-RLE an die zusätzliche Hürde der Beeinträchtigung wesentlicher Leistungsmerkmale geknüpft, dazu noch unten unter 4.

[46] S. oben unter I.1.b.

[47] S. oben unter I.1.b.

[48] S. zu den Schwierigkeiten der maßgeblichen Wert- und Zweckbestimmungen *Koch*, in: Wendehorst/Zöchling-Jud (Hrsg.), Ein neues Vertragsrecht für den digitalen Binnenmarkt, 2016, S. 131, 139.

[49] S. oben unter I.1.b.

dann gebietet es die Privatautonomie, dass dieser Zweck Maßstab für das Leistungsinteresse des Verbrauchers ist.

e) Übergang auf die Sekundärrechte bei Erfüllungsverweigerung und antizipiertem Scheitern der Nacherfüllung

Parallel zum FA-RLE findet sich auch in Art. 12 Abs. 3 lit. d DI-RLE das Recht des Verbrauchers geregelt, bei Erfüllungsverweigerung oder antizipiertem Scheitern der Nacherfüllung sofort auf die Rechtsbehelfe der zweiten Hierarchiestufe überzugehen.[50]

f) Kein lückenloser Übergang auf die Sekundärrechte bei Unzumutbarkeit der Nacherfüllung

Wiederum in Übereinstimmung mit dem FA-RLE fehlt es jedoch auch im DI-RLE an einer allgemeinen Regelung, die dem Verbraucher generell bei Unzumutbarkeit der Nacherfüllung einen sofortigen Übergang auf die Rechtsbehelfe Minderung oder alternativ Vertragsbeendigung ermöglicht. Dies erscheint auch hier kritikwürdig, weil zweifelhaft ist, ob alle denkbaren Fälle und insbesondere solche eines berechtigten Vertrauensverlustes bereits durch Art. 12 Abs. 3 lit. c und d DI-RLE abgedeckt werden.[51]

---

[50] In Art. 12 Abs. 3 lit. d DI-RLE in der „Kompromissfassung", s. Rat der Europäischen Union, Dok. 9901/17 ADD 1 vom 1.6.2017, werden diese Fälle des antizipierten Vertragsbruches zusammengeführt mit dem Recht des Verbrauchers zum sofortigen Übergang auf die Rechtsbehelfe der zweiten Hierarchiestufe in Fällen, in denen aus der Nacherfüllung erhebliche Unannehmlichkeiten für den Verbraucher drohen. Dies ist sinnvoll, erfordert doch die Bewertung der Unannehmlichkeiten eine in die Zukunft gerichtete Prognoseentscheidung und ist es doch sachlich angemessen, dass der Anbieter sich auch insofern an seinen eigenen antizipierenden Erklärungen festhalten lassen muss, selbst wenn er möglicherweise die Nacherfüllung tatsächlich später ohne solche Unannehmlichkeiten hätte erbringen können und möglicherweise auch erbracht hätte.

[51] S. dazu bereits oben unter I. 1.d. und dort auch bereits in Fn. 25 zu der zustimmungswürdigen Aufnahme einer solchen Generalklausel in Art. 12 Abs. 3 lit. c DI-RLE in der „Kompromissfassung", s. Rat der Europäischen Union, Dok. 9901/17 ADD 1 vom 1.6.2017, der die sofortige Preisminderung bzw. Vertragsbeendigung erlaubt, wenn die Vertragswidrigkeit derart schwerwiegend ist, dass eine sofortige Preisminderung oder Beendigung des Vertrags gerechtfertigt ist. Aus dem dort in Fn. 60 vorgeschlagenen weiteren Erwägungsgrund geht hervor, dass die Erweiterung gerade auch Fälle erfassen soll, in denen „vom Verbraucher kein weiteres Vertrauen in die Fähigkeit des Anbieters, den vertragsgemäßen Zustand der digitalen Inhalte oder der digitalen Dienstleistung herzustellen, erwartet werden kann". Nicht gelungen erscheint dagegen die in lit. ba derselben Bestimmung eingefügte Erweiterung, wonach der sofortige Übergang auf Preisminderung oder Vertragsbeendigung außerdem zulässig sein soll, wenn „eine Vertragswidrigkeit besteht trotz der Bemühungen des Anbieters, den vertragsgemäßen Zustand der digitalen Inhalte oder der digitalen Dienstleistung herzustellen." Diese Neuregelung ist sachlich verfehlt, soweit sie keine zeitliche Beschränkung enthält und sich dementsprechend wortlautgetreu dahin verstehen ließe, dass schon bei ersten erfolglosen oder schlicht unvollendeten Abhilfebemühungen des Anbieters ein sofortiger Übergang auf die Sekundärrechte der zweiten Hierarchiestufe eröffnet wäre, obwohl noch gar keine angemessene Frist verstrichen ist und die Bemühungen auch nicht fehlgeschlagen sind. Die Regelung ist aber auch entbehrlich, da der Verbraucher dem Verkäufer nach Art. 12 Abs. 2 DI-RLE ohnehin keine Frist zur Nach-

2. Rückgabe und Wertersatz bei Ersatzlieferung nicht geregelt

Die bei Ersatzlieferung[52] auftretenden Fragen des Schicksals der vom Verbraucher zunächst empfangenen vertragswidrigen Leistung und einer etwaigen Wertersatzpflicht des Verbrauchers werden im DI-RLE nicht geregelt. Der DI-RLE ist also insofern lückenhaft und dies ist auch hier misslich, weil parallel zum FA-RLE[53] die Gefahr besteht, dass das Fehlen einer Rückgabe- bzw. Wertersatzregelung als abschließender Ausschluss entsprechender Pflichten des Verbrauchers gedeutet wird, was eine ungerechtfertigte Bereicherung des Verbrauchers ermöglichen würde.

3. Kein Zurückbehaltungsrecht des Verbrauchers geregelt

Im Gegensatz zum FA-RLE ist im DI-RLE auch kein Zurückbehaltungsrecht des Verbrauchers bis zur Herstellung des vertragsgemäßen Zustands der digitalen Inhalte angeordnet.[54] Da sich das Zurückbehaltungsrecht im gegenseitigen Vertrag dem allgemeinen Grundsatz des *do ut des* verdankt, sollte es entweder in keiner der beiden geplanten Richtlinien geregelt werden und dem nationalen Recht überlassen bleiben oder aber in beiden Regimen parallel ausgestaltet werden.

4. Vertragsbeendigung nur bei Beeinträchtigung wesentlicher Leistungsmerkmale

Der DI-RLE stellt für das Recht zur Vertragsbeendigung qualifizierte Anforderungen an die Vertragsverletzung und weicht damit ab sowohl von dem FA-RLE als auch von der Verbrauchsgüterkauf-RL 1999/44/EG. Wie schon

---

erfüllung zu setzen braucht, sondern der bloße objektive fruchtlose Ablauf einer angemessenen Frist seit Mitteilung der Vertragswidrigkeit dem Verbraucher den Weg in die Preisminderung oder Vertragsbeendigung eröffnet. Bleiben Abhilfebemühungen des Verkäufers der Erfolg versagt, so sind also bereits nach Art. 12 Abs. 3 lit. b DI-RLE die Rechtsbehelfe der zweiten Hierarchiestufe eröffnet, ohne dass es einer zusätzlichen Bestimmung bedarf.

[52] Vgl. hingegen zur Vertragsbeendigung Art. 13 Abs. 2 lit. d und e DI-RLE, wonach der Verbraucher bei digitalen Inhalten, die nicht auf einem dauerhaften Datenträger bereitgestellt wurden, die Nutzung der digitalen Inhalte und deren Zurverfügungstellung an Dritte zu unterlassen hat, insbesondere indem er die digitalen Inhalte löscht oder auf andere Weise unlesbar macht und bei digitalen Inhalten, die auf einem dauerhaften Datenträger bereitgestellt wurden, auf Aufforderung des Anbieters und auf dessen Kosten den dauerhaften Datenträger unverzüglich, spätestens aber innerhalb von vierzehn Tagen nach Eingang der Aufforderung an den Anbieter zurückzusenden und jede verwendbare Kopie der digitalen Inhalte zu löschen, unlesbar zu machen und ihre Nutzung oder Zurverfügungstellung an Dritte zu unterlassen hat.

[53] Vgl. zum FA-RLE bereits oben unter I. 2.

[54] Vgl. aber Fn. 58 zu Art. 12 Abs. 2 DI-RLE in der „Kompromissfassung", s. Rat der Europäischen Union, Dok. 9901/17 ADD 1 vom 1.6.2017: Danach soll immerhin ein ausdrücklicher Hinweis in die Erwägungsgründe aufgenommen werden, wonach es den Mitgliedstaaten freistehen soll, ein Zurückbehaltungsrecht des Verbrauchers hinsichtlich seiner Zahlung bis zur Herstellung des vertragsgemäßen Zustandes der digitalen Inhalte oder der digitalen Dienstleistung zu regeln, ebenso wie ein gegenläufiges Zurückbehaltungsrecht des Anbieters hinsichtlich einer dem Verbraucher bei Beendigung des Vertrages zustehenden Erstattung bis zur Rückgabe eines überlassenen Datenträgers.

erwähnt[55] soll die Vertragsbeendigung nach Art. 12 Abs. 5 DI-RLE die Beeinträchtigung wesentlicher Leistungsmerkmale[56] der digitalen Inhalte wie deren Funktionsumfang, Interoperabilität, Zugänglichkeit, Kontinuität, und Sicherheit erfordern.[57] Nach meinem Dafürhalten fehlt es an einer hinreichenden sachlichen Rechtfertigung dafür, in allen drei Regelwerken jeweils unterschiedliche Schwellen für die Vertragsstornierung vorzusehen.[58] Auch mag man daran zweifeln, ob die in Art. 12 Abs. 5 DI-RLE angeordnete Wesentlichkeitsschwelle bei Verbrauchergeschäften angemessen ist.[59] Dies hängt letztlich davon ab, welche Anforderungen man an die Wesentlichkeit eines Leistungsmerkmals stellt.[60] Angesichts der immerhin fünf Merkmale umfassenden (nicht abschließenden) Aufzählung in Art. 12 Abs. 5 DI-RLE spricht manches dafür, dass ein verbraucherfreundliches weites Verständnis der Wesentlichkeit beabsichtigt ist.[61]

5. Bei teilweiser Vertragswidrigkeit nur Teilrücktritt

Parallel zu Art. 13 Abs. 2 FA-RLE[62] ist auch Art. 13 Abs. 5 DI-RLE insofern zu eng, als er in Fällen, in denen sich die Vertragswidrigkeit nur auf einen bestimmten Zeitabschnitt des gesamten Bereitstellungszeitraumes bezieht, ausnahmslos nur eine teilweise Vertragsbeendigung erlauben möchte. Angemessen wäre auch hier, einen Totalrücktritt davon abhängig zu machen, dass der Verbraucher aufgrund der teilweisen Vertragswidrigkeit sein Leistungsinteresse insgesamt verloren hat.

6. Kein Ausschluss von Mängelrechten

Anders als Art. 9 Abs. 5 FA-RLE enthält der DI-RLE keinen Ausschluss der Abhilfe in Fällen, in denen die Vertragswidrigkeit vom Verbraucher zu verantworten ist. Auch für diese Divergenz hinsichtlich des Regelungsinhaltes beider Richtlinienvorschläge sehe ich keine hinreichende Rechtfertigung.

---

[55] S. oben unter I.4.

[56] *Spindler*, MMR 2016, 219, 221 kritisiert, dass die Zweckerreichung nicht explizit als wesentliches Leistungsmerkmal erfasst ist.

[57] Gemäß Art. 12 Abs. 5 DI-RLE in der „Kompromissfassung", s. Rat der Europäischen Union, Dok. 9901/17 ADD 1 vom 1.6.2017, soll jedoch die Vertragsbeendigung nur noch bei einer nicht geringfügigen Vertragswidrigkeit ausgeschlossen sein und auch dies nur, wenn die digitalen Inhalte oder die digitale Dienstleistung gegen Zahlung eines Preises bereitgestellt wurden. Die Schwelle der Geringfügigkeit entspricht Art. 3 Abs. 6 Verbrauchsgüterkauf-RL 1999/44/EG. Dies ist zwar zu begrüßen, es wäre jedoch wünschenswert, dass auch der FA-RLE entsprechend angepasst würde, so dass ein einheitliches Regime vorgesehen wäre.

[58] Ähnl. *Wendland*, GPR 2016, 8, 17.

[59] Ähnl. *Wendland*, GPR 2016, 8, 17.

[60] Dazu, dass gewisse Zweifel bestehen, was als wesentlich anzusehen ist, *Koch*, in: Wendehorst/Zöchling-Jud (Hrsg.), Ein neues Vertragsrecht für den digitalen Binnenmarkt, 2016, S. 131, 141.

[61] Hingegen nimmt *Ostendorf*, ZRP 2016, 69, 71 an, dass nur schwerwiegende Mängel erfasst sein dürften, die bereitgestellte digitale Inhalte weitgehend unbrauchbar machten.

[62] Dazu schon oben unter I. 5.

7. Recht auf Schadensersatz bei wirtschaftlicher Schädigung der digitalen Umgebung des Verbrauchers

Anders als die Verbrauchsgüterkauf-RL 1999/44/EG und der FA-RLE regelt der DI-RLE in Art. 14 einen Ausschnitt aus dem Schadensersatzrecht.[63] Allerdings bleiben die Konturen dieses Schadensersatzanspruches hinsichtlich seiner Voraussetzungen und Rechtsfolgen vage.[64] Außerdem muss man sich fragen, warum gerade insoweit eine Teilharmonisierung sinnvoll sein soll.

a) Verschuldensunabhängige Haftung auch bei Bereitstellung vertragswidriger digitaler Inhalte

Nach Art. 14 Abs. 1 S. 1 DI-RLE haftet der Anbieter dem Verbraucher für jede wirtschaftliche Schädigung der digitalen Umgebung des Verbrauchers, die durch Nichteinhaltung des Vertrags oder die nicht erfolgte Bereitstellung der digitalen Inhalte verursacht wurde. Aufgrund der Gegenüberstellung von Nichteinhaltung des Vertrags einerseits und nicht erfolgter Bereitstellung der digitalen Inhalte andererseits darf man wohl annehmen, dass die Nichteinhaltung des Vertrags Bereitstellung vertragswidriger digitaler Inhalte einschließt. Da weitere Haftungsvoraussetzungen nicht genannt werden, ist der Schadensersatzanspruch wohl verschuldensunabhängig.[65]

b) Haftung bei wirtschaftlicher Schädigung der digitalen Umgebung des Verbrauchers auf das positive Interesse

Die Haftung setzt weiter eine wirtschaftliche Schädigung der digitalen Umgebung des Verbrauchers voraus. Dabei wird die digitale Umgebung in Art. 2 Abs. 8 DI-RLE definiert als Hardware, digitale Inhalte und Netzverbindungen aller Art, soweit sie der Kontrolle des Nutzers unterliegen. Dass im konkreten Fall Abgrenzungsschwierigkeiten auftauchen können, liegt auf der Hand und soll hier nicht weiter vertieft werden.

In Art. 14 Abs. 1 S. 2 DI-RLE wird klargestellt, dass der Schadensersatz auf Ausgleich des positiven Interesses zielt. Danach ist der Verbraucher soweit wie möglich in die Lage zu versetzen, in der er sich befunden hätte, wenn die digitalen Inhalte ordnungs- und vertragsgemäß bereitgestellt worden wären.

---

[63] Allerdings hat sich wohl im Rechtssetzungsprozess mittlerweile die Auffassung durchgesetzt, dass auf eine Harmonisierung des Schadensersatzes auch im DI-RLE ganz verzichtet werden sollte und die Regelung des Schadensersatzes dementsprechend weiterhin dem einzelstaatlichen Recht überlassen bleiben sollte, vgl. Rn. 15 und 16 der Anlage „Politische Leitlinien" vom Juni 2016, Rat der Europäischen Union, Dok. 9768/16 vom 2.6.2016, wo eine Streichung von Art. 14 DI-RLE vorgesehen ist; ebenso die „Kompromissfassung", Rat der Europäischen Union, Dok. 9901/17 ADD 1 vom 1.6.2017, Fn. 66.

[64] Kritisch insofern auch *Spindler*, MMR 2016, 219, 222 f.; *Ostendorf*, ZRP 2016, 69, 71.

[65] In diesem Sinne auch *Spindler*, MMR 2016, 219, 222; *Koch*, in: Wendehorst/Zöchling-Jud (Hrsg.), Ein neues Vertragsrecht für den digitalen Binnenmarkt, 2016, S. 131, 150; *Graf von Westphalen*, BB 2016, 1411, 1416.

Die Reichweite des Schadensersatzes lässt aber auch mit Blick auf den Ersatzumfang und konkret darauf, dass lediglich eine *wirtschaftliche* Schädigung der digitalen Umgebung des Verbrauchers ausgleichspflichtig ist, viele Zweifel offen.[66] Ist nur der Ausgleich von Einbußen an der sonstigen Hard- und Software des Verbrauchers gemeint, wie sie beispielsweise durch virenverseuchte digitale Inhalte entstehen können? Oder umfasst die auszugleichende wirtschaftliche Schädigung auch eine entgangene Aufrüstung der digitalen Umgebung des Verbrauchers, die dadurch eintritt, dass die bereitgestellten digitalen Inhalte schlicht nicht funktionieren. Unklar ist schließlich, inwieweit über die digitale Umgebung hinausreichende Folgeschäden von dem Schadensersatz erfasst werden. Man stelle sich etwa vor, dass Gesundheits- oder Eigentumsschäden eintreten, weil Kontroll-Software, die der Verbraucher nutzt, aufgrund einer Vertragswidrigkeit der vom Anbieter gelieferten digitalen Inhalte, nicht mehr richtig funktioniert. Gegen eine Ersatzfähigkeit auch solcher Folgeschäden spricht einerseits der Wortlaut von Art. 14 Abs. 1 S. 1 DI-RLE, der den Ersatz auf die wirtschaftliche Schädigung der digitalen Umgebung begrenzt. Dafür spricht andererseits die in Art. 14 Abs. 1 S. 2 DI-RLE angeordnete Erstreckung des Schadensersatzes auf das positive Interesse. Bei hypothetischer einwandfreier Vertragserfüllung wären eben auch Folgeschäden ausgeblieben.

c) Verhältnis zum nationalen Schadensrecht fraglich

Unklar ist schließlich das Verhältnis zum nationalen Recht.[67] Nach Art. 14 Abs. 2 DI-RLE legen die Mitgliedstaaten die Einzelheiten bezüglich der Ausübung des in Abs. 1 angeordneten Rechts auf Schadensersatz fest. Im Verbund mit dem Vollharmonisierungsansatz in Art. 4 DI-RLE könnte man diese bloße Befugnis der Mitgliedstaaten zur Regelung von Einzelheiten dahin verstehen, dass Art. 14 DI-RLE die Haftung für die wirtschaftliche Schädigung der digitalen Umgebung des Verbrauchers abschließend regelt. Nähme man jedoch an, dass Folgeschäden nach Art. 14 DI-RLE nicht ausgleichspflichtig sind, so käme man zu einem ganz inakzeptablen Haftungsregime, man denke nur an Folgeschäden an Leib und Leben.[68]

---

[66] S. dazu bereits *Koch*, in: Wendehorst/Zöchling-Jud (Hrsg.), Ein neues Vertragsrecht für den digitalen Binnenmarkt, 2016, S. 131, 151 f.; *Spindler*, MMR 2016, 219, 221 ff.; *Zoll*, EuCML 2016, 250, 251; *Graf von Westphalen*, BB 2016, 1411 ff.

[67] Vgl. auch *Spindler*, MMR 2016, 219, 222; *Koch*, in: Wendehorst/Zöchling-Jud (Hrsg.), Ein neues Vertragsrecht für den digitalen Binnenmarkt, 2016, S. 131, 153 ff.; *Ostendorf*, ZRP 2016, 69, 71; *Zoll*, EuCML 2016, 250, 251.

[68] Vgl. auch *Spindler*, MMR 2016, 219, 222, der annimmt, dass die Kommission wohl kaum eine solche empfindliche Schutzlücke gewollt habe; nach *Staudenmayer*, NJW 2016, 2719, 2722 bleibe „zum Beispiel immaterieller Schadensersatz […] mitgliedstaatlicher Regelung überlassen".

d) Fragwürdige punktuelle Teilharmonisierung

In den Erwägungsgründen wird die Schadensersatzhaftung gerechtfertigt mit dem Ziel, das Vertrauen der Verbraucher in digitale Inhalte zu steigern.[69] Außerdem werden die Mitgliedstaaten aufgefordert, bei der näheren Ausgestaltung der Schadensersatzhaftung zu berücksichtigen, dass Preisnachlässe für eine zukünftige Bereitstellung digitaler Inhalte keinen vollständigen Ausgleich des positiven Interesses bieten.

Man mag es für plausibel halten, dass die Gewährleistung einer Schadensersatzhaftung das Vertrauen des Verbrauchers in grenzüberschreitende Transaktionen erhöht. Warum das aber nur für Verträge über digitale Inhalte gelten soll und nicht auch für den Fernabsatz und den stationären Vertrieb von Waren leuchtet nicht ohne Weiteres ein. Entsprechendes gilt hinsichtlich der Ausklammerung sonstiger Schäden, die dem Verbraucher aus der unzureichenden Erfüllung der Verträge über digitale Inhalte drohen. Die mit Art. 14 DI-RLE geplante nur ganz punktuelle Harmonisierung des Schadensersatzrechtes scheint mir deshalb als „Vertrauensmaßnahme" von zweifelhafter Aussicht auf Erfolg. Bedenkt man ferner die unausgegorene rechtstechnische Qualität von Art. 14 DI-RLE und die zahlreichen Auslegungsunsicherheiten, die damit einhergehen, so kann man nur hoffen, dass der europäische Gesetzgeber von dieser punktuellen Teilharmonisierung im weiteren Rechtsetzungsverfahren Abstand nimmt, was sich in der Tat abzeichnet.[70]

III. Fazit

Grundsätzlich bewegen sich System und Hierarchie der Rechtsbehelfe des FA-RLE und des DI-RLE überwiegend in den gewohnten Bahnen der Verbrauchsgüterkauf-RL 1999/44/EG. Die davon abweichende Entscheidung für einen vollharmonisierten Vorrang der Nacherfüllung ist isoliert betrachtet akzeptabel, lässt aber eine Fragmentierung der für stationären Handel einerseits und Fernabsatz andererseits geltenden Regelungen befürchten[71] und passt im Übrigen schlecht zur vollständigen Ausklammerung des Schadensersatzes im FA-RLE und dessen nur teilweiser Regelung im DI-RLE.

Ärgerlich ist ferner, dass die nähere Ausgestaltung der Rechtsbehelfe im FA-RLE einerseits und im DI-RLE andererseits teilweise voneinander abweicht, obwohl dafür keine hinreichenden Sachgründe ersichtlich sind. Dies gilt insbesondere für die in beiden Entwürfen uneinheitliche Schwelle für die Vertragsbeendigung sowie für den verfehlten mangelnden Ausschluss der Nacherfüllung bei absoluter Unverhältnismäßigkeit in dem FA-RLE.

---

69 Erwägungsgrund Nr. 44; s. ferner Impact Assessment SWD (2015) 274 final/2, S. 128f.

70 S. bereits Fn. 63.

71 In diesem Sinne auch *Maultzsch*, JZ 2016, 236, 238; *Stariradeff*, MMR 2016, 715, 715ff.; *Lorenz*, FS Krüger, 2017, S. 277, 281, der im Übrigen eine Marginalisierung der Verbrauchsgüterkauf-Richtlinie kommen sieht.

C. Zeitliche Grenzen

Nachfolgend sollen nun die zeitlichen Grenzen für die Geltendmachung der Rechtsbehelfe bei Vertragswidrigkeit in den beiden RL-Entwürfen erörtert werden.

I. Fernabsatzkaufverträge über Waren

1. Zweijahresfrist für das Offenbarwerden von Vertragswidrigkeiten

Nach Art. 14 S. 1 FA-RLE hat der Verbraucher Anspruch auf Abhilfe bei Vertragswidrigkeit der Waren, wenn die Vertragswidrigkeit innerhalb von zwei Jahren nach dem für die Feststellung der Vertragsmäßigkeit maßgebenden Zeitpunkt offenbar wird.[72] Gemäß Art. 8 Abs. 1 lit. a FA-RLE ist maßgeblicher Zeitpunkt für die Vertragswidrigkeit grundsätzlich der Zeitpunkt, in dem der Verbraucher oder ein vom Verbraucher benannter Dritter, der nicht Beförderer ist, in den physischen Besitz der Waren gelangt.[73] Prinzipiell[74] haftet der Verkäufer damit also für Vertragswidrigkeiten, die binnen zwei Jahren nach Übergabe der Waren offenbar werden.[75]

a) Längere Frist unzulässig

Anders als die Zweijahresfrist in dem grundsätzlich parallel formulierten Art. 5 Abs. 1 Verbrauchsgüterkauf-RL 1999/44/EG soll aber die Zweijahresfrist in Art. 14 S. 1 FA-RLE nach Art. 3 FA-RLE voll harmonisierende Wirkung entfalten. Es handelt sich dabei also zugleich um eine Maximalfrist oder anders gewendet: Defekte, die erst nach Ablauf der Zweijahresfrist offenbar werden,

---

[72] Anders die Lösung des CESL, das in Artt. 179f. eine kurze kenntnisabhängige zweijährige Verjährungsfrist vorsieht und ergänzend eine lange kenntnisunabhängige Verjährungsfrist von zehn Jahren anordnet.

[73] Art. 3 Abs. 1 Verbrauchsgüterkauf-RL 1999/44/EG stellt dagegen noch auf Lieferung des Verbrauchsgutes ab.

[74] Wird die Ware einem vom Verbraucher benannten Beförderer übergeben, so ist nach Art. 8 Abs. 1 lit. b FA-RLE dieser Zeitpunkt maßgeblich, wenn der Verkäufer weder den Beförderer noch die Beförderung vorgeschlagen hat. Bei Montage oder Installierung durch den Verkäufer oder unter seiner Verantwortung ist nach Art. 8 Abs. 2 S. 1 FA-RLE der Zeitpunkt des Abschlusses der Montage oder Installation maßgeblich. Bei Waren, die zur Montage oder Installation durch den Verbraucher bestimmt sind, soll es nach Art. 8 Abs. 2 S. 2 FA-RLE auf den Zeitpunkt des Abschlusses der Montage oder Installation innerhalb einer angemessenen Zeit ankommen, wobei jedoch eine Höchstfrist von 30 Tagen ab Erlangung des physischen Besitzes bzw. Übergabe an den Beförderer gemäß Art. 8 Abs. 1 eingreift; kritisch gegenüber Art. 8 Abs. 2 FA-RLE *Maultzsch*, JZ 2016, 236, 241 f.; *Stürner*, JA 2016, 884, 888, die jeweils eine zu weitgehende Risikozuweisung an den Verkäufer annehmen.

[75] Dazu näher *Maultzsch*, JZ 2016, 236, 241, der insbesondere kritisiert, dass kein Gefahrübergang bei Annahmeverzug des Käufers vorgesehen sei. Bei erst nach Annahmeverzug entstehenden Defekten ist aber wohl eine Mängelgewährleistung nach Art. 9 Abs. 5 FA-RLE ausgeschlossen, weil bei Hinwegdenken des Annahmeverzugs ein Mangel aufgrund (hypothetischen) vorherigen Gefahrübergangs nach Art. 9 Abs. 1 FA-RLE ausscheiden würde.

dürften nach dem mitgliedstaatlichen Recht nicht mehr die von der Richtlinie geregelten Rechtsbehelfe eröffnen.

An sich wird die Vollharmonisierung der Frist für das Manifestwerden von Vertragswidrigkeiten von der Rechtsvereinheitlichung als Zielsetzung der Richtlinie gedeckt.

aa) Ausschluss großzügigerer Verjährung fragwürdig

Für das deutsche Recht müsste man allerdings von den ausnahmsweise längeren Verjährungsfristen gemäß § 438 Abs. 1 Nr. 1 a) und 2 b) BGB sowie § 438 Abs. 3 S. 1 BGB insoweit Abstand nehmen, als diese bislang auch dann eingreifen, wenn die Vertragswidrigkeit erst später als zwei Jahre nach Übergabe offenbar wurde. Ob eine solche zeitliche Verkürzung der Verbraucher-Käuferrechte in der Sache angemessen ist, erscheint fraglich. Dies gilt insbesondere für die Konstellation des arglistigen Verschweigens eines Mangels.[76]

Zwar kann der Käufer in solchen Fällen bislang alternativ zur Geltendmachung von Mängelrechten den Kaufvertrag nach § 123 BGB anfechten, wobei die Anfechtung bei länger währender Unkenntnis des Käufers von der Täuschung lediglich durch die großzügige Zehnjahresfrist nach § 124 Abs. 3 BGB begrenzt wird. Jedoch ist aufgrund des vollharmonisierenden Ansatzes des FA-RLE gerade zweifelhaft, ob die Mitgliedstaaten weiterhin ein konkurrierendes Anfechtungsrecht vorsehen dürften, das großzügigeren zeitlichen Grenzen unterliegt als das vom FA-RLE vorgesehene Recht des Verbrauchers auf Beendigung des Vertrages.[77]

bb) Rechtslage fraglich bei Mängeln im Anschluss an Nacherfüllungsbemühen

Problematisch kann die Zweijahresfrist für das Zutagetreten von Vertragswidrigkeiten aber auch dann werden, wenn sich im Anschluss an ein Nacherfüllungsbemühen des Verkäufers wiederum ein Defekt zeigt. Der FA-RLE regelt nicht explizit, ob die Zweijahresfrist im Anschluss an ein Nacherfüllungsbemühen des Verkäufers neu zu laufen beginnt.[78] Misst man Art. 14 S. 1 FA-RLE auch insoweit abschließenden Charakter bei, so wäre der Käufer bei Vertragswidrigkeiten, die erst im Anschluss an ein Nacherfüllungsbemühen offenbar werden, vielfach rechtlos gestellt. Insbesondere dann, wenn nach Ersatzlieferung wieder der gleiche Defekt auftritt oder sich das im Wege der Reparatur ausgetauschte Teil erneut als fehlerhaft erweist, müssten Mängelrechte versagt werden, sofern die Zweijahresfrist ab ursprünglicher Lieferung schon abgelaufen ist. Gerade

---

[76] Kritisch deshalb auch die Stellungnahme des Bundesrates BR-Drs. 169/16 (Beschluss), S. 12 Rn. 27.

[77] S. Art. 1 Abs. 4 FA-RLE, wonach „das allgemeine nationale Vertragsrecht wie die Bestimmungen über das Zustandekommen, die Wirksamkeit und Wirkungen eines Vertrages, einschließlich der Folgen der Vertragsbeendigung" unberührt bleiben sollen, allerdings nur insoweit, als „diese Aspekte in diese Richtlinie nicht geregelt werden".

[78] S. bereits die Stellungnahme des Bundesrates BR-Drs. 169/16 (Beschluss), S. 13 Rn. 28.

weil Minderung und Vertragsbeendigung gegenüber der Nacherfüllung subsidiär ausgestaltet sind, der Verbraucher-Käufer sich also die Nacherfüllung grundsätzlich gefallen lassen muss, darf er bei Mängeln, die im Anschluss an ein Nacherfüllungsbemühen auftreten, nicht rechtlos gestellt werden.[79] Der europäische Gesetzgeber sollte deshalb ausdrücklich anordnen, dass die Zweijahresfrist im Anschluss an eine Ersatzlieferung oder Reparatur grundsätzlich neu zu laufen beginnt.

b) Kürzere Frist unzulässig

Die Zweijahresfrist in Art. 14 S. 1 FA-RLE darf aber auch nicht unterschritten werden. Anders als nach Art. 7 Abs. 1 S. 2 Verbrauchsgüterkauf-RL 1999/44/EG dürfen die Mitgliedstaaten selbst beim Verkauf gebrauchter Güter keine vertragliche Verkürzung bis zu einer Mindestfrist von einem Jahr mehr vorsehen.[80] Man mag zu verkürzten Gewährleistungsfristen im Gebrauchtwarenhandel stehen wie man will. Es leuchtet jedenfalls kaum ein, warum allein der Vertriebsweg des Fernabsatzes die Vereinbarung einer um ein Jahr kürzeren Frist für das Zutagetreten von Vertragswidrigkeiten ausschließen soll, der stationäre Handel dagegen nicht.

2. Mindestfrist von zwei Jahren für die Verjährung

Die eigentliche Verjährungsfrist wird durch den FA-RLE nur mindestharmonisiert. Genauso wie bislang nach der Verbrauchsgüterkauf-RL 1999/44/EG[81] darf eine nationalrechtliche Verjährungsfrist nicht vor Ablauf der Zweijahresfrist, die auch für das Offenbarwerden eines Mangels gilt, enden, Art. 14 S. 2 FA-RLE.[82] Unterschiedliche nationale Verjährungsfristen sind also weiterhin möglich bis hin zu Lösungen, wie sie in Finnland und den Niederlanden gelten, wo die Geltendmachung von Mängelrechten prinzipiell gar keiner zeitlichen Begrenzung unterliegt.[83] Auch wenn dadurch die beabsichtigte Rechtsvereinheitlichung ersichtlich begrenzt wird, scheint mir diese gesetzgeberische Zurückhaltung doch vernünftig.[84] Zum einen werden Unternehmen zeitlich unbegrenzte Gewährleistungsrechte wohl vor allem deshalb fürchten, weil die späte Geltendmachung von *vices cachés*, also verdeckter Mängel, droht. Insoweit wird

[79] Näher dazu *Gsell*, FS Derleder, 2015, S. 135, passim.

[80] S. Impact Assessment SWD (2015) 274 final/2, S. 50, wonach nur 13 Mitgliedstaaten von der in Art. 7 Abs. 2 Verbrauchsgüterkauf-RL 1999/44/EG eröffneten Möglichkeit Gebrauch gemacht haben, eine vertragliche Verkürzung der Gewährleistungsfrist für gebrauchte Güter auf bis zu ein Jahr zu gestatten. Zulässig bleiben allerdings nach Art. 18 FA-RLE (im vorliegenden Kontext nicht relevante) Abreden über die Beschränkung oder den Ausschluss der Mängelrechte des Verbrauchers, die erst vereinbart werden, nachdem der Verbraucher dem Verkäufer die Vertragswidrigkeit zur Kenntnis gebracht hat, was notwendig ein Offenbarwerden der Vertragswidrigkeit voraussetzt.

[81] S. Art. 5 Abs. 1 S. 2 Verbrauchsgüterkauf-RL 1999/44/EG.

[82] In diesem Sinne auch *Maultzsch*, JZ 2016, 236, 245.

[83] S. dazu Impact Assessment SWD (2015) 274 final/2, S. 119.

[84] Kritisch aber *Maultzsch*, JZ 2016, 236, 245.

aber durch die vollharmonisierte Zweijahresfrist für das Manifestwerden des Mangels eine weitgehende Rechtsvereinheitlichung erreicht. Zum anderen dürfte sich eine echte Vollharmonisierung der Verjährung, damit sie die gewünschte vereinheitlichende Wirkung erzielen könnte, nicht auf bloße Vereinheitlichung der Frist beschränken, sondern müsste auch die Tatbestände regeln, die den Fristenlauf aufhalten, also in der Terminologie des deutschen Rechts die Hemmung bzw. den Neubeginn der Verjährung. Ein solches einheitliches Verjährungsregime allein punktuell für den Waren-Fernabsatz anzuordnen, wäre aber doch sehr kleinteilig.

3. Keine Rügepflicht

Anders als nach der Verbrauchsgüterkauf-RL 1999/44/EG[85] ist es den Mitgliedstaaten nach dem FA-RLE nicht mehr gestattet, dem Verbraucher die Pflicht aufzuerlegen, den Mangel binnen zwei Monaten nach Feststellung zu rügen. Der FA-RLE folgt damit der Lösung des CESL.[86]

Begründet wird die Entscheidung gegen eine Rügepflicht zum einen mit deren negativen Effekten für den Binnenmarkt und den Verbraucherschutz.[87] Außerdem wird darauf verwiesen, dass die allermeisten Verbraucher etwaige Defekte ohnehin sehr zeitnah anzeigen würden.[88] Für beide Argumente ist nicht ersichtlich, warum sie nicht auch für den stationären Handel Geltung beanspruchen sollten. Von der Möglichkeit zur Rügepflicht nach der Verbrauchsgüterkauf-RL 1999/44/EG haben – anders als Deutschland – 18 Mitgliedstaaten Gebrauch gemacht.[89] Die Rügepflicht ist damit einer der Regelungsgegenstände, der bei Inkrafttreten des FA-RLE für den Fernabsatz von Waren deutlich anders geregelt wäre als für den stationären Handel, ohne dass es dafür tragende Sachgründe gibt.

4. Erstreckung der Beweislastumkehr für das anfängliche Vorliegen einer Vertragswidrigkeit auf zwei Jahre

Noch deutlicher weicht der FA-RLE allerdings in einem anderen Punkt von der Verbrauchsgüterkauf-RL 1999/44/EG ab: Die zu Gunsten des Verbrauchers angeordnete Umkehr der Beweislast für das Vorliegen eines offenbar gewordenen

85 S. Art. 5 Abs. 2 Verbrauchsgüterkauf-RL 1999/44/EG.

86 S. Art. 122 i. V. m. Art. 106 Abs. 3 lit. b CESL.

87 S. allgemein Impact Assessment SWD (2015) 274 final/2, S. 114; soweit allerdings in Erwägungsgrund 25 angenommen wird, dem Verbraucher drohe insbesondere bei grenzüberschreitenden Geschäften ein Rechtsverlust aufgrund verspäteter oder versäumter Mitteilung, weil das Recht eines anderen Mitgliedstaats Anwendung finde und der Verbraucher keine Kenntnis von der aus dem Recht des anderen Mitgliedstaats erwachsenden Mitteilungspflicht habe, vermag dies kaum zu überzeugen. Insoweit wird der Verbraucher in aller Regel nach Art. 6 Abs. 1, Abs. 2 Rom I-VO durch Anwendung jedenfalls der zwingenden verbraucherrechtlichen Vorschriften seines Heimatrechts geschützt.

88 S. Impact Assessment SWD (2015) 274 final/2, S. 114.

89 S. Impact Assessment SWD (2015) 274 final/2, S. 114.

Defektes bereits bei Lieferung soll erheblich ausgeweitet werden. Die bislang nach der Verbrauchsgüterkauf-RL 1999/44/EG geltende Sechsmonatsfrist[90] soll auf zwei Jahre ausgedehnt werden,[91] Art. 8 Abs. 3 FA-RLE, was übrigens in Portugal und Frankreich schon jetzt geltendem Recht entspricht.[92] Begründet wird die Vervierfachung des Vermutungszeitraums mit einer Vereinfachung des Rechtsmittelregimes.[93] Ausweislich einer von der Europäischen Kommission in Auftrag gegebenen empirischen Studie aus dem Jahre 2015[94] wird die bisherige Zweiteilung in zwei unterschiedliche Fristen, eine Sechsmonatsfrist für die Beweislastumkehr einerseits und eine zweijährige Gewährleistungsfrist andererseits weder von den Verbrauchern noch von den Unternehmern gut verstanden. Dementsprechend würden Unternehmer oft schon bislang die Beweislastumkehr de facto auf den Gesamtzeitraum der zweijährigen Gewährleistung erstrecken.[95] Davon abgesehen betont Erwägungsgrund Nr. 23 des Entwurfs – allerdings in anderem Kontext – die Bedeutung der Gewährleistung einer längeren Lebensdauer von Verbrauchsgütern.[96]

Auch bei der Würdigung der vorgeschlagenen Ausdehnung der Vermutungsfrist ist zwischen der sachlich-inhaltlichen Ebene und der Kohärenzperspektive zu unterscheiden.[97]

Was die sachliche Angemessenheit einer deutlich längeren Vermutungsfrist anbelangt, so sprechen dafür meines Erachtens durchaus gute Gründe:[98] Der Aufwand zur zuverlässigen Feststellung einer Mangelursache ist insbesondere bei technischen oder elektronischen Gütern oft beträchtlich. Aufgrund des meist nur relativ geringen Wertes massenhaft fabrizierter Verbrauchsgüter steht er häufig außer Verhältnis zum Wert des einzelnen Konsumgutes. Der bloße Verweis des Verkäufers auf die Beweislast des Verbraucher-Käufers wird deshalb in vielen Fällen eines tatsächlich vorliegenden Sachmangels ausreichen, um den Verbraucher davon abzubringen, seine Rechte weiterzuverfolgen. Er wird kaum vor Gericht ziehen, um einen Toaster oder Föhn, der 30 € gekostet hat, durch

[90] Eine Sechsmonatsfrist sieht auch das CESL vor, s. Art. 105 Abs. 2 CESL.

[91] Da eine Verkürzung der Gewährleistungsfrist für gebrauchte Güter anders als in Art. 7 Abs. 1 S. 2 Verbrauchsgüterkauf-RL 1999/44/EG nicht mehr vorgesehen ist – s. dazu oben, unter 1.b. – würde sich die Zwei-Jahres-Vermutung damit künftig sogar prinzipiell auf gebrauchte Güter erstrecken.

[92] S. Impact Assessment SWD (2015) 274 final/2, S. 115.

[93] S. Impact Assessment SWD (2015) 274 final/2, S. 115.

[94] Consumer market study on the functioning of legal and commercial guarantees for consumers in the EU, Final report, 2015, unter 4.2.4 S. 57 ff. und 8.1.2 S. 221.

[95] Consumer market study on the functioning of legal and commercial guarantees for consumers in the EU, Final report, 2015, unter 8.1.2 S. 221.

[96] In diesem Sinne auch Impact Assessment SWD (2015) 274 final/2, S. 49.

[97] Allerdings ist es sicherlich zutreffend, dass die rechtspolitisch brisante Zwei-Jahres-Frist ein hohes politisches Risiko für die Realisierung des Richtlinienvorschlages begründet, so *Schmidt-Kessel/Erler/Grimm/Kramme*, GPR 2016, 2, 4.

[98] Befürwortend *Wendland*, EuZW 2016, 126, 130; kritisch aber *Maultzsch*, JZ 2016, 236, 242; *Stariradeff*, MMR 2016, 715, 717, die sich jeweils gegen eine Erstreckung der Zwei-Jahres-Frist auf potenzielle Grundmängel aussprechen; Bedenken bzw. Ablehnung äußern ferner *Härting/Gössling*, CR 2016, 165, 168 f.; *Lorenz*, FS Krüger, 2017, S. 277, 283.

einen gerichtlichen Sachverständigen zerlegen zu lassen. Und auch bei einem Staubsauger für 150 € wird die Lage vielfach nicht anders sein. Dies gilt selbstverständlich nicht nur in den ersten sechs Monaten nach Erwerb. Ein Händler, der – im Gegensatz zu den empirischen Erhebungen im Auftrag der Kommission[99] – die Rechtslage genau kennt, hat deshalb keinen Anreiz, gegenüber dem Hersteller auf eine Haltbarkeit der Produkte von mehr als sechs Monaten zu drängen. Dies jedenfalls dann nicht, wenn er damit rechnen darf, dass ein später offenbar werdender Defekt nicht offensichtlich als schon anfänglich unzureichende Qualität erkennbar sein wird. Es scheint deshalb nicht unplausibel, dass eine längere Vermutungsfrist Anreize setzt für langlebigere Konsumgüter, was nicht nur dem Verbraucherschutz dienlich wäre, sondern auch die Allgemeininteressen eines ressourcenschonenderen und nachhaltigeren Wirtschaftens befördern würde.

Allerdings besteht das Problem einer teuren oder gar unverhältnismäßigen Mängelfeststellung unabhängig davon, wem die Beweislast zugewiesen ist. Auch dem Verkäufer droht deshalb aus der Beweisbelastung Gefahr, nämlich diejenige, dass er nur mit unverhältnismäßigem Aufwand prüfen kann, ob der Käufer für den Defekt verantwortlich ist.

Immerhin verfügt der Verkäufer aber bei der Einschätzung der Ursache für den offenbar gewordenen Defekt vielfach über einen Informationsvorsprung. So treten Sachmängel aufgrund der Massenproduktion von Verbrauchsgütern in der Regel nicht an einem einzelnen Stück auf, sondern je nachdem, ob es sich um Konstruktions- oder Fabrikationsmängel handelt, mit einer gewissen Häufigkeit oder gar bei einer gesamten Produktionsserie. Anders als der Verbraucher, der nur ein einzelnes Stück kauft, weiß der Verkäufer typischerweise, ob es auch von anderen Kunden entsprechende Reklamationen gab und deshalb ein Sachmangel naheliegt. Wenn dies nicht der Fall ist und er deshalb einen Fehlgebrauch des Käufers für wahrscheinlich hält, bleibt ihm trotz Beweisbelastung die Möglichkeit, das Haftungsbegehren des Verbrauchers abzuwehren und diesen auf den Prozessweg zu verweisen. Der Verbraucher muss dann immer noch die nicht unerhebliche Hürde einer teuren und zeitaufwendigen Klage nehmen, wenn er seine Rechte durchsetzen möchte. Die Gefahr, dass Verbraucher massenhaft sorglos mit Konsumgütern umgehen würden, weil sie angesichts der Zwei-Jahres-Vermutung auf eine erfolgreiche missbräuchliche Geltendmachung von Mängelrechten vertrauen dürften, halte ich deshalb nicht für erheblich.

Erscheint die zweijährige Beweislastumkehr damit also grundsätzlich durchaus sinnvoll, so bleibt zu betonen, dass die Zweijahresfrist – ebenso wenig wie bislang die Sechsmonatsfrist in der Verbrauchsgüterkauf-RL 1999/44/EG – eine generelle Haltbarkeitsfrist bedeuten würde, auch wenn dies immer wieder be-

[99] S. Fn. 94.

hauptet wird.[100] Es würde vielmehr auch nach Art. 8 Abs. 3 a. E. FA-RLE weiterhin eine Ausnahme gelten, wenn die Vermutung mit der Art der Waren oder der Art der Vertragswidrigkeit unvereinbar ist. Eine solche Unvereinbarkeit ist insbesondere zu bejahen, wenn der aktuelle defekte Zustand der Sache keinerlei Indiz dafür liefert, dass bereits bei Lieferung ein Mangel bestanden hat, so insbesondere deshalb nicht, weil feststeht, dass auch eine anfänglich mangelfreie Sache aktuell defekt wäre. Wer also seine im Fernabsatz erworbene Packung Frischmilch nach einem Jahr zum Händler zurückbringen würde, dürfte auch künftig nicht auf Mängelgewährleistung hoffen. Vielmehr wäre eine Beweislastumkehr nach der Art der Sache und des Mangels ausgeschlossen, weil der aktuelle verdorbene Zustand der Milch keinerlei Indiz dafür liefert, dass die Milch bereits bei ihrer Lieferung ein Jahr zuvor mangelhaft war.

Schließlich ist auch das Vereinfachungsargument der europäischen Kommission nicht ganz aus der Luft gegriffen. Allerdings wird diese Vereinfachung dadurch wieder zunichte gemacht, dass die neue Zweijahresfrist nur im Fernabsatz gelten würde, nicht aber für den stationären Handel. Da Schwierigkeiten beim Mangelnachweis unabhängig vom Vertriebsweg bestehen, gibt es für diese Fragmentierung keinen sachlichen Grund.[101] Ob aus dieser Zweiteilung eine Abwanderung der Verbraucher in den online-Handel droht,[102] wird freilich einerseits davon abhängen, inwieweit unterschiedliche Fristen in der Praxis wahrgenommen und zur Grundlage von Kaufentscheidungen gemacht werden und andererseits davon, inwieweit der stationäre Handel nachzieht und „freiwillig“ entsprechend lange Fristen gewährt.[103]

II. Verträge über die Bereitstellung digitaler Inhalte

1. Keine zeitliche Begrenzung der Haftung

Was nun die zeitlichen Grenzen der Rechtsbehelfe nach dem DI-RLE anbelangt, so wird darin weder die Verjährung[104] geregelt, noch wird eine Höchst-

---

[100] In diesem Sinne etwa *Lorenz*, FS Krüger, 2017, S. 277, 283, der von einer *de facto*-Haltbarkeitsgarantie spricht; ähnl. *Stiegler/Wawryka*, BB 2016, 903, 907; *Stürner*, JA 2016, 884, 889.

[101] Ähnl. *Stiegler/Wawryka*, BB 2016, 903, 907; *Stürner*, JA 2016, 884, 889.

[102] In diesem Sinne *Stiegler/Wawryka*, BB 2016, 903, 904; *Lorenz*, FS Krüger, 2017, S. 277, 283 unter Verweis auf die ohnehin beklagte „Verödung der Innenstädte“; *Maultzsch*, JZ 2016, 236, 238 spricht von einer spezifischen Förderung der Fernabsatzbranche im Vergleich zum klassischen Warenvertrieb.

[103] Dass der stationäre Handel entsprechend reagieren wird, wird für wahrscheinlich gehalten etwa von *Stariradeff*, MMR 2016, 715.

[104] Anders aber Art. 9a Abs. 3 DI-RLE in der „Kompromissfassung“, s. Rat der Europäischen Union, Dok. 9901/17 ADD 1 vom 1.6.2017, der parallel zu Art. 14 S. 2 FA-RLE eine Mindestverjährungsfrist von zwei Jahren sicherstellt, die im Falle einer einmaligen Bereitstellung oder einer Reihe einzelner Bereitstellungen (Art. 9 lit. b Nr. i) ab dem jeweiligen Zeitpunkt der Bereitstellung läuft, in Fällen einer kontinuierlichen Bereitstellung über einen bestimmten Zeitraum (Art. 9 lit. b Nr. ii) ab dem Ablauf des Vertrags oder ab dem Zeitpunkt, zu dem der Verbraucher Kenntnis von der Vertragswidrigkeit erlangt oder hätte erlangen müssen, je nach-

frist für das Manifestwerden von Vertragswidrigkeiten[105] angeordnet. Auch eine Rügefrist ist nicht vorgesehen.

a) Verbot einer nationalen Frist für das Manifestwerden der Vertragswidrigkeit, aber Zulässigkeit des Rückgriffs auf nationale Verjährung

Vielmehr wird in Art. 6 Abs. 3 DI-RLE[106] lediglich angeordnet, dass digitale Inhalte, die dem Vertrag zufolge im Laufe eines Zeitraums bereitzustellen sind, während dieses Zeitraums den vertraglichen Anforderungen entsprechen müssen. Und Art. 10 lit. c DI-RLE[107] schreibt vor, dass der Anbieter dem Verbraucher für jede Vertragswidrigkeit haftet, die im Laufe eines Zeitraums eintritt, wenn die digitalen Inhalte dem Vertrag zufolge in diesem Zeitraum bereitzustellen sind.

In den Erwägungsgründen[108] wird diese Regelung in einer Weise erläutert, die gewisse Zweifel offenlässt, wie weitgehend damit eine zeitliche Befristung der Anbieterhaftung durch nationales Recht ausgeschlossen werden soll.

So wird einerseits darauf hingewiesen, dass digitale Inhalte naturgemäß nicht der Abnutzung unterlägen und häufiger eher über einen bestimmten Zeitraum als einmalig bereitgestellt würden.[109] Deshalb sei es gerechtfertigt, keinen Zeitraum festzulegen, in dem der Anbieter für Vertragswidrigkeiten haftbar gemacht werden sollte und auch die Mitgliedstaaten sollten keinen entsprechenden Zeitraum für die Haftung beibehalten oder einführen. Noch deutlicher wird an anderer Stelle in den Erwägungsgründen darauf hingewiesen, dass die vollständige Harmonisierung es ausschließe, dass die Mitgliedstaaten einen verbindlichen Zeitraum, in dem Vertragswidrigkeiten offenbar werden müssen, vorschreiben.[110]

Dies lässt sich an sich nur so verstehen, dass jede Vertragswidrigkeit, unabhängig davon, wann sie auftritt, grundsätzlich die Haftung des Anbieters begründen muss, ohne dass die Mitgliedstaaten eine Höchstfrist für das Mani-

dem, welcher Zeitpunkt der frühere ist. Der vorgeschlagene verjährungsrechtliche Gleichlauf mit dem FA-RLE ist zu begrüßen.

105 S. aber zur Mindestfrist in Art. 9a Abs. 1 DI-RLE in der „Kompromissfassung", s. Rat der Europäischen Union, Dok. 9901/17 ADD 1 vom 1.6.2017, sogleich Fn. 110.

106 Ebenso Art. 6a Abs. 3 der „Kompromissfassung", s. Rat der Europäischen Union, Dok. 9901/17 ADD 1 vom 1.6.2017.

107 Differenzierter Art. 9 lit. b DI-RLE in der „Kompromissfassung", s. Rat der Europäischen Union, Dok. 9901/17 ADD 1 vom 1.6.2017, wonach im Falle einer einmaligen Bereitstellung oder einer Reihe einzelner Bereitstellungen für jede Vertragswidrigkeit, die zum Zeitpunkt der Bereitstellung besteht, gehaftet wird (Art. 9 lit. b Nr. i) sowie bei kontinuierlicher Bereitstellung über einen bestimmten Zeitraum für Vertragswidrigkeiten, die während der Vertragslaufzeit eintreten (Art. 9 lit. b Nr. ii).

108 S. Erwägungsgrund Nr. 43.

109 S. Erwägungsgrund Nr. 43; in diesem Sinne auch Impact Assessment SWD (2015) 274 final/2, S. 126.

110 S. Erwägungsgrund Nr. 9.

festwerden von Vertragswidrigkeiten regeln dürften.[111] Andererseits wird aber explizit klargestellt, dass der Rückgriff auf nationale Verjährungsvorschriften zulässig bleibt.[112]

Wie weit danach die nationalen Regelungsspielräume zur zeitlichen Begrenzung der Haftung des Anbieters reichen, ist unklar. Die Aussage, dass die Mitgliedstaaten keine Frist für das Manifestwerden einer Vertragswidrigkeit einführen dürften, passt nur dann zur zugleich ausgesprochenen Zulässigkeit eines Rückgriffs auf nationales Verjährungsrecht, wenn man annimmt, dass nur solche Verjährungsfristen erlaubt bleiben, die frühestens mit dem Offenbarwerden einer Vertragswidrigkeit in Gang gesetzt werden.[113] Verjährungsfristen, die wie die deutschen kauf- und werkvertraglichen Gewährleistungsfristen nach §438 Abs. 2 BGB und §634a Abs. 2 BGB grundsätzlich schon mit der Ablieferung bzw. Abnahme zu laufen beginnen, wären danach wohl unzulässig.

---

[111] Anders aber Art. 9a DI-RLE in der „Kompromissfassung“, s. Rat der Europäischen Union, Dok. 9901/17 ADD 1 vom 1.6.2017: in Abs. 1 ist für den Fall einer einmaligen Bereitstellung oder einer Reihe einzelner Bereitstellungen (Art. 9 lit. b Nr. i) für das Offenbarwerden eine Mindestfrist von zwei Jahren ab dem jeweiligen Zeitpunkt der Bereitstellung vorgesehen, nach Abs. 2 ist hingegen angeordnet, dass in Fällen einer kontinuierlichen Bereitstellung über einen bestimmten Zeitraum (Art. 9 lit. b Nr. ii) für sämtliche innerhalb der Vertragslaufzeit offenbar werdenden Vertragswidrigkeiten gehaftet wird. Danach dürften die Mitgliedstaaten also für die Fälle einer einmaligen Bereitstellung oder einer Reihe einzelner Bereitstellungen (Art. 9 lit. b Nr. i) die Frist für das Offenbarwerden auf zwei Jahre begrenzen, wären aber anders als nach Art. 14 S. 1 FA-RLE nicht gehindert, die Haftung auf erst später zu Tage tretende Vertragswidrigkeiten zu erstrecken. Worin der sachliche Grund liegen soll, beim Waren-Fernabsatz eine voll harmonisierte Frist vorzusehen, bei digitalen Leistungen dagegen eine Mindestfrist, ist nicht ersichtlich. Umgekehrt ist keine Rechtfertigung dafür erkennbar, warum innerhalb der digitalen Leistungen differenziert wird und für die Fälle einer kontinuierlichen Bereitstellung über einen bestimmten Zeitraum nicht ebenfalls lediglich eine Mindestfrist angeordnet wird. Die Regelung in Art. 9a Abs. 2 DI-RLE in der „Kompromissfassung“, wonach für sämtliche innerhalb der Vertragslaufzeit offenbar werdenden Vertragswidrigkeiten gehaftet wird, ist in ihrer sachlichen Angemessenheit zweifelhaft, da sie bei sehr langfristigen Verträgen selbst dann eine Haftung für erst spät zu Tage getretene Mängel vorschreibt, wenn diese Vertragswidrigkeiten einen weit zurückliegenden Zeitraum der Datenbereitstellung betreffen. Man nehme etwa an, ein Verbraucher, der einen Vertrag über die kontinuierliche Bereitstellung eines Sprachlernprogramms geschlossen hat, wird nach fünf Jahren durch andere Nutzer des Lehrgangs darauf aufmerksam gemacht, dass im ersten halben Jahr der Vokabeltrainer nicht richtig funktionierte. Jedenfalls nach dem Wortlaut von Art. 9a Abs. 2 DI-RLE in der „Kompromissfassung“ wäre der Verbraucher nicht gehindert, auf diese Vertragswidrigkeit noch Mängelrechte zu stützen und auch eine nationale Verjährungsfrist dürfte nach Art. 9a Abs. 3 Nr. ii DI-RLE in der „Kompromissfassung“ grundsätzlich nicht vor dem Vertragsablauf enden, es sei denn, die Vertragswidrigkeit war zwar schon früher zu Tage getreten, blieb jedoch dem Verbraucher verborgen, obwohl er im Sinne von Art. 9a Abs. 3 Nr. ii DI-RLE in der „Kompromissfassung“ davon hätte Kenntnis erlangen müssen. Dann könnte ausnahmsweise eine nationale Verjährungsfrist nach Art. 9a Abs. 3 Nr. ii DI-RLE den in Abs. 2 für das Offenbarwerden vorgesehenen Zeitraum (i. e., innerhalb der Vertragslaufzeit) begrenzen und eine Verjährung schon vor Ende der Vertragslaufzeit eintreten.

[112] S. Erwägungsgrund Nr. 43.

[113] Abw. wohl *Spindler*, MMR 2016, 219, 223.

b) Verzicht auf Gleichklang mit der Zweijahresfrist im FA-RLE und der Verbrauchsgüterkauf-RL 1999/44/EG fragwürdig

Fragt man nun, ob eine solche europäisch zeitlich unbegrenzte und national nur beschränkt zeitlich begrenzbare Haftung angemessen ist, so ist dem europäischen Gesetzgeber zuzugeben, dass eine einheitliche Gewährleistungsfrist von zwei Jahren ab Bereitstellung der digitalen Inhalte sehr unterschiedliche Vertrags- und Leistungskonstellationen erfassen würde, nämlich nicht nur solche mit einmaligem Leistungsaustausch, sondern auch Verträge mit mehr oder weniger starkem Dauerschuld-Einschlag. Dennoch ließe sich um der Einheitlichkeit willen parallel zum FA-RLE eine Zweijahresfrist für das Manifestwerden von Vertragswidrigkeiten sowie als Mindestverjährung auch für solche Verträge über eine wiederholte oder kontinuierliche Bereitstellung von digitalen Inhalten anordnen. Allerdings müsste man sicherstellen, dass die Frist nicht lediglich ein einziges Mal mit erstmaliger Bereitstellung zu laufen begänne, sondern wiederholt jeweils mit der erneuten Bereitstellung der digitalen Inhalte für den betreffenden Bereitstellungszeitraum bzw. mit dem Beginn eines bestimmten Leistungsabschnittes.[114] Für eine solche Regelung sprächen der Gleichklang mit dem FA-RLE und der wenigstens teilweise Gleichklang mit der Verbrauchsgüterkauf-RL 1999/44/EG. Insbesondere für Verträge über digitale Inhalte mit einmaligem Austauschcharakter ist kein vernünftiger Sachgrund dafür ersichtlich, warum nicht genauso eine zweijährige Gewährleistungsfrist gelten soll wie sie im FA-RLE angeordnet ist. Das gesetzgeberische Argument einer mangelnden Abnutzung von digitalen Inhalten vermag kaum zu überzeugen. Denn zum einen lässt sich eine zeitliche Befristung von Gewährleistungsrechten unabhängig von der Abnutzung der Leistung mit allgemeinen Zwecken der Verjährung rechtfertigen. Dementsprechend ist die zeitliche Begrenzung der Gewährleistung im FA-RLE nicht davon abhängig, inwieweit das konkrete Gut der Abnutzung unterliegt. Zum anderen sollen nach Art. 3 Abs. 3 DI-RLE[115] auch Verträge über dauerhafte Datenträger mit digitalen Inhalten unter den Anwendungsbereich der Richtlinie fallen, wenn diese Datenträger ausschließlich der Übermittlung digitaler Inhalte dienen, wie dies etwa bei Musik- oder Spiele-CDs und -DVDs regelmäßig der Fall sein dürfte.[116] Hier ist aber eine Abnutzung durchaus denkbar.[117]

---

[114] S. denn auch den entsprechend strukturierten Art. 9a Abs. 3 DI-RLE in der „Kompromissfassung“, s. Rat der Europäischen Union, Dok. 9901/17 ADD 1 vom 1.6.2017 und dazu bereits Fn. 104.

[115] Ebenso Art. 3 Abs. 3 DI-RLE in der „Kompromissfassung“, s. Rat der Europäischen Union, Dok. 9901/17 ADD 1 vom 1.6.2017.

[116] S. auch Erwägungsgrund Nr. 11.

[117] Umgekehrt soll der DI-RLE nach Erwägungsgrund Nr. 11 nicht für digitale Inhalte gelten, die derart in einer Ware integriert sind, dass sie fester Bestandteil der Ware und ihre Funktion den Hauptfunktionen der Ware untergeordnet sind. S. zu dieser Ausnahme für das sog. „Internet der Dinge“ auch Erwägungsgrund Nr. 17. Für solche smarten Waren würden dann also der FA-RLE bzw. die Verbrauchsgüterkauf-RL 1999/44/EG gelten, obwohl auch insoweit die betreffenden digitalen Inhalte möglicherweise keiner Abnutzung unterlägen. Ebenso Art. 3

Insgesamt muss man also wohl konstatieren, dass mit dem Verzicht auf eine Mindestverjährung sowie dem Verbot einer mitgliedstaatlichen Frist für das Offenbarwerden von Vertragswidrigkeiten in dem DI-RLE ohne Not eine unterschiedliche Behandlung von digitalen Inhalten einerseits und analogen Gütern andererseits geschaffen würde.[118]

2. Beweislast des Anbieters für die Vertragsmäßigkeit

a) Grundsatz und Ausnahme bei inkompatibler digitaler Umgebung des Verbrauchers

Eine weitere Abweichung vom Regime des FA-RLE wie auch dem der Verbrauchsgüterkauf-RL 1999/44/EG besteht außerdem hinsichtlich der Beweislast für die Vertragswidrigkeit. Diese ist nach Art. 9 Abs. 1 DI-RLE[119] für den gesamten Haftungszeitraum[120] dem Anbieter zugewiesen.[121] Eine Ausnahme ist allerdings nach Art. 9 Abs. 2 DI-RLE für den Fall vorgesehen, dass der Anbieter

---

Abs. 3a i. V. m. Art. 2 Abs. 12 DI-RLE in der „Kompromissfassung", s. Rat der Europäischen Union, Dok. 9901/17 ADD 1 vom 1.6.2017, wonach die DI-RL nicht für integrierte digitale Inhalte gelten soll.

[118] Vgl. auch *Koch*, in: Wendehorst/Zöchling-Jud (Hrsg.), Ein neues Vertragsrecht für den digitalen Binnenmarkt, 2016, S. 131, 137, wonach die vorgesehene Zulässigkeit nationaler Verjährungsfristen die Hoffnung auf Vollharmonisierung sogleich im Keim ersticke.

[119] Dabei trifft den Anbieter die Beweislast mangels Anzeichen für eine Beschränkung wohl sowohl in sachlicher Hinsicht (liegt eine Vertragswidrigkeit vor?) als auch in zeitlicher Hinsicht (lag die Vertragswidrigkeit bereits bei Bereitstellung vor?), so überzeugend *Faber*, in: Wendehorst/Zöchling-Jud (Hrsg.), Ein neues Vertragsrecht für den digitalen Binnenmarkt, 2016, S. 89, 120 ff.; in diesem Sinne auch *Staudenmayer*, NJW 2016, 2719, 2723.

[120] Kritisch insofern *Faber*, in: Wendehorst/Zöchling-Jud (Hrsg.), Ein neues Vertragsrecht für den digitalen Binnenmarkt, 2016, S. 89, 128 f.

[121] Anders Art. 10 Abs. 1a und 1b DI-RLE in der „Kompromissfassung", s. Rat der Europäischen Union, Dok. 9901/17 ADD 1 vom 1.6.2017, wonach den Anbieter im Falle einer einmaligen Bereitstellung oder einer Reihe einzelner Bereitstellungen (Art. 9 lit. b Nr. i) lediglich im Falle einer binnen eines Jahres ab dem jeweiligen Zeitpunkt der Bereitstellung offenbar werdende „Vertragswidrigkeit" die Beweislast dafür trifft, dass die digitalen Inhalte oder die digitale Dienstleistung zum Zeitpunkt der Bereitstellung in vertragsgemäßem Zustand waren. Hingegen soll die Beweislast des Anbieters in Fällen einer kontinuierlichen Bereitstellung über einen bestimmten Zeitraum (Art. 9 lit. b Nr. ii) jede während der Vertragslaufzeit offenbar werdende „Vertragswidrigkeit" erfassen. Benutzt also beispielsweise ein Verbraucher, der einen 5-Jahres-Vertrag über einen digitalen Sprachlehrgang abgeschlossen hat, nach viereinhalb Jahren zum ersten Mal die Vokabeltrainer-Funktion und stellt er fest, dass diese beeinträchtigt ist, so hätte der Anbieter zu beweisen, dass diese in den Jahren davor bis zurück zum Beginn der Vertragslaufzeit einwandfrei funktionierte. Die unterschiedliche Behandlung beider Fallgruppen erscheint sachlich nicht gerechtfertigt. Vorzugswürdig wäre eine einheitliche Frist für die Umkehr der Beweislast, die bei kontinuierlicher Bereitstellung kontinuierlich in Gang gesetzt würde. Ferner fehlt es an einem hinreichenden sachlichen Grund dafür, dass die Frist in Art. 10 Abs. 1a DI-RLE in der „Kompromissfassung" abweichend von Art. 8 Abs. 3 FA-RLE nicht zwei, sondern nur ein Jahr beträgt. Ferner ist es zumindest rechtstechnisch unschön, dass in Art. 8 Abs. 3 FA-RLE die Figur einer Vermutungswirkung gewählt wird, im DI-RLE hingegen mit dem Begriff der Beweislast operiert wird. Schließlich sind Art. 10 Abs. 1a und 1b DI-RLE in der „Kompromissfassung" jeweils insofern schief bzw. missverständlich formuliert, als die Be-

eine mangelnde Kompatibilität der digitalen Umgebung des Verbrauchers nachweist in Bezug auf die Interoperabilität und andere technische Anforderungen der betreffenden digitalen Inhalte, sofern der Anbieter den Verbraucher vor Vertragsschluss von diesen Anforderungen in Kenntnis gesetzt hat.[122]

b) Rechtfertigung teilweise fragwürdig

Gerechtfertigt wird die Beweislastverteilung mit der Überlegung, dass der Anbieter besser als der Verbraucher beurteilen könne, warum digitale Inhalte vertragswidrig seien und ob dies auf der Unvereinbarkeit der digitalen Umgebung des Verbrauchers mit den technischen Anforderungen an die digitalen Inhalte zurückzuführen sei.[123]

Dem kann man wohl folgen, soweit es um die Beurteilung der Qualität der vom Anbieter selbst bereitgestellten digitalen Inhalte geht. Insoweit ist der Anbieter sicherlich typischerweise überlegen hinsichtlich der Diagnose möglicher Störungsursachen. Warum aber der Anbieter per se besser als der Verbraucher in der Lage sein soll, die digitale Umgebung des Verbrauchers zu beurteilen, leuchtet nicht ohne weiteres ein. Denn dies würde zumindest voraussetzen, dass der Unternehmer diese digitale Umgebung kennt, was beim Massenvertrieb digitaler Inhalte vielfach nicht angenommen werden kann.

c) Kooperationspflicht des Verbrauchers

Art. 9 Abs. 3 DI-RLE[124] will dem Anbieter immerhin insofern helfen, als eine Kooperationspflicht des Verbrauchers hinsichtlich der Feststellung von dessen digitaler Umgebung statuiert wird und als Sanktion für mangelnde Kooperation eine ausnahmsweise Belastung des Verbrauchers mit der Beweislast für die Vertragswidrigkeit der digitalen Inhalte angeordnet ist. Wie weit die Kooperationspflicht reicht, ist allerdings unklar, weil Art. 9 Abs. 3 DI-RLE sie zwar durch die Kriterien der Notwendigkeit und der Möglichkeit beschränkt und ferner verlangt, dass diejenigen technisch verfügbaren Mittel gewählt werden, die für den Verbraucher den geringsten Eingriff darstellen. Eine allgemeine Zumutbarkeitsgrenze für den Verbraucher, etwa mit Blick auf die Notwendigkeit einer Preisgabe persönlicher Daten, fehlt jedoch.[125]

---

weisbelastung des Anbieters an eine offenbar gewordene „Vertragswidrigkeit" als Vermutungsbasis anknüpft, eine haftungsbegündende „Vertragswidrigkeit" aber gerade zu verneinen ist, wenn der Anbieter seiner Beweislast nachkommt, eine vertragsgemäße Bereitstellung nachweist und Störungsursache etwa eine Fehlbedienung durch den Verbraucher war.

[122] Ebenso Art. 10 Abs. 2 DI-RLE in der „Kompromissfassung", s. Rat der Europäischen Union, Dok. 9901/17 ADD 1 vom 1.6.2017, wo ergänzt wird, dass die Information des Verbrauchers „in klarer und verständlicher Form" erfolgen muss.

[123] S. Erwägungsgrund Nr. 32 DI-RLE.

[124] Ebenso Art. 10 Abs. 3 DI-RLE in der „Kompromissfassung", s. Rat der Europäischen Union, Dok. 9901/17 ADD 1 vom 1.6.2017.

[125] Auch Art. 10 Abs. 3 DI-RLE in der „Kompromissfassung", s. Rat der Europäischen Union, Dok. 9901/17 ADD 1 vom 1.6.2017 enthält in S. 1 lediglich die weitere Präzisierung, dass die Kooperationspflicht darauf zielt, „festzustellen, ob die Ursache für die Vertragswidrigkeit

d) Insgesamt fragwürdig weite Beweislast des Anbieters

Insgesamt erscheint mir die Beweislast des Anbieters nach Art. 9 DI-RLE doch sehr weit zu gehen.[126] Zwar wird bei digitalen Funktionsstörungen die Lage in der Tat nicht selten so sein, dass alternativ zu einer vom Anbieter zu verantwortenden Vertragswidrigkeit als Störungsursache eine dem Verbraucher als Verwendungsrisiko zuzurechnende unzureichende Kompatibilität der bei ihm bereits vorhandenen Soft- und Hardware-Komponenten in Betracht kommt. Darf von unzureichender Kompatibilität der digitalen Umgebung des Verbrauchers ausgegangen werden, dann wird damit aber typischerweise der Nachweis der Ursache für die Funktionsstörung mehr oder weniger zuverlässig geführt sein und eine Vertragswidrigkeit als fernliegend ausscheiden. Nach Art. 9 Abs. 2 DI-RLE[127] ist aber die mangelnde Kompatibilität der digitalen Umgebung des Verbrauchers nicht Vermutungswirkung, sondern muss umgekehrt, gleichsam als Vermutungsbasis, vom Anbieter nachgewiesen werden, damit sich der Anbieter ausnahmsweise der grundsätzlichen Beweisbelastung nach Art. 9 Abs. 1 DI-RLE[128] zu entledigen vermag. Insoweit bleibt es also – nicht anders als nach

der digitalen Inhalte oder der digitalen Dienstleistung [...] in der digitalen Umgebung des Verbrauchers liegt". Diese ist erstens – parallel zu Art. 10 Abs. 1a und 1b DI-RLE in der „Kompromissfassung", dazu Fn. 121 – schief formuliert, weil bei Ursächlichkeit der digitalen Umgebung des Verbrauchers für den Defekt grundsätzlich gerade keine „Vertragswidrigkeit" vorliegt, es sei denn, der Anbieter hat eine Kompatibilität mit der entsprechenden digitalen Umgebung versprochen oder gar die Integration selbst versprochen, s. Art. 7 DI-RLE bzw. DI-RLE in der „Kompromissfassung". Und zweitens wird auch hier nicht geregelt, inwieweit der Verbraucher etwa eine an sich zur Feststellung der digitalen Umgebung notwendige, ihm aber unzumutbare Kooperation verweigern darf. Drittens ist in Art. 10 Abs. 3 S. 3 DI-RLE in der „Kompromissfassung" auch die Beweisbelastung des Verbrauchers als Sanktion für einen Verstoß gegen die Kooperationspflicht missverständlich formuliert. So soll ihn lediglich die Beweislast dafür treffen, „dass die Vertragswidrigkeit zum Zeitpunkt gemäß Art. 9 lit. b Nr. i bzw. Nr. ii bereits vorlag". Jedoch wird als „Vertragswidrigkeit" in Art. 10 Abs. 3 S. 1 DI-RLE in der „Kompromissfassung" – wie soeben schon erläutert – ersichtlich gerade nicht allein die vom Anbieter zu verantwortende mangelhafte Leistung bezeichnet, sondern in einem weiteren Sinne ein offenbar gewordener Defekt, bei dem es sich möglicherweise um eine Vertragswidrigkeit, alternativ aber um eine durch die digitale Umgebung des Verbrauchers verursachte Störung handelt, die dann gerade keine Gewährleistungshaftung auslöst, also nicht im echten und engen Sinne vertragswidrig ist. Der vom Verbraucher nach dem Wortlaut von Art. 10 Abs. 3 S. 3 DI-RLE in der „Kompromissfassung" allein zu führenden Nachweis, dass „die Vertragswidrigkeit" bereits bei Bereitstellung bzw. während der Vertragslaufzeit vorhanden war, ist demnach gerade nicht darauf gerichtet, festzustellen, aus welcher Sphäre die Störungsursache stammt. Vielmehr wäre es hierfür erforderlich, dem kooperationsunwilligen Verbraucher die Beweislast hinsichtlich des Zustandes seiner digitalen Umgebung in den maßgeblichen Bereitstellungs- bzw. Vertragszeiträumen aufzuerlegen. Denn dann wäre bei einem diesbezüglichen *non liquet* eine Inkompatibilität der digitalen Umgebung des Verbrauchers als Störungsursache anzunehmen, eine echte (i. e. haftungsbgründende) Vertragswidrigkeit also zu verneinen.

[126] Prinzipiell befürwortend hingegen *Wendland*, GPR 2016, 8, 16.

[127] Übereinstimmend Art. 10 Abs. 2 DI-RLE in der „Kompromissfassung", s. Rat der Europäischen Union, Dok. 9901/17 ADD 1 vom 1.6.2017.

[128] Bzw. nach Art. 10 Abs. 1 DI-RLE in der „Kompromissfassung", s. Rat der Europäischen Union, Dok. 9901/17 ADD 1 vom 1.6.2017.

der Grundregel des Art. 9 Abs. 1 DI-RLE[129] – bei der Beweislast des Anbieters. Damit hat aber die Beweislastumkehr zu Gunsten des Anbieters in Art. 9 Abs. 2 DI-RLE[130] so strenge Anforderungen, dass der Anbieter sie typischerweise gar nicht mehr brauchen wird, wenn es ihm tatsächlich einmal gelingt, die Vermutungsbasis nachzuweisen, weil damit die Verantwortlichkeit ohnehin in der Regel feststehen wird. Andererseits werden der Kooperationspflicht des Verbrauchers in Art. 9 Abs. 3 DI-RLE[131] keine hinreichend klaren Grenzen gesetzt und fehlt es insbesondere an einer allgemeinen Zumutbarkeitsschranke.

e) Beweislast des Verbrauchers für die Beschaffenheit seiner digitalen Umgebung vorzugswürdig

Mit Blick auf die typischerweise großen Schwierigkeiten des Anbieters, sich zuverlässigen Einblick in die digitale Umgebung des Verbrauchers zu verschaffen, schiene es mir vorzugswürdig, wenn der Verbraucher sich hinsichtlich Störungsursachen aus seiner digitalen Umgebung selbst zu entlasten hätte. Allerdings sollte man es nicht genügen lassen, dass der Anbieter pauschal seine Verantwortung leugnet und auf die digitale Umgebung des Verbrauchers verweist. Vielmehr sollte sich der Verbraucher nur entlasten müssen hinsichtlich konkret benannter möglicherweise fehlender Kompatibilitäts-Parameter.

Will man so weit nicht gehen, so sollte der Verbraucher wenigstens dazu angehalten werden, Funktionsstörungen digitaler Inhalte dem Anbieter zeitnah anzuzeigen. Denn digitale Umgebungen sind typischerweise nicht statisch, sondern werden meist zumindest durch Updates laufend verändert. Dies wird aber nicht selten die Chance verringern, herauszufinden, ob eine bestimmte Funktionsstörung auf der digitalen Umgebung des Verbrauchers beruhte. Denn vielfach wird sich deren Beschaffenheit im Nachhinein aufgrund von mittlerweile aufgespielten Updates gar nicht mehr ohne weiteres zuverlässig feststellen lassen.[132] Wenn es also grundsätzlich bei der Beweislast des Anbieters für die digitale Umgebung des Verbrauchers bleiben soll, so sollte die Kooperationspflicht des Verbrauchers in Art. 9 Abs. 3 DI-RLE erweitert werden. Angeordnet werden könnte, dass den Verbraucher eine Beweislast für die Vertragswidrigkeit der digitalen Inhalte auch insoweit trifft, als sich aufgrund Unterbleibens einer Anzeige der Vertragswidrigkeit innerhalb angemessener Frist gegenüber dem Anbieter nicht

---

[129] Bzw. nach Art. 10 Abs. 1 DI-RLE in der „Kompromissfassung", s. Rat der Europäischen Union, Dok. 9901/17 ADD 1 vom 1.6.2017.

[130] Bzw. nach Art. 10 Abs. 2 DI-RLE in der „Kompromissfassung", s. Rat der Europäischen Union, Dok. 9901/17 ADD 1 vom 1.6.2017.

[131] Bzw. in Art. 10 Abs. 3 DI-RLE in der „Kompromissfassung", s. Rat der Europäischen Union, Dok. 9901/17 ADD 1 vom 1.6.2017.

[132] Zur Problematik nachträglicher Veränderungen der digitalen Umgebung des Verbrauchers auch *Faber*, in: Wendehorst/Zöchling-Jud (Hrsg.), Ein neues Vertragsrecht für den digitalen Binnenmarkt, 2016, S. 89, 124 f.; vgl. ferner *Spindler*, MMR 2016, 219, wonach der Anbieter im Falle einer nur einmaligen Bereitstellung gut beraten sei, die digitale Umgebung des Verbrauchers zu diesem Zeitpunkt zu protokollieren.

mehr klären lässt, ob die Störung ihre Ursache in der mangelnden Kompatibilität der digitalen Umgebung des Verbrauchers hatte.

III. Fazit

Insgesamt sind die in beiden RL-Entwürfen vorgesehenen zeitlichen Schranken für die Ablieferung des Verbrauchers gemischt zu beurteilen. Einerseits sprechen insbesondere für die im FA-RLE vorgesehene Ausdehnung der Vermutungsfrist auf zwei Jahre durchaus gute Sachgründe. Andererseits lässt sich weder die Ungleichbehandlung von stationärem Handel und Fernabsatz hinreichend rechtfertigen, noch bestehen durchweg überzeugende Sachgründe für die uneinheitliche Regelung der zeitlichen Begrenzung der Mängelrechte bei Verträgen über analoge Güter einerseits und über digitale Inhalte andererseits.

D. Gesamtfazit

Das in beiden RL-Entwürfen für Vertragswidrigkeiten angeordnete System der Rechtsbehelfe mit einem Vorrang der Nacherfüllung ist im Grundsatz sachlich akzeptabel. Auch die Ausdehnung der Beweislastumkehr für den Zeitpunkt der Vertragswidrigkeit auf zwei Jahre im FA-RLE halte ich für zweckmäßig.

Sachlich nicht zwingende Divergenzen zwischen beiden Entwürfen bzw. diesen Entwürfen und der Verbrauchsgüterkauf-RL 1999/44/EG sollten aber unbedingt noch beseitigt werden. Dies gilt namentlich für den Verzicht auf eine einheitliche zweijährige Gewährleistungsfrist.

Insgesamt vermag der europäische Gesetzgeber mit den vorgeschlagenen Rechtsbehelfsregimen aber selbst dann, wenn nicht gerechtfertigte Regelungsdivergenzen zwischen beiden Richtlinienentwürfen noch beseitigt würden, den Grundproblemen der partiellen Vollharmonisierung nicht zu entrinnen. Einerseits ist selbst im Anwendungsbereich der geplanten vollharmonisierenden Richtlinien die Verwirklichung der beabsichtigten Harmonisierungsziele fraglich, weil weiterhin nur punktuell angesetzt wird und insbesondere der Schadensersatz ganz oder teilweise ausgeklammert bleibt, so dass das harmonisierte Regelungsregime erst durch Heranziehung der jeweils anwendbaren nationalen Hintergrundrechtsordnung(en) komplettiert wird.[133] Andererseits wird – wiederum ohne hinreichende sachliche Rechtfertigung einer gespaltenen Rechtslage – allein für den stationären Handel am Konzept der Mindestharmonisierung

---

[133] Insofern sei nochmals an Art. 6 Abs. 1, Abs. 2 Rom I-VO erinnert, wonach der Verbraucher jedenfalls in den Genuss der zwingenden verbraucherrechtlichen Vorschriften seines Heimatrechts gelangt.

festgehalten. Insgesamt bliebe es damit bei Inkrafttreten beider geplanten Richtlinien wohl bei einer erheblichen Fragmentierung der Rechtslage und würden gar neue Rechtsdivergenzen geschaffen.[134]

[134] Kritisch auch *Maultzsch*, JZ 2016, 236, 238; *Stariradeff*, MMR 2016, 715, 715 ff.; *Schmidt-Kessel/Erler/Grimm/Kramme*, GPR 2016, 2, 3; *Zoll*, EuCML 2016, 250, 254; *Lorenz*, FS Krüger, 2017, S. 277, 287, befürchtet gar „eine Umkehr in das Zeitalter der Dekodifikation und der nationalen Rechtszersplitterung"; *Zöchling-Jud*, in: Wendehorst/Zöchling-Jud (Hrsg.), Ein neues Vertragsrecht für den digitalen Binnenmarkt, 2016, S. 1, 15; *Koch*, in: Wendehorst/Zöchling-Jud (Hrsg.), Ein neues Vertragsrecht für den digitalen Binnenmarkt, 2016, S. 131, 152 bezeichnet „die erhofften einheitlichen Marktspielregeln" als „Schall und Rauch"; die Richtlinien-Vorschläge prinzipiell positiv bewertend dagegen *Wendland*, EuZW 2016, 126, 131; *Druschel/Lehmann*, CR 2016, 244, 251.

Diskussionsbericht

Zu den Vorträgen von *Brigitta Zöchling-Jud* und *Beate Gsell*

Diskussionsleitung: *Gerhard Wagner*

I. *Pfeiffer* äußerte sich kritisch zu der zeitlichen Verlängerung der Beweislastumkehr in Art. 8 III des Richtlinienentwurfes zum Online-Warenhandel. Sinn und Zweck der Gewährleistungsfrist sei es ursprünglich gewesen, im Interesse des Verkäufers einen Zeitraum festzulegen, nach dem sich dieser nicht mehr mit Rügen des Käufers in Bezug auf die Kaufsache befassen müsse. Nun aber habe man nach und nach ohne ausdrückliche Rechtfertigung den Weg eingeschlagen, diese Frist im Sinne einer Haltbarkeitsgarantie auszugestalten. Es stehe sogar zu befürchten, dass diese Frist tatsächlich noch verlängert werde. Zeige sich der Mangel einen Tag vor Fristablauf, so sei zu erwarten, dass der EuGH unter Berufung auf den „effet utile“ verlange, dass dem Verbraucher nun auch noch ein angemessener Zeitraum eingeräumt werde, um rechtliche Schritte zu ergreifen. Eine solch lange Haltbarkeitsgarantie sei nicht nur für den Verkäufer unzumutbar, sondern habe geradezu planwirtschaftlichen Charakter. Sinnvoller sei es, eine Verpflichtung des Verkäufers zur Angabe einer Haltbarkeitsgarantie zu normieren, wodurch sich eine für das jeweilige Produkt angemessene Dauer der Haltbarkeitsgarantie im marktwirtschaftlichen Wettbewerb etablieren könnte.

II. *Busch* wies anschließend zunächst daraufhin, dass die in Art. 9 RL-E-DI normierte Kooperationspflicht des Verbrauchers sich in erster Linie auf Fehlerberichte beziehen dürfte. Bemerkenswert sei zudem, dass eine Beweislastumkehr mit einer zeitlichen Reichweite von zwei Jahren nicht nur in Portugal, sondern seit März auch in Frankreich existiere. Im Rahmen von Art. 6 II a) des RL-E-DI sei es höchstwahrscheinlich sehr schwer, den Wert von Daten zu beziffern. Fraglich sei, ob hier nach der Kaufkraft differenziert werden könne – immerhin komme den Daten eines zahlungskräftigen Nutzers aus Sicht des Anbieters ein höherer Marktwert zu. Berücksichtigt werden müsse außerdem, dass sich kaum jemals mit Sicherheit sagen lasse, welchen Wert die Daten zukünftig einmal haben werden. Zuletzt warf *Busch* die Frage auf, ob Art. 6 II b) des RL-E-DI eine Einbruchstelle für den Datenschutz sein könne.

III. Im nächsten Wortbeitrag widmete sich *Faust* noch einmal ausführlich der zeitlichen Verlängerung der Beweislastumkehr in Art. 8 III RL-E-OH. Auch nach seiner Auffassung kann es nicht überzeugen, faktisch eine Haltbarkeitsgarantie mit einer Länge von zwei Jahren zwingend festzuschreiben. Dies schaffe lediglich einen Anreiz für den Käufer, mit der Kaufsache nicht mehr sorgsam umzugehen und anschließend den Verkäufer mit Hilfe der Beweislastumkehr in Anspruch zu nehmen. Wenn die zeitliche Dauer der Beweislastumkehr schon auf zwei Jahre verlängert werde, so müsse zumindest erwogen werden, die Reichweite der Vermutung in Abkehr von der „Faber-Entscheidung" des EuGH nicht mehr auf das Vorliegen eines Grundmangels zu erstrecken.

Riehm griff einen Aspekt von Art. 4 III des RL-E-OH auf. Es seien durchaus nachvollziehbare Gründe für eine Freizeichnung vorstellbar, etwa im Hinblick auf Art. 6 des RL-E-OH (Montagemängel), wenn der Verkäufer die Montage aus Kulanz vornehme. Anschließend befasste sich *Riehm* ausführlich mit dem Vorrang der Nacherfüllung, der insgesamt nachdrücklich zu begrüßen sei. Zunächst handele es sich bei dem Verlangen des Käufers nach einer Nacherfüllung durch den Verkäufer um einen normalen Weg, der vom Verbraucher typischerweise instinktiv gewählt werde. Das Nacherfüllungsverlangen stelle für den Verbraucher auch keineswegs eine nennenswerte Erschwerung dar und habe sich als wichtiger Missbrauchsfilter bewährt. Kritisch äußerte sich *Riehm* außerdem noch zu der Ausgestaltung des Zurückbehaltungsrechts des Käufers. Sollte dieses, wie der Wortlaut des Art. 9 IV RL-E-OH befürchten lässt, auch bei unbehebbaren Sachmängeln gelten, so könnte der Verbraucher sowohl den Kaufpreis als auch die Sache dauerhaft einbehalten.

IV. *Lell* vom Bundesverband der Verbraucherzentralen äußerte sich zum Verhältnis des objektiven zum subjektiven Fehlerbegriff. Im Interesse des Verbrauchers sei es ratsam, den objektiven Fehlerbegriff mit angemessenem Gewicht auszustatten.

V. *Lehmann* warf in seinem Diskussionsbeitrag die Frage auf, ob eine unbegrenzte Gewährleistung und eine unbegrenzte Beweislastumkehr bei Software tatsächlich sinnvoll sei. Entgegen der anscheinend beim Gesetzgeber vorherrschenden Vorstellung veralte Software nämlich sehr wohl, sodass auch hier eine zeitliche Begrenzung angezeigt gewesen wäre.

VI. Zuletzt äußerte sich *Schulze* noch einmal zur Beweislastumkehr und nahm Bezug auf die Faber-Entscheidung. Er warf die Frage auf, ob der Verbraucher danach schlicht vortragen könne, in seiner digitalen Umgebung sei etwas kaputtgegangen und ob auch insoweit bereits ein Mangel des digitalen Inhaltes vermutet werde.

VII. *Zöchling-Jud* stellte hinsichtlich der Komplikationen, die sich bei der Bezifferung des Wertes von Daten ergeben können, klar, dass nach der Intention der Richtlinie lediglich dem Eindruck vorgebeugt werden solle, Daten seien prinzipiell weniger wert als ein Entgelt. Hinsichtlich des Art. 4 III der RL präzisierte sie, dass die „Kulanzmontage" zwar ein denkbarer Fall für die Freizeichnung sei, sie aber vornehmlich die Konstellation im Auge gehabt habe, dass sich der Verkäufer von seiner Verpflichtung freizeichnet. Dies könne nach wie vor nicht überzeugen. Im Hinblick auf die Faber-Entscheidung stimmte sie *Schulze* hinsichtlich deren Reichweite zu.

VIII. Gegenüber dem Vorrang der Nacherfüllung äußerte sich *Gsell* nach wie vor kritisch. Faktisch führe dieser Vorrang für den Verbraucher dazu, dass dieser immer mindestens zweimal den Verkäufer kontaktieren müsse. Gerade bei Verbrauchsgütern mit verhältnismäßig geringem Wert wirke sich dies abschreckend aus. Aus Verbrauchersicht sei es nämlich durchaus sinnvoll, direkt auf eigene Kosten eine neue Sache anzuschaffen, anstatt erheblichen zeitlichen Aufwand für das Nacherfüllungsprozedere zu betreiben. Zu dem Einwand, eine zeitlich längere Beweislastumkehr schaffe einen Anreiz für den Verbraucher, nicht sorgsam mit der Sache umzugehen, äußerte sich *Gsell* ebenfalls kritisch. Zum einen sei es fragwürdig, ob der Verbraucher sein Verhalten insoweit überhaupt nach der Gesetzeslage ausrichte. Hierzu seien empirische Analysen erforderlich. Zum anderen habe das Prozessrisiko für den Verbraucher auch im Falle einer Beweislastumkehr noch immer einen hinreichenden Abschreckungseffekt. Denn auch bei Bestehen einer Beweislastumkehr treffe die Prozessführungslast den Verbraucher – dieser müsse den Unternehmer bei dessen Weigerung verklagen. Gegenüber dem Vorschlag einer gesetzlichen Verpflichtung zur Angabe einer Haltbarkeitsgarantie zeigte sich *Gsell* offen. Allerdings sei eine solche Haltbarkeitsgarantie mit einer Beweislastumkehr zu verbinden.

LMU München Matthias Fervers

Autorenverzeichnis

Jonas Brinkmann
Akademischer Rat a. Z. am Lehrstuhl für Bürgerliches Recht, Europäisches Privatrecht, Handels- und Wirtschaftsrecht sowie Rechtsvergleichung an der Universität Bielefeld.

Christoph Busch
Professor für Deutsches und Europäisches Privat- und Wirtschaftsrecht sowie Internationales Privatrecht an der Universität Osnabrück.

Florian Faust
Professor für Bürgerliches Recht, Handels- und Wirtschaftsrecht und Rechtsvergleichung an der Bucerius Law School, Hamburg.

Matthias Fervers
Akademischer Rat a. Z. am Lehrstuhl für Bürgerliches Recht, Zivilverfahrensrecht, Europäisches Privat- und Verfahrensrecht an der Ludwig-Maximilians-Universität München.

Beate Gsell
Professorin für Bürgerliches Recht, Zivilverfahrensrecht, Europäisches Privat- und Verfahrensrecht an der Ludwig-Maximilians-Universität München.

Matthias Lehmann
Professor für Internationales Privatrecht und Rechtsvergleichung an der Universität Bonn.

Julia Ludwigkeit
Rechtsreferendarin am OLG Düsseldorf.

Caroline Meller-Hannich
Professorin für Bürgerliches Recht, Zivilprozess- und Handelsrecht an der Martin-Luther-Universität Halle-Wittenberg.

Thomas Riehm
Professor für Deutsches und Europäisches Privatrecht, Zivilverfahrensrecht und Rechtstheorie an der Universität Passau.

Brigitta Zöchling-Jud
Professorin für Zivilrecht an der Universität Wien.